好战略，坏战略 2

The Crux
How Leaders Become Strategists

Richard Rumelt
[美] 理查德·鲁梅尔特 著
郭红梅 殷玥 译

中信出版集团 | 北京

图书在版编目（CIP）数据

好战略，坏战略 2 /（美）理查德·鲁梅尔特著；郭红梅，殷玥译 . -- 北京：中信出版社，2023.5
书名原文：The Crux: How Leaders Become Strategists
ISBN 978-7-5217-5310-3

Ⅰ . ①好… Ⅱ . ①理… ②郭… ③殷… Ⅲ . ①公司－企业管理－战略管理－研究 Ⅳ . ① F276.6

中国国家版本馆 CIP 数据核字（2023）第 035693 号

THE CRUX: How Leaders Become Strategists
Copyright © 2022 Richard P. Rumelt
This edition arranged with InkWell Management, LLC.
through Andrew Nurnberg Associates International Limited
Simplified Chinese translation copyright © 2023 by CITIC Press Corporation
ALL RIGHTS RESERVED
本书仅限中国大陆地区发行销售

好战略，坏战略 2
著者： ［美］理查德·鲁梅尔特
译者： 郭红梅　殷玥
出版发行：中信出版集团股份有限公司
（北京市朝阳区东三环北路 27 号嘉铭中心　邮编　100020）
承印者： 宝蕾元仁浩（天津）印刷有限公司

开本：787mm×1092mm 1/16　　印张：22　　字数：303 千字
版次：2023 年 5 月第 1 版　　印次：2023 年 5 月第 1 次印刷
京权图字：01-2023-1149　　书号：ISBN 978-7-5217-5310-3
定价：69.00 元

版权所有·侵权必究
如有印刷、装订问题，本公司负责调换。
服务热线：400-600-8099
投稿邮箱：author@citicpub.com

献给我的凯特，
她是我一生中最美丽的相遇。

目录 CONTENTS

引言　症结是战略技巧的应用结果　　　　　　　　001

第一部分
战略和症结性难题

PART ONE

第 1 章　卡洛琳的难题：如何制定战略　　　015
第 2 章　应对挑战：发现并利用症结性难题　　030
第 3 章　制定战略是一场旅行　　　　　　　054
第 4 章　玩你能赢的游戏　　　　　　　　　063
第 5 章　增长的挑战　　　　　　　　　　　084
第 6 章　权力的挑战　　　　　　　　　　　110
第 7 章　行动重在连贯　　　　　　　　　　122

第二部分
诊断

PART TWO

第 8 章　问题是什么：通过重构和类比进行诊断　　141
第 9 章　通过比较和框架做出诊断　　　　　　　　158
第 10 章　"锋利"的分析工具要慎用　　　　　　　169

第三部分 PART THREE
解决症结性难题

第 11 章　寻找获胜之机　　185
第 12 章　关注提供创新的机制　　205
第 13 章　组织失能的挑战　　219

第四部分 PART FOUR
干扰和诱惑

第 14 章　不要从目标入手　　237
第 15 章　不要混淆战略和管理　　250
第 16 章　不要混淆当前的财务结果和战略　　259
第 17 章　战略规划：命中和失误、使用和误用　　274

第五部分 PART FIVE
战略铸造

第 18 章　拉姆斯菲尔德的问题　　289
第 19 章　战略铸造演练　　300
第 20 章　战略铸造的概念和相关工具　　315

致谢／331

注释／333

引　言　　　　　　　　　　　　　　INTRUODUCTION

症结是战略技巧的应用结果

　　我曾在法国的枫丹白露生活过一段时间，那时候，我喜欢中午去附近的森林散步。那片森林古老而深邃，历史上有500来年的时间，一直是法国国王的猎场。森林占地200多平方千米，如今，林中的多条小径交错蔓延，是登山、跑步、骑行爱好者常常光顾的地方。欧洲工商管理学院是一所研究生商学院，就坐落在枫丹白露，大多数在那里就读的学生都会去森林里散步、野餐，但是很少有学生知道，森林里有吸引全球顶尖抱石攀岩高手前来一试身手的巨石。

　　散步的时候，我有时会经过一条以"狗屁股檐"闻名的抱石攀岩路线，这是全球顶级的砂岩抱石攀岩路线。站在巨石下，我看到一段高约3.6米的平滑岩壁，上面有一段向外探出1米多的平檐，平檐之上又是一段竖直的岩壁，直通岩顶。我找到一个狭小的立足点，尝试着踩在上面，再踩上另一处，然后在离地才半米多高的时候，我就滑了下来。[1]

　　一个夏日，我看到有两位攀岩人士在做准备，想挑战一下"狗屁股檐"，他们没系辅助绳索，一个人攀登的时候另一个人负责照应，防止对方坠落。有一位是德国人，他说自己一直都在练习，方法是挂在高门框上做单手引体向上。然而，他和伙伴都没能成功爬上岩顶，两人都在过仰角的时候掉了下来。第一段线路是，从狭小的立足点挪到一个小到只能放下一根手指的凹处，他们都完成了这段线路，却没能更进一步，两人都落到了下面的沙堆上。他们具有力量、雄心和韧性，很是让我敬佩。

攀岩人士把此类巨石称为"问题"，把最难的部分叫作"症结"。要想征服"狗屁股檐"，你不仅需要力气和雄心，还必须解出症结的谜题，有勇气在离地两层楼高的地方做出一组十分精细的动作，才可能登顶。

后来，我曾目睹一位极具天赋的攀岩高手攀过"症结"。一开始，她以足尖为发力点，跳跃了约一米高，将右手的一根手指压进凹陷的岩坑处，凭借这极小的支撑点，摆动身体，将左脚从左臂上方摆过去，蹬在岩突处，通过绷紧右手手指和左腿之间身体的部分肌肉，来为身体提供支撑。接下来，她按照檐的角度拱起背部，伸出左手，够到其边缘仅可容下一根手指的凹处（我在图 1 中展示了阿西娅·格雷奇卡当时的具体动作）。大多数攀岩人士都没能通过这一关，笔直拉起身体会使他们的胸口抵到"檐处"，从而把手指从狭小的发力处推出来，人就会坠落。[2]

下一步，她分别用左手、右手的一两根手指作为两臂的支撑点，身体悬空，前后稍稍晃动身体。接着，她猛地向上荡起，跃过水平岩壁的边缘，左手一把扣住上方的圆形凸起处，该凸起的大小、形状类似半个哈密瓜。利用手指的力量和摩擦紧紧抓住光滑的圆形凸起处，将右腿甩起，让右脚足尖紧蹬在岩石的狭小凹陷处，终于得以利用腿部力量够到另一个凹陷处。接着又一次猛地发力，借助肉眼几乎看不见的立足点，提起身体，登顶。她的这一连串动作看得我手心直出汗。

在枫丹白露森林看到这些攀岩人士，让人忍不住惊叹，他们身上竟有这般纯粹的卓越潜力。除却一双攀岩鞋，是肉体、力量和对抗巨石与地球引力的胆量。这里没有股票期权，没有团队或者公司老板，除了其他攀岩者以外，没有别的观众，没有摄像机跟拍或粉丝俱乐部助威，没有价值百万美元的合同或产品代言，只有这样一群人，他们将自己推向极限，做普通人看来不可能实现的事情，为的是获得由此而生的隐秘快乐。

图1 "狗屁股檐"攀岩路线的症结性难题

资料来源：From a video by Konrad Kalisch. See adventureroutine.de and clixmedia.eu.

在另一块巨石附近，有两位来自法国的攀岩人士正在吃午饭。我停下脚步，和他们攀谈起来。他们来自法国南部的小城，我问道："你们为什么不顾路途遥远，一路开车翻越阿尔卑斯山，来到枫丹白露攀岩呢？"

其中一个人回答："这里的巨石是欧洲最好的。"他接着说："在阿尔卑斯山，我尝试了最有趣的攀岩路线，那些路线的症结处我觉得自己都能应付。在这里，我可以10秒就抵达症结处，之后……"

"之后，落下来5次，然后才攻克症结处！"他的队友微笑着说道。

法国有许多山峰和巨石，按照高度、景观、重要程度或是其他标准衡量，每一处都能给攀岩者带来不同的困难与回报。第一位攀岩人士说，他所选择的场所，要能带来最大的预期回报，其症结处还得是自己能应付得了的。他的这番话让我灵光乍现，突然意识到，这种路径是我所知道或者观察过的许多高效能人士的选择。不管面对困难还是面临机会，他们都会专注于那条会带来最大的"可实现"进展的路径，即经过他们判断，症结可得到解决的路径。

我开始使用"症结"这个术语来指代一种战略技巧的应用结果，这种战略技巧分为三部分。第一部分，判断哪个问题真正重要，哪个问题比较次要。第二部分，判断解决问题的困难有哪些。第三部分，具有专注能力，避免过细地分散手头的资源，不要同时做所有事情。把这三部分结合起来，人们就会关注症结，而症结是一系列挑战中最为重要的部分。此时，我们需要采取协调连贯的行动，才有可能解决症结。

和这些攀岩人士一样，每个人、每家公司、每个机构都同时面临着机会和前进的阻碍。确实，我们都需要动机、野心和力量，然而，仅靠这些还不够。要想克服一系列困难，还得有精准定位症结的能力，通过筹划、寻找并发现解决办法，获得最大的收获。

* * *

移民火星是企业家埃隆·马斯克的梦想之一。他设想通过向火星发射一个小型有效载荷来推广自己的火星移民计划。2001年的一次俄罗斯之行中，马斯克想买一支俄式旧火箭，但卖家一直在坐地起价，且谈判过程中价格上涨了两倍，马斯克对此心生不悦。他开始研究，为什么把有效载荷送入轨道要花这么多钱。

经过研究，马斯克发现，成本居高不下，是由于火箭不能重复使用，每发射一个有效载荷就需要消耗一支火箭。马斯克认为，解决成本问题的关键，在于如何使火箭穿过大气层，重返地球。火箭以每小时约 29000 千米的速度返回大气层，怎样才能避免此速度下气体加速流动而产生火焰甚至爆炸？为了使旧的航天飞机能够重复使用，航天飞机巨大的机翼上装了 3.5 万块独立的隔热瓦。每片隔热瓦都必须性能完美，每次飞行后都必须经过仔细检查，然后将它装回独特的插槽中。航天飞机助推器本可以重复使用，但它们在发射过程中会坠入海洋，导致损坏严重，因此无法翻新再利用。似乎使用一次性火箭比制造可循环使用的火箭成本更低。

我们可以把这个挑战想象成，用一根手指和左脚跟撑在"狗屁股檐"上，拱起身体使之与平顶平齐的场景：有什么诀窍能让你松开这根手指，把手伸到像半个哈密瓜形状的地方？想解决症结性难题，就得把注意力集中在解决关键问题上；要制定战略，把方针和行动结合起来，从而克服重大挑战。制定战略的艺术在于：定义一个有能力解决的"症结性难题"，预见或设计一种解决办法。

马斯克对于航天飞机重复利用和重返地球的问题，有了自己独到的见解。燃料的价格要比航天飞机的造价低得多，所以，我们可以让火箭携带更多的燃料，用来减慢火箭返回地球的速度，如此一来，或许能够解决其返回地球时产生超高热量这一复杂难题。就像许多古老的科幻故事里描述的那样，马斯克想象到，可以设计一种能掉头返回的火箭，返回过程中点燃引擎，火箭就能减速，实现软着陆。这样，在穿越大气层返回地球时，火箭的表面就不会被烧焦。整个过程需要自动进行，无须人工驾驶。实现这一点的关键，是设计出一款启停可靠、动力可控的火箭发动机。

就组织机构而言，解决症结性难题的惯用方法是集中精力，调动并运用各方面的力量、知识和技能。对战略家来说，集中精力不仅仅意味着要关注问题，还意味着我们要带着一种力量实现既定目标。如果力量很弱，那么什么事也不会发生；如果力量很强，但分散在目标周围,也将无事发生;如果朝着错误的目标发力,依旧无事发生;但如果朝着正确的目标发力,就会有所突破。

2002年,马斯克在创办SpaceX(太空探索技术公司)时,就制定了专一且明确的目标。公司将彻底重新设计火箭,以低成本、节约的方式完成火箭的建造。公司设计者不会把火箭搞成洲际弹道导弹的样子;除SpaceX外,再无其他任何承包商;火箭也不用非得环球飞行,以满足美国空军的需求。这样一来,科学家在探索宇宙的时候,就不会有各方面给出的难题,也无须花哨的研发实验室。马斯克认为设计制造这种火箭,是一项工程方面的挑战,而非高等科学方面的挑战。NASA(美国国家航空航天局)还承担着激励儿童学习科学和数学的任务,但SpaceX没有这个负担。实现此目标的第一步将是集中精力降低成本。

许多人质疑马斯克,他们认为低成本是用牺牲可靠性换来的。对此,马斯克给出了纯粹的工程师式的回答。

> 有人问我们:"你们降低成本的同时,不会降低可靠性吗?"这种想法简直荒谬至极。法拉利非常昂贵,但它并不可靠。但如果你买一辆本田思域,我敢以1000赔1的赔率跟你打赌,它肯定不会在第一年就坏掉。汽车能做到既可靠又廉价,这一点同样适用于火箭。

为降低成本,马斯克专注于简化设计和优化制造流程,并限制分包商的数量。猎鹰9号使用以太网数据总线结构,而非专门设计的网络。在自己公司内部的机械车间制作特殊形状的火箭,成本要比分给承包商低得多。

在一些大承包商那里工作是无趣的,因为大部分工作都是履行分包合同以及和政府打交道。而在SpaceX工作的工程师,虽然压力很大,但并不感到工作乏味。

SpaceX 在 2009 年将一颗马来西亚观测卫星送入轨道，这是公司的首次商业发射。但真正的革命始于 2015 年。猎鹰 9 号是第一枚进入轨道后能自动掉头，启动引擎缓速返航，实现尾部软着陆的火箭。到 2018 年，与旧式的航天飞机相比，猎鹰 9 号进入近地轨道的成本按照每磅载荷计算，只有原来的 1/23。而它的大哥——猎鹰重型火箭——将猎鹰 9 号的成本又削减了一半。

2020 年 5 月 30 日，SpaceX 将 NASA 的两名宇航员送进国际空间站。6 月初，NASA 批准了 SpaceX 在未来任务中重复使用猎鹰 9 号运载火箭和"龙"飞船载人试飞计划。

NASA 曾估计，去火星一趟要花费 2000 亿美元；而据马斯克估计，90 亿美元就够了。实现这种优势的关键在于贯穿始终的三个原则：设计简单、可重复利用以及低成本的造价。如果把这项任务交由国会或政府部门规划，成本将激增，因为项目会涉及数百种不同的议程和多方利益。

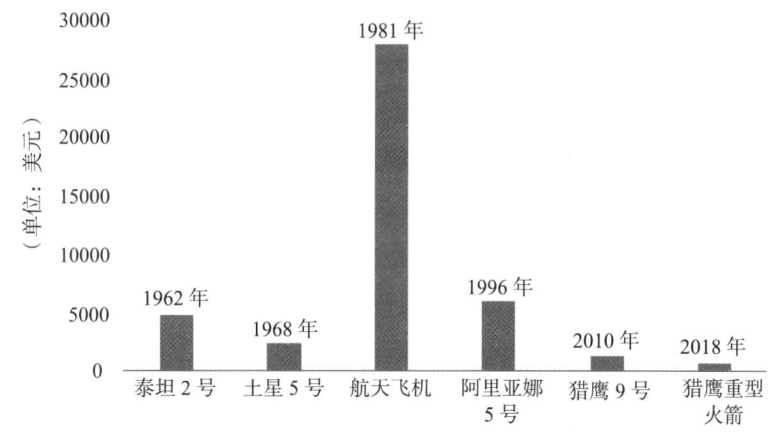

图 2　进入近地轨道的成本（2018 年美元 / 磅）

我不敢说 SpaceX 未来一定会大获成功，因为进入太空是有风险的。同样，制造火箭也是有风险的。按照目前的媒体风气，任何致命的太空事故都能成为媒体关注的焦点。如果按照现行标准，在20世纪人类本来绝不可能在航空航天器方面有所发展，因为可能会有人受伤。但我可以说，SpaceX在火箭技术方面能取得如此优势，关键在于埃隆·马斯克善于把握症结性难题，对如何解决难题也有真知灼见。此外，优势的取得也离不开该公司一贯遵循的方针，即在保证安全的前提下，以尽可能低的成本将火箭送入轨道。

* * *

高效的人发现挑战中的症结性难题，并集中注意力解决难题，以此获得洞察力。这里所谓的症结性难题，就是挑战中极其重要且可以解决的那部分问题（我们可以通过安全合理的手段解决这些问题）。要使行动有效，你必须充分检查难题和机会的结合体，找出其中的症结，并采取行动解决它们。无视这些问题的存在于事无补。

"战略的艺术"并非决策——决策是一门学科，它假设你已经拿到一份可选择的行动清单。找到一个你自己真正的目标，然后在每件事上都充满热情，全身心地追求这个目标，这不叫战略的艺术，而是一种叫作偏执狂的精神疾病。战略的艺术不是为员工设定越来越高的绩效目标，并用个人魅力、物质诱惑和一系列惩罚来鞭策员工实现这些目标。上述这种做法是在假设某地有人知道如何解决公司面临的实际难题的前提下做出的。

要成为一名战略家，你得在面对挑战和机遇时，接受其中所包含的一切复杂的能量。

你得明确难题的症结所在，并针对症结采取行动，才最有可能克服最关键的难题。

你得坚持不懈，因为只有坚持住，当第一缕胜利的曙光出现时，你才能在错综复杂的问题当中轻松抓住它。

你不仅要应对外部挑战，还要考虑公司自身的健康发展。

你必须在一系列问题和你自己的抱负之间找到平衡点——你需要平衡自己和其他利益相关者的不同目标、价值观与信仰。

你必须统一你的原则和行动，避免因为有太多不同的想法或相互冲突的目标而使你的努力付诸东流。但人们往往很少在书中诚实地写下或提及这些事实。有人认为，战略就是创造自己的优势（根本不是），战略是为你想达到的高度制定一个长期目标。他们说，通过采用方法 X 或思维模式 Y，一般企业就能变得和顶级企业一样成功。而你的顾问信以为真，拿着数据对比了你公司的业绩和顶级企业的业绩（并对着差距直摇头）。

而事实是，我们并不住在乌比冈湖①，对大多数企业来说，无论采用何种方法，它们都不可能高于平均水平。有些情况是无法挽救的，并不总是有巧妙的解决方式。另外，组织机构不可能通过一个小转弯改变大方向——是的，我们希望进入网络服务行业，而不是试图在装潢奢华的购物中心里销售看起来像是越南制造的廉价牛仔裤，但我们此时却正处于这种境地。有些情况被相互竞争的政治利益束缚，没有足够的行政权力来打破僵局。战略不是魔法。

要迎接挑战，你首先应该理解该挑战的本质。要想改良一所失败的学校，你需要清楚地知道它失败的原因。为了提供更好的购物体验，你需要知道顾客的想法、消费习惯、购物需求，还要掌握一定的销售技巧。不要从目标入手，而要从理解挑战、找到挑战中的症结性难题入手。

古希腊哲学家赫拉克利特说："性格即命运。"有个性的人说话坦率。他们可能会去赌一下，并愿意承担风险，但他们非常清楚赌博的本质是什么。你可以讲故事，讲述如何通过你如今的行动创造更美好

---

① 此处指乌比冈湖效应（Lake Wobegon Effect），也称沃博艮湖效应，意思是高估自己的实际水平。社会心理学借用这个词，指人的一种总觉得自己什么都高出平均水平的心理倾向，即给自己的许多方面打分高过实际水平。——译者注

的未来（或者讲述一种战略，描述一种情景），来建立员工对公司取得长期业绩的信任。在其他思维清晰的人看来，战略的逻辑应该是合情合理的。只说"我们一直在提升销量，削减成本"是没有说服力的。像"我们以客户为中心，因此我们的涂料公司将战胜所有涂料公司"这种说法也行不通。要想让别人相信你说的话，相信你的战略，就必须有一定的逻辑和论据，用事实说明你正如何应对面临的挑战。

* * *

写这本书的直接动力来自 2019 年 12 月，当时我正在阿斯彭山黑钻 FIS 雪道上滑雪。结果我的背部受了伤，这让我在接下来的几个月里都无法滑雪和徒步。接着，新冠肺炎疫情暴发，让我无法旅行。在这段安静的时光里，我早已酝酿了一段时间的想法得以继续发展成熟。

2020 年安静的时光使我有空记录下这些想法和心得。就个人而言，在我写出来一些东西之前，我实际上并不清楚自己知道些什么。随着写作的进行，相互矛盾、论证乏力，以及需要更多数据支撑论点的地方会逐一暴露出来。写作还能帮你区分重点和非重点。我的脑海里不时浮现出我给 8 岁的女儿把发髻和纠缠在一起的头发梳顺的情景。

在这本书中，我大量地使用了第一人称"我"。有些读者会觉得，这听着有点像在自夸，其实并不是。有些作者会把自己的真实想法说成事实，把自己想象中的模型说成现实，我对此不敢苟同。经济学家往往愿意撰写教科书一般的作品，讲述"公司"在特定情况下要怎么做。但其实他们没有资格这么说，因为他们谈论的是公司模型，而非真正的公司。商业作家经常把自己的观点当作事实来表达。一位作者曾如此写道："有两种方法可以使产品专业化——选择一个目标市场进行市场细分，或者缩小产品范围，只保留有限的产品种类。"这是个理论吗？作者是从自己的经验中学到这些的吗？还是从别的作家那里抄袭得来的呢？如果作者用第一人称表达了这一观点（且这一观点还是错误的），读者可能会对该观点更加警惕，并将其与自身经历进行比较。

而我，是用第一人称来解释我是如何知道和相信某些事情的。这些"事情"往往不是事实或逻辑论证，而是我在一生的工作中得出的结论和观点。例如，如果谈到战略目标和战略本身之间的关系，我会解释和描述我起初是如何理清自己对这个问题的看法的。如果谈到现金流估算的不确定性，我会讲述我与高管们进行此类估算的个人经历。

在接下来的章节中，我将探讨以下四个主题。

第一，应对战略问题的最佳方式是直面挑战。有太多的人从目标和其他期望达到的最终状态入手。其实，我们应该从挑战入手，对挑战的构成以及它对我们工作的影响进行"诊断"。一旦你这样做了，你的目的感和你考虑所要采取的行动就会随之改变。在"诊断"的过程中，找出症结所在。这是挑战中最关键的部分，也是你可以解决的部分。不要选择一个你还处理不了的挑战，而要集中力量解决症结性难题，积蓄动力，然后重新审视你的立场和应对这个挑战的可能性。

第二，要搞清楚在你所处的情境中，与你相关的权力和优势在哪里。要解决症结性难题，你将至少用到其中一种权力或优势，仅靠意志力是不够的。

第三，不要被表面的花架子干扰。不要把时间浪费在使命宣言上；在制定战略时，不要从目标入手。不要把管理工具和战略混为一谈，不要太沉迷于季度盈利结果，且以此开展为期90天的盈利比赛计划。

第四，当高管们在小组或研讨会中制定战略时，往往会遇到意想不到的困难。从挑战开始，避免在行动上过快趋同，这样，团队便可以明确症结性难题是什么，并制订一致的方案来解决它。

笔者谨希望，通过阅读本书，各位能明白基于挑战制定战略具有怎样的力量，以及通过找到挑战中的症结性难题，你又能获得怎样的力量。

PART ONE

■ 第一部分

战略和
症结性难题

战略是旨在克服高风险挑战的政策和行动的混合体。它不是目标，也不是期望的最终状态，而是一种解决问题的方式。一个人是无法解决他不理解的问题的。因此，基于挑战，制定战略，起点是对组织面临的挑战——问题和机会——进行广泛的描述。这些挑战可能源于竞争、法律问题、社会规范的变化，也可能源于组织本身的问题。

随着对挑战的理解逐步加深，战略家会尝试寻找症结所在，即那种非常关键，同时似乎能够解决的挑战。这种缩小范围、集中精力解决关键问题的做法，是战略家力量的主要来源，因为专注力一直都是制定战略的基石。

第 1 章

卡洛琳的难题：如何制定战略

一天上午 10 点，我与加州大学洛杉矶分校高管培训项目的一个学生进行了一次约谈。卡洛琳，35 岁左右，负责一家保健品公司的商业规划。她有一份全职工作（她这一批学员大多有一份全职工作），只有每周五和周六上课。她在我位于安德森学院 5 楼的办公室里，跟我讨论工作中遇到的一个问题。

"我们换了新的首席执行官。"卡洛琳告诉我，新领导要求她重新考虑她部门的商业规划。他希望采用一种新的方法，实现每年至少 15% 的利润增长。他还暗示，此次规划成功与否，可能会影响卡洛琳在公司的发展轨迹。卡洛琳说她"喜欢公司战略方面的课程，并且从案例讨论中获益良多"。她停顿了一下，解释道，她需要"利用一些特定的工具来制定我的老板想要的战略"。她一直在寻求帮助，想让公司的发展能跟老板的期望相吻合。

我们还聊了聊她公司的一些情况和课程的概念。我鼓励她，让她分析一下，与竞争对手相比，她的公司有何不同或特别之处。我还让她尽量详细地谈一下公司目前面临的挑战和机遇。起初，她的回答比较空泛，说话也磕磕巴巴。

"我们有优秀的员工,"卡洛琳说,"我们努力让公司的产品紧跟时代的步伐。"说到这里,她顿了顿,然后才说出她的忧虑。公司的战略计划是一堆描述公司财务目标的简短文件,显示了实现目标过程中要经历的具有里程碑意义的事件。她在寻找一份"简单的指示图……里面附带着实现公司预期目标需经过的步骤,首席执行官可以将此计划提交给董事会"。

我点点头,没有插话,让她继续说。

最后,卡洛琳说:"肯定会有某种系统,能制定出一个合乎逻辑的商业战略。"

听到这儿,我的脑海中突然想象出一个"战略计算器"的画面,类似于图3。我没告诉卡洛琳,因为我知道她这时候没心情开玩笑。

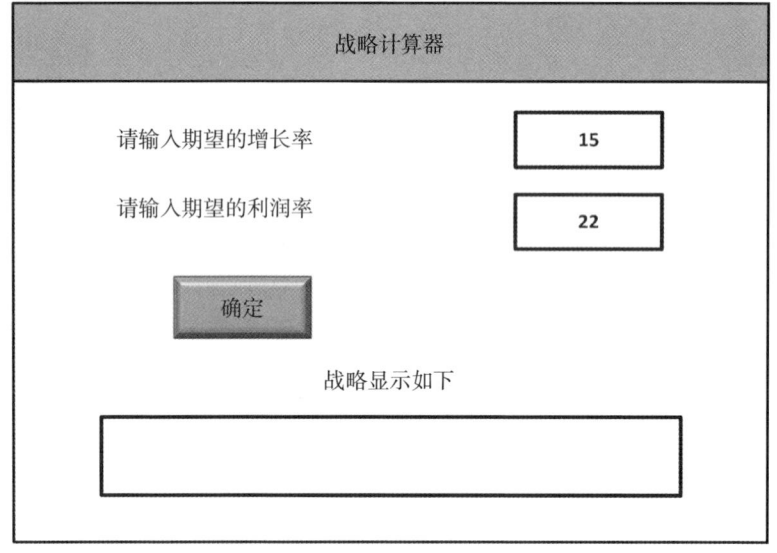

图3 战略计算器

事实上,卡洛琳现在面临一个难题。她提到了非常重要的一点,而几乎所有谈论战略的著作和战略教学基础中都没有提到这一点。关于这一点，战略大师加里·哈默尔在十几年前也提到过：无论是谁，一旦见过企业的战略规划——无论是见过微软、纽柯钢铁公司还是维珍大西洋航空公司的，就会知道战略规划究竟为何物。事后诸葛亮做起来并不是什么难事，所以任何人都能辨别出摆在面前的是不是个好战略。我们也知道，规划是一个"过程"。唯一的问题是，规划过程不能生成战略，只能生成规划。战略行业有一个不足为外人道的小秘密，那就是，它没有任何关于战略制定的理论[1]（哈默尔所说的"战略行业"，指的是那些对战略制定发表看法并被雇用从事战略制定工作的学者和顾问）。

卡洛琳的难题是，她的老板没有意识到造成公司现状的症结性难题是什么。他关注的是业绩目标和结果，而非发展机会和过程中遇到的问题。

网飞公司的战略模拟

应对战略挑战的关键步骤是判断形势，即明白"目前正在发生什么"，找出症结性难题，然后通过合理的行动来解决这些难题。为了进一步了解这些关键步骤，我将回顾一下2018年初网飞公司面临的情况。在接下来的内容中，我将模拟判断形势、找出症结，以及通过合理的行动解决问题的过程。

1997年，网飞公司成立。很快，网飞便在邮寄租赁光盘业务领域取得了领先地位。公司用智能"影片匹配"系统预测顾客订单，该系统连同公司高效的物流服务一直广受好评。自2010年起，公司的首席执行官里德·哈斯廷斯将公司的业务重心转向了在线流媒体，新的业务逐渐超越传统的光盘租赁业务。这是公司最引人注目的一个商业战略转变。它与斯塔尔兹（Starz）、迪士尼、狮门影业、米高梅、派拉蒙和索尼公司都有签约合作。

2013年，网飞推出了它最早的"原创"作品——《纸牌屋》和

《女子监狱》，皆为网飞独家发行。到 2017 年底，网飞已经在其流媒体上发行了 26 部原创作品。此外，网飞也正逐渐迈出国门，走向世界。到 2018 年初，网飞已经拥有 5300 万美国用户、5800 万国际用户。一方面，公司总收益达 117 亿美元，且正在稳步增长；另一方面，公司又在"烧钱"，2017 年，网飞的现金净流出为 18 亿美元。

从表 1 的第二部分可以看出，网飞每月的现金成本超过了其每月用户订阅的收入。现金利润和会计利润之间产生这种差异的原因是，公司将其内容成本摊销了好几年，只要收益保持增长，就会制造出公司有会计利润的假象。大部分外流的资金都是源于额外的债务。由于公司营销战略比较积极，所以开销也很大。

表 1 网飞公司的财务业绩

	2017 年	2016 年
公司财务数据（单位：100 万美元）		
收入	11693	8831
销售成本	7660	6030
市场营销费用	1278	991
技术研发费用	1053	852
企业管理费用	864	578
营业利润	839	380
其他收入（费用）	（353）	（119）
税前所得	485	261
预提所得税	（74）	74
净收入	559	187

(续表)

每位用户每月数据（单位：美元）		
毛收入	9.38	8.64
产品内容	1.51	1.44
授权内容	5.92	5.73
市场营销费用	1.20	1.03
技术	0.80	0.89
企业管理费用	0.36	0.60
其他	1.36	1.02
现金总成本	11.15	10.71
现金利润	(1.77)	(2.07)

在付费流媒体服务中，网飞的市场份额约为 76%，远超亚马逊 Prime 市场份额的 17%、Hulu 的 4% 和 HBO 的 3%。

2011 年，网飞的发展遇到了重大挫折。为了获得节目的观看权，那时它每年都向斯塔尔兹支付 3000 万美元。续约时，斯塔尔兹要求将年费增加至 3 亿美元，于是网飞不得不将用户的订阅费提高了 60%，此举导致网飞公司的股价暴跌。

斯塔尔兹事件等于一次预演，预示着日后即将发生的事变得不可避免：影片的供应商纷纷开始索要更高的费用，还有一些供应商开始撤回他们的影片版权，想要建立自己的流媒体服务。值得关注的是，网飞还失去了两部最受欢迎的电视剧的播放权，即《老友记》和《办公室》。华纳媒体将《老友记》放到自己的流媒体服务（HBO Max）上，NBC 环球计划建立自己的"孔雀"流媒体服务，因此也收回了

《办公室》的播放权。

更令公司头痛的是，原创产品成本的上升和新竞争对手的出现。当时迪士尼电影公司正在与二十一世纪福克斯公司合并，打算在流媒体行业大干一番。迪士尼称，2019年公司将下架其正在网飞平台播放的影片，而且打算把公司所有的存档和未来的院线影片都放在一个新的流媒体平台上。卢卡斯影业、漫威、皮克斯、福克斯、娱乐与体育节目电视网（ESPN），以及迪士尼自己出品的全部影视作品，包括《幻想曲》《小飞象》《冰雪奇缘》等，都将在这个新的流媒体平台上播放。正如一位评论家所言："迪士尼有着75年的文化资本积累，这一点极具优势。"[2]

对网飞来说更糟糕的是，苹果公司也宣布将加入流媒体大战。苹果将新推出一项名为"苹果视频+"的服务，定价为每月5美元，为用户提供更多的影视作品。由于苹果公司财力雄厚，完全有能力支付制作新的影视作品的费用。

长期目标的陷阱

人们经常这样建议像卡洛琳和她的老板这样的领导者：制定战略首先要明确自己的目标。

在爱丽丝梦游仙境的故事中，柴郡猫这个形象为其增色不少。这个故事也说明了一点：如果你不知道自己正去往何方，那么做什么也就无关紧要了。而且，人们极有可能建议你，在确定自己的战略目标之前，先列出你要完成的任务和想实现的愿景。主流战略教科书作者的典型操作是这样的：

> 要制定一个连贯一致的战略，首先要有清晰的长期目标。这些长期目标通常是指企业希望通过其战略而达到的市场地位。例如，长期目标可能是"主导市场"，成为"技术领导者"，或成为"高品质公司"。所谓"长期"，是指这些目标是持久的。[3]

花点时间，好好想想这个建议吧。在这个再常见不过的指导框架中，人们将战略描述为旨在实现某些"首要"长期目标的一系列行动。但是，此类目标从何而来呢？

显然，它们是不知为何突然冒出来的。人们没有进行任何分析，就神奇地制定出了自己的目标——这有点儿不太现实。在尚未对你的业务、竞争对手、竞争动态等进行分析前，就口口声声地说想成为技术领导者，这只能是模糊的空话。无疑，这个目标无法让你组织内的员工明白下一步该怎么走（详见第 14 章）。

* * *

有人认为，一个人或组织往往会有一两个有主要驱动力的目标。这种想法是不正确的，而且只是一些经济学家和管理学专家的幻想罢了。实际上，大多数人和组织都有"一堆"雄心壮志。也就是说，他们有很多目标、未来愿景和想实现的愿望。其中，有些目标是相互冲突的——并非所有的目标都能同时实现。

我在 25 岁的时候想成为一名顶尖的研究人员；想为高级管理人员提供战略方面的建议；想利用暑假攀登世上的高峰；想学习飞行；想在冬天的野外滑雪；想掌握统计决策理论的数学知识；想做一名能激励自己学生的老师；想一口气跑 10 公里；想开着摩根 4 升级版敞篷车，轻松愉快地从郊区开到某家公司会议室门前；想要一个有名望的职业女性，生几个幸福快乐、天资聪颖的孩子；想有时间和家人待在一起；想赚很多的钱，然后提前退休；想在法国圣路易岛买一栋联排别墅。在这一生的时光里，我的确实现了其中的一些目标，但随着机遇和挑战出现，新的目标越来越多，旧的目标被束之高阁。渐渐地，当我决定下一步要做什么的时候，我不得不在一堆雄心壮志中做一番挑拣。

假如我是2018年初的里德·哈斯廷斯，我同样会有很多目标。

- 我希望公司能够生存下去并发展壮大。
- 我会担心股价太高。
- 我想把我积累的财富（大部分是金融资产）保留下来。
- 我不想失去公司在美国流媒体服务中的领先地位。
- 我还想让我的公司成为一个像迪士尼那样的真正的知识产权工厂，能够制作自己的电影，并像迪士尼和维亚康姆集团那样，找到可以反复利用影片内容和角色的方法（如生产玩具、出版图书、建立主题公园等）。
- 我希望自己可以与那些"守旧者"不同，以一种全新的方式广纳人才、与出品人合作。我想继续拓展国际市场，特别是那些可以创造内容的大国（如英国、德国、意大利、巴西、墨西哥、韩国、日本）的市场。
- 欧盟议会正在考虑制定一项流媒体服务规则，即至少30%的内容是本土化的内容——我想助力这一规则的制定，并借此打压一下迪士尼。
- 印度的流媒体服务市场巨大，我想找到一种在低订阅率的前提下仍能打开印度流媒体服务市场的方式。
- 我还希望自己的公司可以更像一个电视台，每天播放新闻，报道体育赛事。
- 我是否可以从视频网站YouTube那里得到一些启发，为投稿内容建立一个单独的流媒体"频道"？有时候，我还希望自己能卖掉手中的股票，重新开始，组建一个小团队，不必管理数千名员工。
- 或者，我想休假一年，和家人待在一起。

里德·哈斯廷斯是一位有才干的企业家。事实上，上述目标中，有一些他可能也有，甚至远不止这些。这些想法都是战略的先兆，但它们不可能全部实现，或者说，至少不可能一下子全部实现。有效的战略是在对挑战、抱负、资源和竞争的探索中生成的。当真正面临这种场景时，一个有才能的领导者会制定一种战略，以推进目标中的某些元素。重要的是，你的目标不是一个一成不变的出发点。在规划前进的道路时，战略专家往往需要在自己的价值观和目标之间做出选择。在特定情况下设定的目标，既是结果，也是事实。2015年，通用电气的目标是"到2020年成为十大软件公司之一"。如今，通用电气的数字化发展已势不可当。那些曾立志到2020年要实现最"有趣"目标的游轮公司，在新冠肺炎疫情暴发之后，又立志成为"最干净"的游轮公司。盖璞（Gap）曾经想成为时尚牛仔服饰的领跑者，如今，其目标已变成让企业能够勉强维持下去即可。

诊断问题所在

学会诊断问题是制定战略的起点。对网飞公司来说，分析诊断的机会有很多——价格、成本、竞争对手、消费者行为、品味变化等都可以成为分析诊断的对象。在分析公司自身情况，并将其与竞争对手进行比较时，咨询顾问这个角色就显得尤为重要了。消费者（订阅者）的行为很关键，不同的人和不同的文化是如何对影视作品的多样性、新奇性、故事情节、变化和定价做出反应的，其中大有学问。还有一点很重要，我们应该看看其他人是如何处理类似情况的。

但在看完咨询顾问写的关于成本、价格、市场、消费者和竞争的200页报告后，你又该如何制定战略，来应对公司未来在流媒体行业的领导权受到的挑战？

我们经常听人说，管理者同时是决策者，而决策方面的理论已经高度完善了。用一句话来说就是，你应该选择能够提供最高期望回报（或效用）的方案。如果你认为制定战略就是做决定，那么你需要做的，就是查看每一个选择并选出其中的最优解。即使你不是一位经验丰富的高管，也能看出上述说法简直就是无稽之谈。这些"选择"从何而来？

事实上，制定战略并不是单纯地追求目标或做决定，除非行动和结果之间存在相当明显的因果关系。如果我们能知道如何走好每一步棋，使得获胜的概率增加，那么我们就可以在游戏中轻松通关，但我们其实没有这样的路线图，指导我们走对每一步。取而代之的是，下棋时，我们要记住一些巧妙的棋法，并寻找其中的症结性难题——能让我们利用对手的（明显的）弱点的地方。

棘手的挑战

制定战略是解决问题的一种特殊形式。作为一种解决问题的形式，我的意思是，它所处理的问题，与学生时代的传统家庭作业中遇到的问题相比，虽然没有那么多条条框框，但却复杂得多。当我们谈到战略时，将其说成是"挑战"似乎更好，因为人们往往把"问题"与数学难题、"家庭纠纷"和其他不愉快的情况联系在一起。另外，我想强调的是，一个巨大的机遇也可能会引发战略方面的挑战，即如何以最好的战略来迎接挑战。

我认为战略上的挑战有三种基本形式：选择的挑战、工程设计的挑战和棘手的挑战。我遇到的大多数问题都很棘手，这也许是因为，当面临更简单的问题时，企业不会寻求我这种专业人士的帮助。

当我们知道选择不唯一时，选择的挑战就出现了，由于不确定性和不可量化因素的存在，我们很难做出选择。战略选择的挑战通常出现在有重大长期承诺的资本或合同存在风险的情况下。假如你在澳大利亚拥有煤炭储备，与此同时，中国每年进口的煤炭量越来越多，你要不要投资建一条通往海边的铁路？要不要投资建一个港口？要建多大的港口？签订什么样的供应合同？

当你必须创造一些新内容，在采用新内容之前你又有方法评估该创造时，工程设计的挑战就出现了。如果你去工程专业的院校寻求帮助，你可能会学到如何分析桥梁钢构件和缆索受到的压力。在这之后，如果让你设计一座新桥，你可能会照搬以前的设计。但是，当挪威政府要求在550米深的比约纳峡湾上设计建造世界上最长的浮桥时，你必须在设计的时候就有足够的创造性——你必须想象出一种方式，使之能将钢和混凝土塑造成浮桥。与选择的挑战不同的是，项目设计的挑战中没有预先设定好的选项。不过，现代工程的奇妙之处在于我们有很好的结构模型，以及水、荷载和风的模型。在做出选择之前，你可以通过数学建模来测试想象中的设计。

更难处理的情况是棘手的设计挑战。这种情况下，你没有现成的替代方案，也没有好的工程类模型来测试你的设计，实际上是没有任何形式的解决方案来保证问题的解决。行动和结果之间也没有明确的因果关系。

你通过挖掘挑战的本质来解决棘手的挑战，即弄明白"发生了什么"。事情的矛盾所在或关键节点是什么？有哪些限制条件可以放宽？

对网飞的诊断

站在首席执行官里德·哈斯廷斯的角度来看，整个挑战似乎包含以下几个要素。

- 公司面临的核心问题是，最初公司是通过租赁别人的影视资料发展起来的，但继续租用可能并不利于未来发展。迪士尼旗下庞大的资料库（包括ESPN、皮克斯、卢卡斯影业、福克斯）、华纳媒体、米高梅、NBC环球，以及更多公司将从网飞和亚马逊撤出。对于影视资源的争夺会越发激烈。
- 随着新型流媒体服务的出现，每一种服务都按月收费，每一种服务都试图用"原创"内容吸引用户，用户的资金限制和影视

- 内容的贫乏会在何时导致这部分市场饱和？饱和之后又会发生什么呢？
- 网飞所谓的原创内容，大部分都是根据合同制作的，而制作公司都是那些长久引领这个行业的电影公司，如华纳兄弟、狮门影业、派拉蒙 TC、索尼等。这种供应安排能维持多久？
- 如果网飞想要制作高质量的电影，即那些通常会首先在影院上映的电影，它与供应商之间将会展开直接竞争。这是否意味着它陷入了制作低成本 B 级片的困境？
- 国际利润率，尤其是欧洲以外地区的利润率仍然很低。
- 网飞的一些影片已经达到 A 级，但随着亚马逊、迪士尼、苹果、Hulu 等公司都开始争夺这些影片的播放权，不可避免要挖人才，此举会缩减利润吗？
- 网飞获得新客户的成本正在上升，从 2012 年的约 300 美元上升到 2017 年的约 500 美元。
- 同时，现金流为负——为了给公司的发展融资，网飞的负债一直在增长。
- 只有当网飞的生产和内容成本能够分摊到更多对内容有共同品位的订阅者身上时，网飞才能在成本增长的情况下依然实现盈利。国际扩张能否帮助网飞做到这一点？

为了展示症结性难题的价值并抓住战略挑战的核心问题，我来快速描述一些可供选择的政策和行动，这些都是网飞很容易就能想到的。在维护国内利益方面，将每月的订阅费调整到 4 美元，网飞就有可能和迪士尼相抗衡。网飞公司可以提供一个针对手机和平板用户的低价计划，比如播放动画片和其他儿童娱乐节目。成人也可以选择每月支付 10 美元的全额订阅费，来获取全部的节目内容。

网飞可以努力将自己打造成一个"新"好莱坞，摆脱旧好莱坞因政治、权力游戏和关注"明星"造成的财务与文化负担。《先见之明》和《女子监狱》这样的电视剧告诉我们一个重要的道理：制作热门内容并不需要"明星"。想要沿着这条昂贵而有风险的道路走下去，需要非常庞大的用户基础和资本市场的持续支持，且绝对不允许出现重大失误。

2018年初，网飞的市值接近900亿美元，这个价格足够收购像米高梅这样的电影公司，同时还能拥有其内容库和制作能力。当然，这种做法将与成为"新"好莱坞的想法背道而驰。

网飞可以考虑制作几部像HBO出品的《权力的游戏》这样的大片，这类内容可以吸引数百万订阅者观看。这种做法没有什么公式可供参考。

网飞可以提供多种流媒体服务来满足不同订阅者的需求，而关于细分用户群和定价方法，还有很大的探索空间。

在选择国际扩张方面，网飞可以将注意力放在美国以外的发达国家，特别是英语国家（如加拿大、澳大利亚、新西兰和英国），这些国家以及一些类似领域的人在很多方面品位相同，且他们的收入水平也足以支付优质的流媒体服务。按照这一思路，再凭借网飞目前在这些地区的业务基础，它可以借鉴除美国之外的国家在娱乐视频制作方面的专业知识获得新的内容优势。如果不专注于开拓英语文化圈，网飞还可以成为全球流媒体内容的分销商，减少用于内容创作的支出，专注于成为国际内容的全球分销商。事实上，到2018年初，网飞已经在Dark（德国）、Money Heist（西班牙）、Sacred Games（印度）、3%（巴西）等平台上取得了不错的成绩。

问题的关键

我们可以将一组棘手的挑战想象成一堆挡在前路上的缠在一起的木棍和绳子，要想解开它可能得花好几天的时间。但如果我们找到正确的位置，剪断一根粗绳，缠在一起的绳子就可能会断成更小的绳段，这样就好处理了。那根粗绳，便是解开缠在一起的木棍和绳子的关键。

网飞面临的总体挑战是，它不能再指望以合理的价格承包现有的优质电视和电影。当谈到流媒体时，获取内容和拓展用户都尤为重要。有了更多的订阅者，公司就能有更多的资金用于内容的收集制作，用户所需的节目数量与订阅者的数量之比就会下降：有时候订阅者数量翻了一倍，但节目数量还是原来那些就行。所以，拓展用户似乎就是解决问题的关键所在。当然，好的内容也会吸引用户，除非公司针对的是像儿童这样兴趣单一的用户。这样的情况下，他们仅考虑成本即可，无须在内容上下功夫。

在竞争中寻找不对称的局面是很有用的——这一点造成了你的公司与竞争对手之间的不同。回到攀登枫丹白露的"狗屁股檐"的问题上来，一个肌肉发达的矮个子登山者眼中的症结性难题，在一个高大的登山者看来或许很容易。类似的情况也会出现在两支军队面前：一支军队数量规模更大，另一支则更有经验。抑或，比起同行，一家企业可能拥有更好的技术，但其分销渠道等却较差。就网飞的情况而言，它在国际舞台上更强大的地位吸引着我，这便是一种有趣的不对称。网飞在国际市场上发展较早，在英语国家、欧洲部分地区和土耳其的用户增长情况一直不错。迪士尼和其他公司也试图将它们的服务发展到国外，但可以预见的是，它们仍将尝试使用美国的生产基地。网飞能通过吸收异国制作的内容拓展全球用户而获得发展优势吗？

在我看来，网飞的症结性难题在于：如何利用其当前的国际优势，创造足够的素材来满足其国内市场以及日益增长的国际市场的需求。

* * *

做好诊断之后做出选择是需要勇气的，尤其是在网飞目前面临的这种棘手的情况下。可供选择的行动不是给定的，而是必须通过想象或构造得来，然后，尽你最大的努力，在你创造的选项中做出选择。最后，你需要将想法转化为具体而连贯的行动。在制订和评估一个可选择的行动方案时，我们必须做出判断。另外，为了制订一个解决方案，我们必须判断、假设或相信某些事情是真的。

对于网飞来说，对症结性难题的分析，使得人们去寻求一种机制来激励公司创作出国际化的优秀内容，同时，也使网飞成为一个广受欢迎的分销平台。用户规模的扩大将有助于网飞获得高收益，但同时它也会面临更多困难。创作跨界内容并不容易。网飞能创作这些内容，并分享如何做到这一点吗？这能和融资联系起来吗？甚至，它能建立一个国际学院，教授剧本创作、演员表演和影片制作方面的技能吗？人工智能的发展会使语言翻译更容易、更廉价吗？我可以设计出其他替代方案，但在此我不打算进一步模拟战略制定的过程，而是希望诸位能从这个案例中看到仔细诊断和识别症结性难题具有怎样的价值。

* * *

这个诊断挑战并制定对策的过程是我们制定战略最好的理论依据。你可以对这个挑战和自己的资源做出分析，试着想办法克服这个挑战并实现自己的一些雄心壮志。在分析这一挑战的时候，有无数工具可以帮助我们，另外，也有很多方法可以激励并帮助我们想出应对方法，比如我们可以类比其他情况，改变自己的观点，重复上次有效的方法等，但这些只是刺激因素。战略不是天然存在供我们选择的，我们需要创造战略，然后尽最大努力在我们创造的选项中做出选择。最后，我们需要将想法转化为具体而连贯的行动。

第 2 章

应对挑战：发现并利用症结性难题

刚入这行的时候，我觉得制定战略就是进行分析，我会收集数据，借鉴顾问和学者的思路框架，花大量的时间来研究产品、价格、地区和竞争行为等细节，努力将竞争优势量化出来。如果分析对象是一家航空公司，我就会分析一下，这家航空公司相对于另一家公司而言，它的利润优势及其驱动力在哪儿。如果分析对象是一本杂志，我会制作幻灯片，详细说明每篇文章、每张照片等要素的成本是多少。但是，时间一长，我逐渐意识到，这些分析虽然有用，但并不会真正生成战略，即一种可以改善前进方向的方法。

经过向企业领导者学习，我发现，许多人认为他们的工作就是督促员工"实现公司的各种指标"；另一些人对于自己以某种方式领导的企业的本质是什么知之甚少；有些人将战略视为一种规划、一项金融工程，或一堆"要做的事情"；有些人很有见地，但缺乏行动的勇气。

多年以来，我也有幸能够观察一些经验丰富的战略家，并从他们身上学到一些东西。

- 壳牌公司的传奇人物、战略主管皮埃尔·瓦克。他教我分析在某种形势下各要素之间的相关性，并在用力过度和背离目标时警惕双倍损失。

- 苹果公司的创始人史蒂夫·乔布斯。他性格中不留情面同时又极其坦诚的特质，让他能够透过层层胡扯的表象，抓住问题的关键（这惹恼了他周围的许多人）。
- 美国国防部净评估办公室的安迪·马歇尔。他有一种良好的特质，能够恰到好处地定义竞争，从而使对话向更好的方向发展（在一篇论文中，他将冷战局势重新定义为美苏之间的长期竞争，这对促使美国政策制定者从军备观点转向经济社会层面的观点至关重要）。
- 英特尔董事会主席安迪·布莱恩特。他知道如何利用业务规模和复杂性，与拥有技术优势的公司竞争。
- 红门（Redgate）软件公司的西蒙·加尔布雷斯。他在诊断症结性难题方面可谓天赋异禀，这使他可涉足的领域更多。

这些总裁以及其他一些人做事的策略与常人不同，通过长期观察，我对这种"不同"的要义有了较深的了解。

经验丰富的战略家乐于注重分析和数据，但他们也能够识别并关注关键挑战或机会，然后想出应对的办法。他们善于发现至关重要的问题，而且能集中精力在这些问题上。此外，他们关心公司的业绩，但不会混淆结果和行动。而且他们不会从一些流行列表或咨询模型中选择战略，也不会从员工准备好的幻灯片上的三个选项中选战略。也许最重要的是，他们没有把战略看作对未来"我们想要达到的目标"的一成不变的描述。当然，他们显然对获胜、盈利和成功存有野心，但他们把战略视为应对实际挑战和迎接重要新机遇的方式。

事实上，仅仅通过分析或采用预设的框架，是无法"解决"棘手的挑战的。恰恰相反，一个连贯的战略，是通过诊断挑战的结构和框架、重构、缩减关注范围、参考类比和洞察而产生的。最终战略的生成，是一种设计，而非一种选择。战略制定是一种体现目的的创造活动。我之所以称之为"创造"，是因为对大多数人来说，发现战略并不容易，它无法靠某种算法得来，而是洞察力和判断力的产物。换言之，战略不是推理，而是设计。富有洞察力的设计理念中隐含的一个观点是：尽管知识是必要的，但仅靠知识是不够的。

工业设计专家凯斯·多斯特在描述如何解决设计过程中遇到的问题时，详尽地阐述了要聚焦问题关键这一点。

> 为了解决新问题，经验丰富的设计师会寻找问题的核心悖论，并自问是什么让问题如此难以解决。他们只有觉得找到了核心悖论的本质，才会开始朝着解决方案努力。[1]

经验丰富的战略设计师，会将挑战的关键视为某些阻塞思路或带来限制的东西，这种东西的存在使得问题不容易解决。它会吸引战略设计师的注意力，因为它暗含一条杠杆原理——只要我们把拱顶石移开，就能成功攀登整面石墙。一个与其他情况类似的症结性难题，或者一条如何解决它的提示会格外吸引他们的注意力。

战略推导的陷阱

战略是不能从一些总是相关联的预设好的原则中推断出来的。高管们会犯这种错误，Paradigm公司就是一个例子。[2]这是一家生产特种纸的中型制造商，公司的首席执行官卡尔·朗让我评估一下他的企业战略。他解释道："董事会希望对我们目前的进展进行一次客观公正的检查。"我的大部分工作，就是采访一些经理，看看他们制定的各种文件。

卡尔的第一步是阐明公司的宗旨。他告诉我："我们的目标是产生可量化的有形成果。我们尤其希望每年能实现9%以上的资产回报率，获得25%以上的市场份额，以及10%的年销售增长率。"

公司的最高管理团队借鉴了迈克尔·波特的《竞争优势》一书中的观点。他们的主要工具是将战略拆解为四种类型，如表2所示。

表2　波特的通用战略

	价格竞争	属性竞争
扩大市场范围	成本领先	广泛的差异化
缩小市场范围	成本集中	差异化集中

基于Paradigm公司拥有种类最多的特殊形状和尺寸的产品这一竞争历史，卡尔的战略团队为公司选择了"广泛的产品划分"这一战略。[3]

他们引用了某商业杂志上的一篇文章中的关键词，作为这些"运营战略"的来源：

- 持续改进
- 产能利用率
- 即时
- 外包
- 新产品上市时间

卡尔的团队之所以选择"新产品上市时间"，是因为其他的运营"战略"对他们来说不切实际。他们的生产设备陈旧且不在当地，而且因为设备由所在地的工会管理，他们对生产的细节没有掌控权。

卡尔想要一个逻辑合理的战略，一个既能在董事会面前言之有理，又能在法庭上站得住脚的战略。他希望我可以向董事会说明，采用"广泛的产品划分"和"新产品上市时间"战略是合理的，这很有可能带来至少 9% 的资产回报率和至少 10% 的年销售增长率。当然，我不能这么做，因为卡尔的战略与公司面临的挑战毫无关系。

该公司面临的根本问题是，它对产品的生产制造没有实质性的控制，而且它最大的客户都是发展缓慢的公司。一旦我们确定并关注了这些问题，团队就逐渐开始想办法解决这些问题。几个月后，卡尔制定了一个合理的战略，他将市场营销和销售工作交给一些还在成长、规模较小的公司，并将产品制造划分为标准产品生产和特殊产品生产。而我的贡献，就是让他们看到了公司面临的真正挑战，而不是紧盯着财务目标和通用战略不放。

推理与设计

卡尔·朗试图从波特提出的"五力模型"或金和莫博涅提出的"蓝海战略图"等框架中推出一种战略。但是设计这些框架是为了提醒人们注意，在某种情境下，哪些方面可能是重要的，它们不会也不能指导一个人采取具体行动。

另一些人则试图从期望达到的业绩目标中推出战略，例如从"在未来五年内每年赢利 20%"这样的业绩目标出发。这样做没有任何意义，因为目标本身并不包含行动。如果你开始添加一些具有细微差别的内容，比如"关注最大的潜在客户"，那么所提议的行动就隐藏着一系列复杂的基于挑战的含义。我们为什么找不到更大的客户？是什么增加了找到更大客户的难度？需要做哪些改变才能实现更大的销售额度？

为了更清楚地看问题，深入挖掘推理与设计的区别是很有帮助的。我们都熟悉推理证明，它最初是在公元前 300 年的欧几里得的著作《几何原本》中正式提出的。高中时，我们学习过他所表述的几何公理（比如等于同量的量彼此相等、凡直角都相等……），并学习如何根据这些公理推导几何关系。推理的思考接近于逻辑本身。根据一些特定的假设，我们就能得出特定的其他关系或事实。

有了牛顿万有引力定律，知道了火星和地球的位置与运行轨道，人们就能推算出宇宙飞船离开地球到达火星所需的速度。根据你听歌的历史记录，网站服务器能很好地预测你接下来可能想听的歌。推导是人类文明创造的最强大的推理工具之一，尤其是在数学和物理方面，推导功不可没。

原子弹的研发成功表明，物理学家在黑板上涂涂画画，计算推导的结果是可以炸毁城市的。此后，经济学家和其他一些社会科学家便不再关注实际发生的行为，转而将注意力放到像物理学家那样创建一个推导体系上。现代经济学就是此举的产物之一。它与实际经济行为关系不大，因为它不一定用货币来衡量。人们和公司的一切行为都是为了使自身的预期价值最大化，即追求所谓的"效用"。

赫伯特·西蒙发现，实际上，与现代经济学理论相反，人们在做选择时并没有将预期价值最大化。他因这个发现获得了1978年的诺贝尔经济学奖。西蒙认为，人们并非经济学中描述的那种完全理性的生物，相反，人的理性是有限的。当然，除了学术界，这一点对其他所有人来说似乎是显而易见的。

人们会根据具体情况判断出怎么做会让他们在当下过得更好。西蒙发现，与普通人相比，国际象棋高手能够识别出更多的棋盘布局，因为他们可以接触到更多具有挑战性的棋局，也就相应地有更多可能的应对措施。有人让国际象棋大师用语言描述其在下棋时的思维，结果发现他们并不能真正把自己的思维模式解释清楚。有人会说："我的注意力就是被吸引到QB5格去了……"但他无法解释自己是如何想到棋局制胜的关键的。

总的来说，经济学家都对西蒙获奖的领域是"经济学"感到恼火。大多数经济学家已经放弃对实际经济行为的研究，转而从复杂的数学系统中推导出行为。

于我们而言，重要的一点是，赫伯特·西蒙热衷于研究推理和设计之间的区别。西蒙说，常规科学是关于了解自然世界的科学。接着他说，"而设计正相反，它关心的是事物应该如何"，以便实现人类的目的。西蒙的见解对我的职业教育事业产生了特别的影响。他强调，"讽刺的是，在本世纪"，自然科学推动人们将设计纳入职业学校的课程。他指出："工程学院逐渐变成物理和数学学院，医学院变成生物科学学院，商学院变成有限数学学院。"4

西蒙提出，在职业学校的课程中应该用推理课程代替设计。根据我自己的生活经历，我非常支持他的观点。对于目前正在高等职业学校任教的学者来说，设计有点像手工课，类似于汽车修理或焊接，它与随机过程的数学建模和选择性偏差的统计分析等高高在上的学术活动相去甚远。

当你在大多数MBA（工商管理硕士）项目中学习市场营销时，你会接触到关于消费者行为的理论和市场细分的概念，但对于公司各种各样的实际营销方案却了解甚少。学生们会发现，他们无法从消费者行为理论中推导出一个适用于现实世界的营销方案。

如果你学金融，你会学到大量有关证券价格的理论，但如果你想成为一名投资银行家，你就必须到其他地方去了解现实世界中的交易结构那令人痴迷的复杂性，因为你是不可能从金融理论中推导出交易结构的。

如果你去上一门MBA的战略课，你将会学习一些有关商业战略的经典成功案例，但渐渐地，你的导师会越来越多地用这些案例作为他在产业组织经济学概念中最喜欢举的"例子"。

同理，你也不可能从理论中推导出一个好的战略。很多设计都是想象力与许多其他设计知识的结合,通过复制每个设计中的一些元素而生成的。现代工程学院和商学院教学中面临的问题是,如果你所学的都是一些逻辑推理,那你就无法了解各种各样的实际的设计。

我在加州大学伯克利分校读大四的时候,读的是电力工程专业。我的兴趣是研究大型电力系统,即能为每个人提供电力的大型汽轮发电机。我选了本专业唯一一门关于发电机和汽轮机的课,结果教授一直让我们学习张量分析。[5] 我们甚至连发电机的照片都没见过。这个课程设计时的考虑是:用张量数学,你可以模拟发电机的一些电力输出性能,但是这种分析并没有告诉我们发电机到底是什么,或者如何设计或制造一台发电机。我学习的全是数学,而非工程学。我后来转到计算机设计专业,然后又转到反馈控制系统设计专业,因为这些专业好歹涉及一点设计方面的知识。

几年后,我成了喷气推进实验室(JPL)的系统设计工程师,我的工作是对未来的宇宙飞船进行初步设计。回访母校时,我向以前的导师提起了自己之前遇到的一个大问题:许多航天器组件都会随着时间的流逝而损坏。当时还没有专门维修星际飞船的人,所以我们一直在想办法解决传感器损坏和无线电无法启动的问题。的确,我们可以计算出可靠的数字,但我们并不能真正理解为什么这些组件会损坏。导师摇了摇头说:"除非你能找到一种把这些组件数学化的方法,否则在工程系,我们没法对这一问题进行研究。"

棘手的挑战

上一章在讨论网飞公司遇到的难题时,我已经介绍了什么是棘手的挑战。进一步来看,更精确地说,棘手的挑战具有以下特征。[6]

- 问题本身可能没有明确的定义。创建战略的大部分时间可能都会用于研究"问题"的各种概念，并努力识别或选择一个症结性难题。在许多棘手的情况下，其实并没有真正假定的"问题"，相反，这只是一种情况将要变糟或机会即将来临的感觉。

- 大多数时候，你不是只有一个目标，而是有一大堆远大的目标，就像 25 岁时的我，或像里德·哈斯廷斯那样。也就是说，一些欲望、目标、意图、价值观、恐惧和抱负通常不可能一下子全部得到满足，它们之间可能会相互冲突。如何在这一堆雄心壮志中找到目标感，是处理好棘手问题的一部分。

- 具体怎么做，没有给定的可供选择的方案，你只能自己搜寻或设想方案。是侵占市场还是封锁市场？要不要收购"BuyCo"这个平台？很多时候，这些选择方案都是由目光短浅的员工或既得利益方提出来的。不要被它们迷惑，总会有其他方案能使公司继续发展。

- 潜在行动和实际结果之间的联系并不明显，即使是专家，对各种拟议行动的效力也会产生很大分歧。在棘手的情况下，应对现实情况的方法有很多，而采取具体行动与得到预期结果之间没太大联系。

那么，当一个人不确定何为真正的挑战时，他该如何应对棘手的挑战并制订解决方案呢？无论是个人还是组织都不可能同时处理好所有的事情，因此，我们想在机遇和挑战的混合体中找出症结性难题。症结性难题是机遇和挑战的混合体中的重要部分，如果我们将精力集中于此，基本上能解决这个难题。

我们之所以追随卓有成效的战略领导者，是因为他们已经完成了这项工作——对于我们实际上可以攻克的症结性难题，他们发起了处理和解决的号召，以此取代乱糟糟的现实。

面对棘手的挑战，战略家发现了一个存在于挑战之中的可解决的问题——不是整个挑战，而是一个与其关键因素密切相关的问题，这个问题是我们有能力解决的。

举个例子，1999年，漫威刚刚凭借漫画和玩具业务走出破产危机，但依旧负债累累。在漫画读者中，漫威收获了一批狂热粉丝，但受众群体并不庞大。其大部分债务都是通过将它在漫画中的角色授权给玩具和游戏设计来偿还的。下一个赚钱的机会是把这些角色拍成电影。而此举面临的困难之一，就是经典的"先有鸡还是先有蛋"的问题：制片厂给的授权报价很低，因为此前尚未有过以漫威角色为原型制作的影片取得成功的先例。而且，由于当时还没有大制作电影，这些角色在漫画书之外基本不为人所知。另一个困难是，虽然漫威有4700个漫画角色，但好莱坞主要对蜘蛛侠和X战警感兴趣。

在以极低的费用将蜘蛛侠授权给索尼影业，将X战警授权给福克斯之后，漫威总裁凯文·费奇指出，问题的关键在于如何提高其他漫威角色的身价。为了解决这个问题，费奇制订了一个计划，他让漫威的一大群角色都居住在同一个虚构的"宇宙"中，想以此举为这些角色创造价值。漫威从华尔街筹集资金，成立了一家独立工作室。继第一部电影《钢铁侠》大获成功之后，漫威又拍了28部大片。有许多角色反复出现在这些电影和11部电视剧中，比如钢铁侠、雷神、美国队长、冬兵、黑寡妇、鹰眼、幻视、黑豹等。2009年，迪士尼收购了漫威，继续发展漫威电影宇宙。

只有当你在相互冲突的欲望、需求和资源的交织中看到或意识到造成焦虑的根源时，症结性难题才会暴露，对于棘手挑战的掌控之机才会出现。或许我们想扩容，但却没有空间。顾客可能会很喜欢推出的新品，但分销商却拒绝它，因为它蚕食了其他利润来源。解决症结性难题对于解决更大问题的主要部分很有帮助。正如许多研究问题解决方法的研究员所发现的那样："至少，在制订一个解决方案之前，我们必须对问题进行深入分析。"[7]

找到症结性难题是应对棘手挑战的第一步，但是在复杂的棘手挑战中发现或阐明可解决的症结性难题并非易事。许多棘手挑战似乎构成了一个令人困惑的问题和时间的集合体，其中有很多问题是相互关联的。有些人生来就有解决问题的天赋，例如，安迪·马歇尔认为，冷战制胜的关键在于制定一种与苏联竞争的战略，即利用美国的社会地位和经济实力，使其在冷战中发挥更大的作用，而不是简单地囤积武器。面对复杂的情况，其他人只是在假装自信。在过去的几十年里，我看到过像安迪·马歇尔和在全美阿尔塔电力（TransAlta）工作的唐·法瑞尔这样的战略家使用收集、分类和筛选的实用工具来帮助理清混乱的情况。

收集难题，也就是列一个有关问题、事件与机遇的清单，确保你关注的是所有问题，而不是第一个想到的问题。这个过程会比你预想的更长，就像你度假所需的东西需要从你最初的计划中一点一点得来。起初，你对问题的感受是不完整的，你对其他可能采取的行动的感觉也是受限的。你，或是你团队里的其他成员，知道的比你下意识说出来的要多，参考外界意见和竞争对手的做法有助于收集相关想法（详见第 19 章）。

通过分类将问题与机会分组。当我在一家名为战略制定的公司（Strategy Foundry）与一个团队一起工作时（参见第 20 章），每个参与者都要说一个在战略制定过程中遇到的挑战。我们把这些挑战写在黑板或卡片上，然后收集起来，通常是 12 个左右。通常情况下，这些"挑战"都不止一个，所以我们会将其分解。分解之后，我们一般会得到大约 20 个挑战和机遇，然后，我们试着把它们按相关性进行分组。如果你是孤军奋战，那这对你来说会有点难，但如果你试着从不同的角度出发，想象其他人会如何发声，持有哪种观点，那你一个人也可以相当于一个团队了。

这样分类产生的群组，边界很模糊。分组的目的不是建立一系列科学可靠的集合，而是探索如何应对不同的挑战。有些挑战会有点难，有关于竞争的，有关于公司内部问题的，等等。有些会更具批判性，有些克服起来相对更容易，而有些可以留到以后再解决。

经过收集和分类，你会意识到，工作中会遇到大量琐事、众多难题以及要处理好许许多多不同方面的利益，我们需要对它们进行筛选。第一步是排序：思考哪些问题可以留到以后解决，把那些亟待解决的问题放在最重要的位置。正如德斯蒙德·图图所言，"要吃掉一头大象，只有一个方法：一口一口地吃"。

一旦筛选完成，下一步就是对它们的重要性和可解决性进行评级。所谓重要性，是指这个挑战能够威胁到企业的核心价值或企业生存的程度，或代表一个重大机遇。而可解决性，指的是挑战可以解决的程度（第4章对此进行了详细介绍）。

关于可解决性的判断有更多的争议。显然，有些挑战是可以解决的，有些问题虽非常重要，却很难解决，这就是症结性难题。

我们应该高度重视不太容易解决的关键挑战。它能被分成几个子问题吗？这和其他公司面临的类似问题是一样的吗？有谁是这方面的专家？什么有可能改变它的可解决性？什么是该挑战唯一的基本限制，一旦打破这个限制，便能使问题变得可解（这是解决症结性难题的关键)？或者，说得再彻底一些，我们可以将这个关键而艰难的挑战分解成多个挑战，然后再次重复收集、分类和筛选这个过程，所有这些都围绕这个主题进行。

一项挑战的关键在于冲突，如所拥有的资源和所面临的问题之间的限制或冲突，抑或政策之间的冲突。这些冲突很是恼人。亚马逊第一次开放其市场服务时，允许外部公司通过亚马逊平台销售它们的产品。问题在于，其中一些公司可能规模较大，品类范围较广，足以挑战亚马逊，甚至未来可能会把亚马逊的供应商和产品引到自己公司的网站上。但是，亚马逊旨在成为全球规模最大的商城，如果拒绝这些商家进入亚马逊平台，将限制亚马逊的发展规模。和许多人的看法一样，现在回想起来，解决方案似乎很简单。亚马逊开始大幅改善其物流系统，并向平台上的商家提供存储和运输服务。这是大多数商家无法拒绝的提议。于是，亚马逊不断扩张，产品越来越多，几乎覆盖了所有品类。

另一个发现症结性难题的例子是，苹果公司的管理层意识到，史蒂夫·乔布斯致力于在公司内部完成所有事情，这和做一个应用商店的概念是完全冲突的。他们开始意识到，向外部程序员开放苹果手机的应用商店，会在应用程序制造商之间引发巨大的竞争，压低应用程序的价格，通过比较提高应用程序的质量，从而增加每一部苹果手机的价值。

如果你没有找到问题的关键，你将很难有效应对一个棘手的挑战。人们不会去解决他们无法理解和掌控的问题。

设计备选方案

我们通过筛选一系列问题，并将棘手的挑战分解成几部分，就能形成一个关于如何有效应对挑战的设想。设计备选行动方案是应对棘手挑战的第二种方法。你可以根据现有的知识检查拟议的行动方案，看看是否存在一些强有力的证据支持，可以排除方案中的某些部分。例如，对于修建廉租房的提议，我们应该考虑到一个事实——过去，居住在这种住宅区的人经常成为犯罪行为的受害者。[8] 如果没有执法或控制犯罪的子策略，仅考虑建设项目，可能弊大于利。鉴于此，修建低收入住房的新方案便需要进行思维上的大胆飞跃，创造性地将政策、建筑、规划和行动结合起来。

正如我们之前提到的，埃隆·马斯克认为降低太空发射成本的关键在于可重复使用，因为他意识到燃料比火箭的硬件便宜，于是他思维上的大胆飞跃便产生了。他设计的新火箭会携带额外的返回用的燃料，这样，它就不会因燃料燃烧完而无法返回地球。以下是一些认识到症结性难题并大胆采取行动的例子。

- 与苏联一样，中国有集中税收和营业收入，然后根据各种计划分配资金的传统。邓小平观察到，阻碍中国经济发展的关键问题是激励机制（或者，用西方的说法叫盈利机制）失效了。他认为致富光荣。在一个把贫穷视为美德的国家提出这个说法，是极具革命性的。邓小平最重要的创新是允许各地供销社出售产品和服务，并保留它们的大部分利润。后来，人们将这项政策与基于出口的活动和精心引入外来技术相结合，它就成了一项连贯的发展战略。

- 1980年，新加坡面临的最棘手的挑战是可怕的失业问题，这个小岛上的大多数人都是无家可归的流浪者。解决方法之一可能是在全球募集资金，然而，李光耀认为，问题的关键在于，新加坡的商业没有发展起来。他认为，要是能成为世界上最具商业吸引力的国家之一，新加坡的经济就能发展起来。他动作连贯、一气呵成，如果按照西方发达国家的标准，他的执政行为可以说是非常严苛。在他的政策之下，未来将没有无家可归的流浪汉，没有工会，没有骚乱，有的，将是强有力的私有物权法和稳定的经济环境。毒贩会被处以死刑，反对者和工会组织者会被判入狱。外国资金开始涌入新加坡，就业市场走向繁荣，并造就了一批训练有素的劳动力。如今，新加坡拥有3000多家跨国公司，失业率极低，人均国内生产总值为5.8万美元，平均寿命为84岁。

- 2003年，随着贾森·弗里德的网页设计公司的客户群不断扩大，承包商、顾问和设计师的数量也日益增多，贾森·弗里德的公司还在用电子邮件来处理业务。问题的关键是，处理过程必须用到电子邮件、Excel表格、备忘录、电话和其他各种管理工具，但这些工具不能很好地互通。早期使用试算表时也遇到过类似的问题，当时人们在进行计算、绘图、导入以及导出数据等操作时，必须使用不同的工具。弗里德的团队做了一个大胆的决定：投资开发自己的工具"大本营"（Basecamp）。这个软件仅用一个应用程序，就包含了待办事项清单、留言板、时间表、实时群聊、提问和回答等很多应用工具。于是，"大本营"的客户从2004年的45个增长到2019年的300万个。

- 20世纪80年代，迪士尼公司的业绩开始下滑，故事片和有线电视业务利润微薄。企业高管们开始动脑思考，他们看到了商机，将公司业务向主题公园和电影业务发展，并迅速获利。1984年，迈克尔·艾斯纳在大发石油财的巴斯集团的支持下，担任董事长兼首席执行官。他开始从《灰姑娘》这种备受推崇的经典动画片中观察迪士尼面临挑战的关键所在。这些作品在发行时，几乎向每一代人定义了迪士尼的形象，但它们无法被复制。每一帧手绘画的成本是在大萧条时期产生的，这个价格放到80年代就不合理了。艾斯纳和迪士尼总裁弗兰克·威尔斯设计出了非常棒的解决方案。其中一个关键是通过投资电脑动画来打破迪士尼手工绘画的文化传统，另一个是将公司的利润和发展扩大到动画片之外，同时专注于创造新的动画角色。无论是《狮子王》《美女与野兽》，还是《风中奇缘》，每一个新角色或新故事所创造的利润都远远超出电影本身。公司对于玩具、游戏、电视特辑、迪士尼乐园游乐设施和其他配套元素都进行了精心的开发利用，这在娱乐业是一项全新的战略。

洞察力的机制

制定具有洞察力的战略很吸引人，因为它们将人类智慧和伟大成果联系起来。有了洞察力，你就能拥有别人不具备的品质或看到别人忽略的东西。然而，如何设计一个创造性的方案？这几乎超出我们的理解范围，我们只能抓住头脑中一闪而过的灵感。

洞察力是如何拥有的？它会涌向我们，让我们措手不及，或者在一些毫不相关的活动中突然产生。如果你认为某种洞察"感觉对头"，那不言而喻，它自有其存在的道理。我们并不清楚洞察力是如何获得的，反思和自省也无法揭示获得洞察力的潜在过程。

认知神经学家只是揭示了一些与洞察力相关的大脑活动。一个特别有意思的发现是，右侧（后方）的视觉皮质会发生一阵（一秒钟的）视前活动。这种低频（6~10赫兹）的"阿尔法"脉冲似乎会暂时阻碍来自外部的感受。这种对视觉皮质的冲击意味着"灵光一闪"这个词语不仅仅是一种修辞手法，而是真的会发生。[9]

洞察力的闪现就是我们所体验到的创造过程，当我们发现一个好的战略时，我们会分享它。英特尔公司的联合创始人戈登·摩尔意识到，光蚀刻技术可以让他在一平方毫米的硅上塞进更多的晶体管，这就是现在众所周知的"摩尔定律"。1994年，杰夫·贝佐斯发现，互联网是销售纸质书的完美媒介；马克·贝尼奥夫则通过"梦想"设计了一个云端的客户关系管理（CRM）系统；山姆·沃尔顿并没有将他的折扣店视为个人商店，而是将其看作物流系统中的中转站。当这些灵光一闪的新想法重塑我们世界的一部分时，我们会以新的方式看待问题。那些没有新想法的对手便会失去平衡，他们通过竞争所攻击的只是我们力量的边缘部分而非中心。

研究或撰写有关洞察力的文章的人通常会这样暗示读者：洞察力会让人立即获得满足感——它能够打破僵局，帮人们找到问题的解决方案。查尔斯·达尔文在乘坐贝格尔号航行之后，一直在思考一个问题：不同物种是如何随着时间的推移而产生的。他几乎是立即就想到了自然选择的机制，想到了现存物种之间的差异化生存。"我之前为了消遣，碰巧读了马尔萨斯的《人口原理》，并准备好欣赏随处可见的生存斗争了……于是我立刻想到，在处处充满生存竞争的情况下，有利的变化往往会被保存下来，而不利的变化往往会被消灭。"[10]

的确，像这样的灵光乍现称得上高光时刻。然而，将洞察视为愉快的倾向，源于对成功者情绪的格外关注。洞察并不总能让人"啊哈"（兴奋），它也有可能带来"哦哦"（叹息）。当凯马特的高级管理层第一次意识到沃尔玛不仅是一个占据郊区市场的专家，还是一个破坏了凯马特整个经营方式的竞争对手时，他们并没有感受到像达尔文一样有了新发现的喜悦。

洞察力不是我们想有就能有的，谁也不敢保证一定就能有洞察力，但一些办法可以帮助我们获得洞察力。如果你没有抓住问题的关键，你就不能期望自己能想到解决办法。我们可以通过练习转换思维和转变观点来帮助培养洞察力。将连贯的行动集中在一点上很有效，理解其中的奥妙，对培养制定战略的洞察力帮助很大。制定战略所需的洞察力很大程度上也得益于对过去战略的广泛研究。此外，培养洞察力还需要找到对的方法。关于事物是如何运作的，尚有一些存疑的假说。我就是从这些假说中，在利益和资源之间的不对称中，以及在他人的习惯和惰性中开始寻找自己的洞察力的。

有大量文献介绍了如何生成新想法，如头脑风暴、冥想、可视化、评估前收集大量信息、催眠、借鉴他人的观点，或设想"如果……会如何"，又如想象有一个导师指导自己，等等。然而，无论采用哪种方法，约翰·杜威最初的论点仍然站得住脚。他写道，新的设计理念最可靠的来源是对"感觉困难"的"反思"。[11]设计的洞察力主要是通过使用一套工具包，包括坚持、类比、形成观点、做出明确的假设、提问，以及意识到自己无意识的约束，对某个挑战的结构进行清晰诊断，特别是对它的症结性难题进行清晰诊断而得来的。

想培养洞察力，你需要坚持。在面对难题时，坚持意味着你愿意忍受"陷入迷茫"的焦虑和挫败感，并愿意努力找到克服困难的方法。当你有了第一个想法时，你需要测试并评价这个想法，然后愿意尝试并且能够使用另一种方式去应对挑战。

我有过几次迷路的经历：我曾在新罕布什尔州的华盛顿山上，在黄昏将至的时候迷路，误入冰谷；曾在伊朗白雪皑皑的达马万德山海拔 5400 多米的高峰上，被高原反应折腾得糊里糊涂，沿着错误的一侧下山；曾在缅因州的森林里辨不出方向，那里地势平坦，每棵树看起来都是一样的，且绵延数英里，一眼望不到尽头。

迷路时，你会感到无助和焦虑。不知道该走哪条路是很令人丧气的，我们会想要抓住路上遇见的第一个线索。[12] 瞧，那两块石头堆在一起，它们是不是标示着一条走出森林的路呢？

在某种程度上，这与人们面对棘手的战略挑战时的感受是一样的。乍一看，没有明显的解决方案。没有现成的答案可能会是件令人尴尬的事情，在这种情况下，人们很容易采用第一个想到的解决方案。如果提醒人注意，在看到第一个解决方案的同时，继续寻找下一个解决方案，实在是说起来容易做起来难，因为这需要经历焦虑感和挫败感。保持坚韧不拔的精神，并从不同的角度重新思考局势，是至关重要的。

有一种理论认为，当人们已经有了一个极具吸引力、看似更简单的备选方案时，他们很难再想到有关这个复杂问题其他的微妙而高级的解决方案了，这时他们的注意力就无法集中了（这就是第 19 章要讨论的"反复思考"这个建议的基础）。在一个有趣的实验中，研究人员给有经验的国际象棋棋手出了道题，棋手们可以走出一组经典的"闷杀"获胜。[13] 同时，还有一种不那么明显但能更快获胜的方法。研究人员告诉棋手们，要使用尽可能少的步骤获胜，但考虑的时间不限。

研究人员发现,一般的优秀棋手确实会受大家熟悉的五步闷杀法的影响而"分心",但国际象棋大师们并没有受此影响,他们很快就发现,实际上存在两种解决方案,并选择了更快的、三步制胜的解决方案。

最终得到的结论之一是,大师就是大师。然而,更值得我们关注的结论是,人们应该花点儿精力来提高对那些"明显的、吸引人的答案"的警惕性。当遇到有关战略的难题时,更广泛地搜索可能会大大提高你找到更好解决方案的可能性。

洞察力最直接的来源是类比、举例和吸取他人的教训。显而易见,最直接的教训来自直接竞争对手,但这些例子也有可能引发正面竞争。在竞争中,战略家通常会寻找一种不同于竞争对手的方式来应对局势。我在采访丰田的发动机设计师时,问了他们一个难题:"你们为什么不用本田的设计呢?它在发动机设计方面是做得最棒的。"他们的回答是,丰田的目标不是像本田一样好,而是要变得更好。同样,许多最有用的类比来自其他行业、其他国家或其他时代,或者可能完全来自其他情况,但有一个不可避免的事实是,广泛的知识和经验对于进行适当的类比帮助极大。

马克·贝尼奥夫在与亚马逊进行了直接类比后创立了赛富时;霍华德·舒尔茨在观察了意大利米兰的一家咖啡店后创办了星巴克;比尔·格罗斯类比黄页创立了 GoTo;瑞安航空公司参考西南航空公司的模式来设计自己的战略(见第 3 章);脸书最初是一个类似大学年鉴的在线网站。

我们也可以寻找更接近隐喻的类比。如果我把这个挑战画出来,它会是螺旋形的还是方形的?如果我们是百事可乐,那我们是食草动物、食肉动物还是食腐动物?美国是公元前 50 年成为世界霸主的罗马,还是公元 400 年野蛮人在帝国大道上长驱直入的罗马?我们是雅典人吗?中国是新罗马吗?微软是通过建造城堡,巡逻边境,惩罚邻国,还是通过与之结盟来保护自己的领土?还有其他观点吗?竞争对手会怎么看这种情况？客户会怎么想？高中生会怎么想？几年后，我们将如何看待这个问题？律师和政治家将如何看待这种情况？数据库管理者如何看待这些问题？装货的码头又会怎么看待这个问题？

* * *

关注问题——只看问题的一部分，但要看更明确的细节——可以使问题的一部分更清晰、更容易处理。举个例子，如果你在"客户体验"方面遇到问题，那么只看退货过程，可能会激发应用更广泛的洞察力。

突出重点恰恰相反，人们可以将挑战视为更大范围的一部分。在我的家乡俄勒冈州，野火是个大问题。到了8月，大多数时候天空都烟雾弥漫，因为附近喀斯喀特森林的大火在燃烧。大多数关注野火问题的人争论的都是：预防还是控制？适当砍伐林木并控制燃烧，还是任其自然燃烧？然而，从更广泛的视角来看，大多数大型火灾都是发生在国家荒地，这些地区受到保护不被开发的同时，也没有消防道路、防火带或其他方面的建设投入。因此，更大的问题是荒地的定义及其管理——我们难道真的想让它每年在距离城市或村镇仅1600米的地方来一场大火吗？

* * *

做假设有时可以阐明如何有效改变一个观点。例如，美国一家大型汽车制造商认为，通过将其零部件运输的集装箱标准化，它实现了规模经济，降低了收购成本。的确是这样，但它没有提及其他方面的变化，即该政策会不会在其他方面增加成本。因此这种假设是错的。在太大的容器中运输多个零部件容易损坏零件，增加返工成本。

对一些想法或做法多问问"为什么",是一种打破现有框架的方法。为什么电影院要让人们排起长队等待热门电影的首映,而不根据需求调整价格?为什么装修的时间总是比预计的时间要长两三倍?为什么我们要花两个月的时间来为一个大客户设计和运行软件?为什么折扣店要建得这么大?

* * *

影响洞察力的一个主要方面是无意识的约束,这种约束指的是自己没有想到的关于世界或问题局势的假设或理念。旧的负担可能会阻碍我们以新的方式来看待问题,使我们墨守成规。这种阻碍可能不仅仅是缺乏远见,也可能是对于抛弃整个教条、信仰或运作原则的无意识的恐惧。

想想动画片的例子。1833年,人们发明了早期的动画装置,并给它起了个奇怪的名字——费纳奇镜。那是一个玩具,是用一个纸板做的圆盘,四周有几道狭缝。在这些狭缝下面,印有一组连续的图像。使用者转动圆盘使之面向镜子,通过移动的狭窄缝隙看圆盘在镜子里的反射,并旋转圆盘的轴。当每一条缝隙经过你的眼前时,你都会看到一个图像。这一系列动作给你造成了图像在动的错觉。有了费纳奇镜,人们可以看到移动的图像,看到一匹马在奔跑的图像,这是史无前例的。

对动画的洞察力在技术上并不难实现。当我还是个五年级的小男孩时,我就经常用画有盒子、箭头和圆圈的动画短片逗坐在我旁边的女孩开心。我把它们画在书的空白边,当我快速翻动书页的时候,这些故事就变得生动起来:盒子向前推进,吞噬了逃离的圆圈,却被飞来的箭击中。一旦你明白了动画的制作原理,那么如何制作新的动画也就很清晰了。

无意识约束是一个强有力的、压倒一切的绝对理念,即感知映射现实。如果你相信只有当运动是连续的时候，你才能感知到连续的运动，那么你就会认为一系列静止的图像不可能看起来像在动，它只能看起来像它本来的样子，即一组不连贯的静止图像。为了理解动画的制作，我们必须接受一个令人不安的想法，即大脑构造了我们感知到的现实——我们的感知系统填补了空白，执行了大量的插值动作。制作早期动画需要转移或移除人的无意识约束。

解决方案

贝聿铭为卢浮宫设计的新入口就是一个很好的例子，证明人们在找到了症结性难题之后，就能具备洞察力来解决问题。

1984年，法国政府决定翻修举世闻名的卢浮宫。卢浮宫始建于1200年左右，1546年弗朗索瓦一世将其重建，作为法国国王的宫殿。1793年，卢浮宫成为博物馆。但到了20世纪，人们越发感觉到它的办公空间太小，没有像样的公共入口，就像一个由房间和连廊组成的迷宫。为了解决这个问题，法国的密特朗总统请美籍华裔建筑师贝聿铭来商讨解决方案。贝聿铭边走边研究这片场地，很快，他得出结论：翻修的中心应该是这个巨大而空旷的庭院。那时，这个院子还是一个尘土飞扬的停车场。要把院子挖开，在它下面建新的办公室和博物馆库房。但是入口呢？贝聿铭不想让院子空空荡荡的，但也不想新建一个建筑，因为这会挡住周围的古典建筑。

那么问题的关键就是：要在开辟入口、改造空荡的院子的同时，又不遮挡周围的古典宫殿。贝聿铭的设计想法是，在庭院中央建造一个有透明玻璃结构的建筑。采用玻璃结构意味着我们不可能将屋顶设计成平顶，因为它会破坏部分视野，且容易破碎，但建造一个倾斜的屋顶也会面临同样的问题。贝聿铭最终决定建造一座透明的金字塔。这将成为卢浮宫的入口，它不会挡住外面的风景。人们可以从这儿欣赏周围的建筑（要是我来设计，就建造一个透明的凹槽穹顶，但他们没咨询过我的意见）。

一旦贝聿铭决定采用金字塔式的建筑结构，问题就变得可解决了。我们需要解决大量有关工程、美学和政治方面的问题，但确定了采用透明金字塔的设计后，这些问题就都不是事儿了。

这个设计公之于世时，引起了轩然大波，而且直到今天仍有人讨厌这个设计，但总体上卢浮宫的透明玻璃金字塔入口受到广泛赞赏，现已成为巴黎三大旅游景点之一。

* * *

第二个发现症结性难题并找到解决方案的有趣的例子是 GoTo 和 AdWords 的故事。

1999 年初，我去了帕萨迪纳市，拜访比尔·格罗斯的创意实验室，这是一个网络孵化器。格罗斯让我试了试他最新的搜索引擎——GoTo.com。我输入"最好的新车"后，立刻看到了福特、丰田等条目。这很有趣，因为在 1998 年，网络搜索是一团糟。如果搜索"拉布拉多犬最好的狗粮"，你很有可能搜到关于狗或食物的色情片。实验室面临的挑战之一是，建网站基本上不用花钱，任何有一定技能的人都能自建网站。而网站中页面的标题和隐藏的关键词可以触发搜索引擎。

格罗斯对症结性难题的洞察力来自对电话黄页的观察。几乎每家公司都被列在黄页上，那些付费更多的公司，其广告占据的空间就更大。能不能建立一个搜索引擎，让公司为它们在搜索结果中的位置付费？

格罗斯的想法是为了让搜索更有效率，同时也为了解决困扰整个行业的另一个挑战——如何赚钱。他说，像雅虎、AltaVista 和 Lycos 这样的搜索引擎会提取一些关键词，然后尝试找到这些关键词所描述的网站。"在 GoTo 搜索引擎中,我们让人们对关键词进行竞价。出价最高的网站其搜索结果排名第一,出价第二的网站排名第二,以此类推。"在这之后,GoTo 才列出所有没有参与竞标的网站。他说:"当有人点击这些搜索结果时,我们会向公司收取费用。该网站可以实时监测搜索结果所在的位置,调整其报价以实现盈利。"

格罗斯的想法新颖而机智——竞价为搜索引擎带来了可观的收入,而且这个过程自动排除了数千个试图诱导粗心的搜索者的"垃圾"网站。然而,GoTo 只是作为一种广告的形式运作良好。如果要搜索如何修理汽车,你将不得不浏览一些广告链接。同年晚些时候,GoTo 上市了。2001 年,它更名为 Overture Services。2003 年,雅虎以 16 亿美元收购了它。GoTo 掌握了"如何通过搜索来赚钱"这个问题的核心,是比尔·格罗斯在财务方面取得的一场胜利。但是搜索引擎领域还可以有进一步的创新。

当我在帕萨迪纳与比尔·格罗斯交谈时,谷歌的创始人拉里·佩奇和谢尔盖·布林收到了 2500 万美元的第一轮风投资金。他们也在尝试完善搜索引擎,并发明了一种聪明的算法(PageRank),它后来成了业内最好的算法。他们已经解决搜索的问题,但还在努力解决如何创收的问题。他们看到格罗斯的 GoTo,但坚决反对用付费链接破坏他们的 PageRank 算法的搜索结果。他们面临的挑战是,既要提供准确的搜索结果,又要以某种方式赚钱。1999 年初,谷歌的第九名员工萨拉尔·卡曼加管理着一个团队,他们定义并建立了谷歌的 AdWords 系统。

AdWords 的设计理念是将广告放在搜索结果页面的一侧。这种设计不会破坏搜索结果列表,而是将搜索结果和付费广告分开了。用事后诸葛亮的眼光去看,这事似乎很简单,但当时他们可是打破了业界关于搜索结果是单一列表的无意识约束。他们先是让广告商以广告显示的每千次为单位付费,后来又改用按点击量付费的系统。[14]

AdWords 的洞察力使得谷歌成为世界上最有价值的公司之一。[15]

第 3 章

制定战略是一场旅行

CHAPTER 3

之前有段时间，我热衷于登山。每年夏天，我都会去攀登特顿山脉、风河山脉或阿尔卑斯山。当你尝试一条新路线时，并没有任何清晰的地图来指导你如何登顶。你的计划通常是这样的："我们跨过那条沟壑，从左边的岩架出去，然后看看上面有没有路。"爬上岩架后，你可能会发现上面并没有路，然后换一个方向继续前进，也许是向右前进，然后沿着粗糙的岩石爬到另一个岩架上，等等。

在现实生活中，制定商业战略和规划爬山路线有些相似。你可能有登顶某座山峰的雄心壮志，但途中需要克服一系列困难，登山者称之为"问题"。在克服了一个又一个困难之后，人们对未来的挑战和机遇就会有新的看法。而且，一旦成功，你的野心会越来越大，比如，琢磨着下一次尝试攀登山的北面或更高的山峰。

在现实生活中，无论是个人的还是公司的战略制定，都是一个应对重大挑战并决定采取何种相应行动的持续过程。有些挑战是长期而广泛的，还有一些是在前行中遇到的直接阻碍或突然出现的机会。无论哪种情况，战略制定都是面临和应对重大挑战的过程。

我之所以强调这一点，是因为人们对此有种普遍的误解，即商业战略是某种期望目标的长期规划。我鼓励你将战略制定视为一段经历一系列挑战的旅程。如果放在 2014 年，你是英特尔公司的首席执行官，你可能会说过"英特尔推行摩尔定律来制造全球最棒的半导体"这种话。但在 2017 年，人们可能会问你，面对摩尔定律受到的挫折，英特尔将如何应对。在 2019 年，人们可能会问你，面对谷歌和微软研发的专用处理器的迅速发展，英特尔将做何反应。到 2021 年，人们可能会问你，关于英特尔在流程处理方面的领导地位似乎被台积电夺走的事情。面对这些挑战，英特尔有一个不变的"战略"，如果我们把这个概念简化成一句口号或座右铭，那就是"做最好的"。战略是解决问题的方法，是针对特定挑战的最佳表达。

此外，制定战略应是一个持续的过程。这个理念允许公司有一个制定战略的过程，而非不断重申一些模糊的总体目标和宗旨。制定战略的过程成为更多企业家的任务，即当挑战与机遇出现时，抓住机遇，应对挑战。某个企业组织面对的，并非一场"搏斗"，也非一场"战争"。如果战略的制定需要持续一段时间，那我们会一直面临各种挑战，每个挑战都需要应对。维持生存是我们永恒的追求，制定战略是我们持久的工作。没有一种方法或"战略"可以处理所有问题，正如我接下来要说的赛富时和瑞安航空一直以来面临的关键挑战一样。

战略如何塑造一家公司

赛富时的发展很好地说明了一点：随着时间的推移，一系列挑战和战略是如何塑造一家公司的。简单地说，赛富时在其发展过程中有一个"战略"，是对这一概念的简化，而且简化到几乎毫无意义的程度。

马克·贝尼奥夫从小就常给雅达利（Atari）编写冒险类游戏。上大学时，他打了一份暑假工，为苹果公司即将推出的麦金塔计算机编写代码。大学毕业后，他在甲骨文公司的客户服务部工作，后来被提升为客户/服务器部门的副总裁。工作期间，贝尼奥夫熟悉了公司的 OASIS 客户关系管理系统。

客户关系管理系统始于几张索引卡片，在 20 世纪 70 年代发展为计算机数据库。这样的数据库包含客户姓名、联系方式、订单历史、客户评估、潜在客户的识别，以及其他对管理销售活动有用的信息。后来，账目、物流等运营信息也开始纳入数据库。20 世纪 90 年代末，人们开始用术语 CRM 来描述这种软件，它开始变得更加复杂，开始吸收除客户数据外的更多数据，如产品规划、供应链、支付系统的数据，于是 CRM 将所有这些数据都整合了起来。

一般而言，CRM 软件在公司的计算机上运行，由公司内部的 IT（信息技术）部门管理。在 20 世纪 90 年代末，领先的几个 CRM 供应商有甲骨文公司（OASIS 系统）、西贝尔（Siebel）和思爱普（SAP）。技术研究公司扬基集团在 2001 年估计，一家有 200 家客户需要管理的公司，在 CRM 系统上投入的成本为 280 万美元，其中 190 万美元为软件许可费，外加技术支持费和定制费。[1] 这些系统很复杂，安装和维护起来都比较困难。

据马克·贝尼奥夫回忆，1996 年他做了一个梦，这个梦是关于如何建立云客户关系管理系统的："我是在睡梦中想到如何创建赛富时的。真的。我做了一个奇怪的梦，梦见了亚马逊网站，但网站上的标签不是书、CD（激光唱片）或 DVD（数字通用光盘），而是账户、联系人、机遇、预测和报告。"[2]

当然，贝尼奥夫的这个想法并非凭空而来。多年来，他一直在思考客户关系管理系统，并深入研究，寻找方法来降低客户需承担的高额启动成本。解决问题的关键在于软件。软件的安装必须根据客户的内部系统进行调整，并且需要不断更新并修复错误。

贝尼奥夫的设想是将所有软件都放在"云盘"中，这样一来，人们只要有网络浏览器，就能使用它。用户只需要通过网络登录并按月付费，就可以使用云客户关系管理系统。使用过程不需要本地服务器，没有安装或维护费用，也无须信息技术部门。

1999年，贝尼奥夫在首席执行官拉里·埃里森的同意下，带着约200万美元的原始资本离开甲骨文公司。稍后，他吸引了大量的风险资本。20世纪初是互联网迅速发展的年代，埃里森的支持对此意义重大。

他最初面临的关键挑战是：如何吸引优秀的研发人员，以及如何筹集更多的资金来养活他们。想要吸引最棒的研发人员，你会怎么做呢？贝尼奥夫的方法是增加曝光度。他向记者和作家示好，在硅谷举办奢华的派对，尽其所能地传播这个消息。他将赛富时描述成一个旨在摧毁常规软件业的、彻底的颠覆者。贝尼奥夫在"软件"一词上画了一道红色斜线，并将其与口号"无软件"结合在一起。在一段宣传视频中，赛富时的喷气式战斗机击落了老式的"软件"双翼飞机。[3]这种创造未来的氛围确实吸引了一群有才华的研发者。

第一个研发出的重要产品是SFA（销售力自动化）。不出所料，贝尼奥夫面临的下一个巨大挑战，就是把产品卖出去。这一挑战的关键在于，购买产品的决策主要是由信息技术部门做出的。赛富时的知名度相对较低，信息技术部门负责客户关系管理的人员可能不会在该网站注册。贝尼奥夫最初的做法是不通过企业购买，而是让个人用户以较低的费用直接购买访问权。然而进展并不顺利，于是，贝尼奥夫改变了战略，允许一家公司最多可以有5名用户免费注册，5名以上的用户每月需支付50美元。过了一段时间，公司开始通过电话营销和直销来触达更多的顾客。因为有更好的产品和大量的口碑，销售量开始增长。

公司最初的设想是，免费注册会产生内部影响者，这些影响者会引导大公司注册。但销售分析显示，实际上，小企业的新客户增长速度最快。于是公司改变了策略，将目标对准小企业，尤其是那些得益于互联网的迅速发展而突然涌现的小企业。

2000年，互联网陷入危机，赛富时也陷入财务危机，因为那时候许多小企业客户消失了。一场关于费用的内部辩论开始了——公司要不要继续坚持其无合同、无折扣的主张？或者要不要改变政策，签订一年或多年的合同？鉴于该公司的定位是"无软件"的公司，所以这是一个战略问题。最后，贝尼奥夫选择提高月度客户的费用，并给签订年度合同的销售人员丰厚的佣金，以敦促最佳客户与公司达成长期合作。最初简单的月度计划的"愿景"逐渐消失了。

随着技术的成熟，贝尼奥夫开始寻求新的解决方案，有些面对普通用户，有些专门针对某个行业。这是一个新的有竞争力的想法——利用已安装的软件来提供应用程序，最终是应用程序包。这个理念后来演变成让客户根据自己的情况对产品进行改造。赛富时保留了原来的标签（如账户、信息等），并添加了用户可以自定义的"空白标签"。

完成这项工作的关键是"应用程序交换"（AppExchange），它本质上是一个商业软件的应用商店。它于2005年推出后，一些评论者称它为"商业版的苹果音乐播放器"。2006年，用于编写代码并在赛富时的服务器（Apex）上实际运行的工具，以及用于构建自定义可视化界面的工具出现了。通过这些步骤，赛富时从简单的云客户关系管理系统，变成有大量不同种类的商业应用的云平台。

2010年，赛富时开通"聊天器"（Chatter）功能，贝尼奥夫称之为"企业版的脸书"。[4]他的想法是，通过社交网络使我们与竞争对手区分开，同时为客户提供他们自己的社交网络程序。

显然，一开始，贝尼奥夫对赛富时是暗藏一些野心的，而在不断探索的过程中，他遇到了许多战略上的挑战。每遇到一个挑战，他的目标也随之转变和升级，每一步的反应都是为了应对挑战而设计的。我们常说战略是关于选择的，但是"选择"这个词意味着有一组给定的可供选择的选项。你要是想去找一本专为首席执行官写的、关于"吸引研发者的最佳方法"的手册，你会发现你找不到现成的书。经济学或市场营销学并没有明确的规则说我们一开始应该瞄准小型、中型还是大型客户。贝尼奥夫采用的方法是设计，而非选择。他将这些设计中具有的力量、愿意改变和适应的意愿，以及强有力的执行这三者结合起来。

赛富时是第一家在纽约证券交易所上市的互联网公司。到 2021 年初，该公司已经拥有 6 万名员工，估值为 2430 亿美元，在《财富》杂志"最适宜工作的公司"榜单上排名第二。免费注册也已演变成免费试用。大家可以点击 www.salesforce.com 试用一下。贝尼奥夫的设计被称为"软件即服务"（SaaS），是许多企业学习的典范。

瑞安航空公司的核心战略转变

1984 年，爱尔兰商人托尼·瑞安和其他两位投资者创立了瑞安航空公司。托尼·瑞安曾在爱尔兰航空公司工作，后来又创立了欧洲最大的飞机租赁公司之一。当时撒切尔夫人领导的英国政府放宽了经营航空公司的规定，瑞安的目的是在伦敦—都柏林航线上与爱尔兰航空公司竞争。他知道，和它唯一的竞争对手英国航空一样，爱尔兰航空在这条航线上的成本过高。瑞安盘算着，瑞安航空可以效仿美国航空公司的成本结构，提供比政府所有的航空公司更优质的服务和更低的价格，以此在伦敦—都柏林航线上分一杯羹。

公司最初的战略并没有奏效，因为良好的服务和低廉的价格本身就是相冲突的。而瞄准伦敦—都柏林航线，与两家拥有国家补贴的航空公司相抗衡，这与作为一家小型初创企业的现实也是相冲突的。此外，英国航空完全能承受其中一条航线的亏损。果不其然，英国航空在伦敦—都柏林航线上提供的低价，使得瑞安航空无法赢利。

1984—1992年，瑞安航空在争夺伦敦—都柏林航线份额的竞争中，赢得了客流量，但于1992年破产。这个挑战的关键在于参与者在主要航线上的持久力。

在该公司重组期间，首席执行官迈克尔·奥利里曾访问美国，密切关注低成本航空公司西南航空的做法。在西南航空那里，他看到了一个比美国航空公司低得多的成本结构和一个明智的战略，即不进行正面竞争，反而服务于非主要机场，至少单程是这样的（例如，芝加哥到巴尔的摩，而不是到华盛顿特区）。回忆起那次访问，奥利里说：

> 我们去看了美国的西南航空公司。这就像一条通往大马士革之路。这就是让瑞安航空运转起来的方法。我见到了赫布·凯莱赫。我大约是午夜时分昏睡过去的，当我凌晨3点醒来时，凯莱赫还在那里，给自己倒了另一杯波旁威士忌。我想我可以汲取他的智慧，然后带着圣杯离开。第二天，我什么都不记得了。[5]

有了新资本，瑞安航空以最基本的成本结构恢复了业务，从都柏林飞往卢顿，而不是飞往伦敦盖特威克机场。瑞安航空在削减成本方面比西南航空做得还好，它将部分服务拆分开，以保持非常低的基本价格。这也就意味着，在瑞安，付费机票只是为个人购买了个座位，行李是额外收费的，重新打印登机牌是额外收费的，食物是额外收费的，不能退款，而且飞机内部遍布广告。瑞安航空开始增加通往欧洲较小城镇的航线，并迅速赢利。

瑞安航空的首席执行官迈克尔·奥利里喜欢强调瑞安航空服务的基本性，以及一切都是多余的这一事实。他说起话来满嘴口头语。他说："我想把飞机的后10排去掉，安上扶手，然后说，'如果你想站着，5欧元就够了'。人们会说，'喔，但如果发生空难，站着的人可能会被撞死'。恕我直言,坐着的人可能也会死。"人们还经常听到他说:"你不会得到退款的,滚吧。我们没空儿听你的悲伤故事。'不退款'这句话你听不懂吗?"[6]

瑞安航空搭载大多数乘客的成本与票价是差不多的。它的利润来自它的收费——行李费、优先登机费、快速安检费、选座费、机上提供的薯片和饮料费。

随着自信心的增强,瑞安航空开始向欧洲大陆扩张,它再次瞄准了远离主要机场和航空公司的航线。例如,几年前,我想从伦敦地区飞往法国一个中世纪小镇参加音乐节,瑞安航空便是唯一一家有航班飞往该地区的航空公司,票价约为 75 美元。

在接下来的 25 年里,瑞安航空发展迅速,成为欧洲最大的廉价航空公司,运送的国际乘客数量超过世界上任何其他航空公司,为包括英国在内的 40 个国家提供服务。2019 年,瑞安航空的营收为 77 亿欧元,税后利润为 8.85 亿欧元。*Which?* 杂志调查的读者连续六年将瑞安航空评为最不受欢迎的短途航空公司,尽管如此,低廉的价格以及去往许多其他航班难以到达的目的地航线,还是使登机人数以每年 10% 的速度增长。

如今,瑞安航空正面临新冠肺炎疫情和波音生产计划延误带来的新的严峻挑战。疫情迫使航空旅行的需求大幅减少,因此,2020 年 4 月,奥利里不得不解雇 3000 名员工,其中包括许多飞行员。所有欧洲航空公司的航班数量都出现了锐减。英国开始要求对乘客进行核酸检测,这使得航班的安排变得更加困难。

奥利里还特别反对一些欧洲国家政府的做法,它们对主要航空公司进行补贴,而忽视了低成本的初创公司。他说:"那些最弱的航空公司,也就是法国航空、意大利航空和汉莎航空等传统的航空公司,要么已经被国有化,要么正在接受巨额政府援助。这将极大地扰乱欧洲航空业未来三到五年的公平竞争环境。"[7]

这一系列棘手的新挑战使瑞安航空公司的低成本结构面临风险，它不得不解雇一些员工以降低成本。瑞安的领导层能否找到一种方法，在疫情结束前蛰伏起来，并在疫情结束时仍能重振低成本的业务？解决问题的关键是建立信心，使企业成功恢复规模，来吸引所需的财政支持。

第 4 章

玩你能赢的游戏

老话说,制定战略的关键是玩你能赢的游戏。当然,我们不能说生活是场游戏,也不能说企业管理或国家治理是场游戏。专注于你能"赢"的地方,这个基本理念很重要,但人们却并不总能遵循。人们可以集中精力来满足社会的期望,使自己看上去还不错,关注当地的政治斗争,避免陷入尴尬境地,或沉迷于表面的快乐。个人和组织会花费大量的资源和精力在他们认为自己"擅长"的事情上,或者其他人认为他们擅长的事情上,或者在失败过的地方加倍努力,而非将精力花在有希望获益最大的事情上。长此以往,这种关注就变成习惯。而习惯一旦养成,就很难打破,人们便很难做一些更有价值的事情。

设计或选择通常意味着不考虑各种问题和愿望,反而关注能带来最大不同的事情。穆萨·马吉德在纽约布朗克斯区经营着一家小杂货便利店,他就是这么做的。

穆萨于 20 世纪 70 年代从也门移民到纽约,并在纽约上学。一开始,他做了几份兼职,帮杂货商拆箱,后来他结婚了,想要一份更可靠的收入,于是,20 世纪 90 年代中期,靠着他在耶米尼社区的人脉,他开了这家杂货店。这些人脉是非常重要的资源,使他租到了低价房屋,找到了低价供应商,雇到了低薪员工。他们还帮助穆萨申请到银行贷款，拿到必要的经营许可。穆萨说，啤酒和香烟的经营许可证也是他们帮忙申请到的，这些对他的生意来说非常重要。穆萨在商品上获得的利润很低，而且他每天至少要工作 12 个小时，一周工作 7 天。维持生意的关键是了解回头客，你得用愉快的语气喊他们的名字，和他们打招呼。穆萨每次都是自己做货品登记，因为他不相信登记处那些每小时 10 美元雇来的员工。当他不在店里的时候，就让侄子来登记。

穆萨·马吉德经营的杂货店生意有一个指导原则，也是一个潜在的逻辑——对于生活在纽约某些地区的人来说，从一个地方去往另一个地方并非易事。因此，尽管与城郊的商店相比，杂货店的存货很少，但当地居民仍会选择在附近的杂货店购物。穆萨精力充沛、具有幽默感，愿意长时间辛苦工作，以及在耶麦尼社区拥有人脉，这些都是他巨大的资源。他不是为别人打工，而是自己经商，凭借这家小杂货店赚够了供女儿上学的钱，并以此为荣。

考虑到他拥有的资源，经营布朗克斯的杂货店对穆萨来说是一个可以解决的战略挑战，这些资源给了穆萨可以"赢"的空间。如果一个人最初拥有比穆萨更多的资源，那这可能并非他想追求的胜利，但对穆萨来说，这就是一场胜利。

猎犬计划

通过诊断分析，我们总是会找出多种挑战。为了使注意力更集中，我们必须暂时搁置或推迟一些挑战。我们必须选择要面对哪些挑战。从这个意义上说，症结性难题本身可能就是一种选择。我们要选择能击中关键问题且可克服的症结性难题，这个逻辑在"猎犬计划"（Plan Dog）中得到了证明。

1940 年 6 月，德国占领了法国。同年夏天，英国和德国之间的空战"不列颠之战"开始打响。而日本已与纳粹德国在太平洋结成同盟并于三年前就已入侵中国。在美国的军事规划者看来，很快，美国可能也会卷入亚洲和欧洲的战争。在这种背景下，美国海军作战部长哈罗德·斯塔克上将写了一份备忘录，概述了这一挑战："如果英国在不列颠之战中取得了决定性的胜利，我们就能赢得一切；但如果它输了，我们将面临非常大的问题。虽然我们可能不会输掉所有，但我们可能也不会赢得什么。"[1]

作为一名海军军官，他是从两个不同半球，或者两片不同海域的角度考虑的。对他来说，症结性难题是：美国不能同时打两场世界大战。在这个前提下，他列出了四个战略选项，总结如下：

A. 在两个大洋打一场半个地球的保卫战；
B. 对日本发动全面战争，在大西洋打防守战；
C. 为欧洲战场的英国以及亚洲战场的英国、荷兰和中国提供强有力的援助；
D. 作为英国的盟友，在欧洲发起强有力的进攻，在太平洋打防守战。

罗斯福总统选择了斯塔克上将的 D 方案，这个方案后来被称为"猎犬计划"。美国陆军参谋长乔治·马歇尔将军非常支持总统的选择，在与英国谈判过后，将"优先对抗德国"写进 1941 年 3 月的一项条约。珍珠港事件后，美国加入对抗德日两国的战争，目标主要集中在德国，所有这一切都是秘密进行的。

猎犬计划背后有两个至关重要的判断，一是美国不可能同时在欧洲和亚洲取得决定性的胜利，二是保卫英国比保卫在太平洋的国土更重要。面对欧洲和亚洲的双重挑战，美国领导人选择将欧洲的挑战作为首要任务，然而并不是每个人都支持这个选择。和道格拉斯·麦克阿瑟将军一样，许多人都认为美国的未来是与亚洲联系在一起的，而欧洲已是疲弱的过去。尽管如此，美国还是将大部分军事力量都用于武装苏联以及准备横跨英吉利海峡的反攻，包括 7000 辆坦克（占美国坦克产量的 40%）以及 11000 多架飞机，其中大部分飞机都通过"租借法案"流向了苏联和英国。

XRS

　　XRS 就是个有趣的例子，它说明了一个领导团队是如何确定他们可以在哪里获胜的。XRS 是一家生产商，生产测量酸度和温度的仪器。2012 年底，这家公司邀请我帮它制定战略。史黛西·迪亚兹已经在 XRS 工作了 10 年，担任首席执行官已有 3 年。公司总部位于俄亥俄州一个主要城市的郊区，是州际公路旁的一座两层建筑。我们在史黛西简朴的办公室见了一面，史黛西谈到了她正面临的许多复杂的难题。以下是我的采访记录（我已将其转换成完整的句子）。

- XRS 是博罗特家族的私有产业，该家族一直打算在未来一两年内进行公开募股。我们是一家有限责任公司。如果沿着这条路走下去，我们需要把一切事情都安排妥当，但现在还有一堆悬而未决的问题。
- XRS 成立于 20 年前，售卖用于极端环境的温度、压力和冲击传感器，如今，它的产品线还包括振动和位置变化传感器。这些设备用于核电站、喷气发动机、火箭、工业熔炉、某些科学实验室和某些化工仪器。
- 我们面临的问题之一是：来自以色列的一家公司开始与我们竞争，该公司的传感器结合了压力、振动和温度读数，降低了同时使用这两种传感器的成本。我们一时不知该如何应对。就目前而言，我们认为我们的声誉和客户关系能支撑我们走下去，但长此以往……

- 我们的研发工作目前集中在俄亥俄州，团队共有75个人，分别参与三个不同的项目。第一个项目是无人机传感器，第二个是将传感器安装到海底电缆中，第三个是将我们的传感器安装到无线和网络环境中。现在，它们还是有线的。
- 去年，董事会来了一位新人，我视他为一股清流。约翰·谢尔德是董事会新成员之一。他有一定的金融背景，并且说XRS的表现不容乐观。他想把我们的研发工作外包给承包商，并且每次开会都会提到这一点。
- 我们的很多产品都需要封装在石英灯泡中。我们在俄亥俄州的制造工厂遇到了质量和成本问题，所以，三年前，董事会决定收购北京附近的一家小型工厂，并将石英灯泡的生产转移到那边。这是一个不足100名员工的小工厂。买下这个工厂后，当地政府认为我们的生产活动会加剧空气污染，让我们搬到郊区。搬到新工厂后，公司的生产率大幅下降。我和其他几位公司高层前往工厂，想了解一下发生了什么。我们拜访了工厂的前任老板兼经理齐先生，跟他说明了这个问题。齐先生告诉我们："如果工人不听话，我可以叫我之前的工厂经理过来，教育他们一番就好了。"这可不是我们的行事风格。于是我们雇了一位新厂长，希望情况能有所改善。
- 销售量的增速放缓了。销售人员之前都是工程师，他们试图每年拜访每个客户两次。我们的大部分销售额来自客户订单，这些公司了解我们的产品，也知道如何使用它们。我们的传感器在极端环境中能发挥很棒的性能，但人们对它的需求却没那么多。我们有良好的客户关系，但在核电、喷气发动机、工业熔炉、化工和超冷环境方面却没什么新进展。
- 库尔特·坎珀是个天才，是最早想出如何将这些传感器放在坚固的包装里的人。他已经去世了,和他一起研发我们大部分产品的最初的工程技术人员,如今也已离开公司或退休了。我们引进了优秀的工程师……但是,我不得不说,他们很难修改或改进最初的设计。

在与公司高管团队的秘密面谈中,我得到了更多的信息。一位高管告诉我,公司"在过去十年中取得的成就太少了"。有个人想知道为什么要将石英灯泡的生产转移到中国:"他们原本在俄亥俄州就能将问题解决的。这是和职业安全与健康管理局的事儿,委员会不想处理任何安全投诉。他们视投诉者为颠覆分子。"另一个人说:"我们真的需要营销团队。我们的销售团队没有能力推动市场的发展。"还有一个人告诉我:"没有标准来评估我们的进展。"

史黛西·迪亚兹和其他四名高管组成了一个小团队。这个小组致力于充分诊断并审查可供选择的方案。他们的最终诊断结果是:公司传感器产品存在饱和的低增长市场;公司有一种自满的企业文化,营销和销售只适应低增长市场;公司缺乏技术创新。销售和市场营销工作吸引了高管们的注意力,因为这种挑战似乎是他们熟悉的。然而,与此同时,该公司也意识到,市场饱和是一个更关键的挑战。

在第二天上午的会议中,我让大家做了一个被我称为"即时策略"的练习(参见第20章)。我让每个小组成员用一句话来描述,针对最重要的挑战,他们的指导战略和解决方案是什么。他们有两分钟的时间将其写下来。然后我们会在白板上分享结果。他们的五个即时策略分别是:

- 研发只专注于无线领域;
- 大多数管理者提出的幻影股票计划(有限责任公司特有);

- 销售重组，开展更多的拓展性工作；
- 让销售更多地拜访非客户群体；
- 制造汽车传感器。

首席执行官史黛西·迪亚兹表示，她可以在短时间内将研发转向无线设备。可能大家会对此有所抱怨，但这是可以做到的。首席财务官表示，给员工发放幻影股票并不难，但此事需得到董事会的批准。

然后，人们问经理为什么要写"汽车传感器"。他说，他曾开着吉普车越野，如果车上有震动和斜度传感器，他会很感激。这种传感器必须防水、抗撞、减震，而且得是无线的。他需要类似这样的东西。其他人也开始就这个话题讨论起来。军队的车辆需要传感器吗？大卡车呢？

他们决定成立一个小型工作组来调查车辆传感器的问题。车辆传感器是否已有市场？小组暂时搁置了销售和营销问题。

一个月后，车辆传感器工作组发现了一个机会。一家名为"自动感应"的小型私营公司正在研发装在减震器和轮胎上的无线汽车传感器。它对测量斜度很感兴趣。它的工程小组人数不多，但想象力丰富。董事会花了三个月的时间将其收购了过来。

XRS抓住了新的机遇，开始新的成长。它找到了使传感器抗撞的方法，最终设计出的成品还能防弹。它关闭了在中国的工厂，将生产转移到北卡罗来纳州。

我的看法是，XRS的基本战略在过去太成功了，导致公司进入停滞不前的休眠状态。管理层早就适应高利润的利基市场，过得很舒适。面对挑战，销售和市场营销问题对他们来说既重要，又可解决。然而，他们也知道市场饱和这个挑战是症结性难题。它很重要，但看起来无法解决。一位工程师提出了一个非常关键、指向症结性难题的观点。他在宣传自己的汽车传感器的想法时说："如果我们的市场饱和了，我们就必须找到一个不饱和的市场。"

很多时候，回看一下，我们会感觉，好的战略似乎就是好的管理。然而，实际上，战略是一系列关于如何切实解决关键问题的深刻见解和选择。

野心的碰撞

人们通常认为，价值观和愿望是用来指导与激励行动，以达成某些成就的。正如第1章所述，无论是个人还是组织，都有很多目标等待实现。挑战的关键往往不是来自外部的威胁，而是我们自己各种目标之间的冲突。

如果我们渴望和平，就不能发起战争；如果我们想要一个可持续的生产系统，就不能奢望高额的股东回报；如果我们想事业有成，就得减少与孩子相处的时间。多种价值观和欲望共同作用，减少了我们可为的空间，因为每种价值观和欲望都会为行动设限。这些限制层层下压，可能就没有可行的方案能满足我们众多的价值观和欲望。

特别是在私人或政治事务上，目标之间的相互冲突或许不可调和。比如，某位女士可能讨厌她的丈夫，但仍希望维持婚姻。大多数大学教师可能会宣传言论自由，但同时又希望对"仇视言论"予以约束。在这种情况下，似乎没有一种可行的战略可以同时满足这些相互矛盾的愿望。

我通常称战略为"角点解"（corner solution）。这个短语来自线性规划，在线性规划中，一个问题的解决方案通常是由各种约束的交集定义的一组动作——体现在几何上，就是相交线或平面的一个角。当约束非常多，以至于不可能有解决方案时，我将该战略称为"空集"。如果不放宽至少一项限制，问题就无解。

人们对于空集的标准反应是：目光放得并不长远，仅遵从当下最突出的值。美国对越南战争的介入不断加强就是目标相互冲突的很好体现。人们指责杜鲁门总统"失去了中国",林登·约翰逊总统不想再被人们指责失去越南,但同时,他也不想分散国会在他"伟大社会计划"的立法和开支上的注意力。他希望维护美国是个可靠盟友和条约伙伴的声誉,但又不想卷入一场大规模的战争。他们希望在越南战争中获胜,但又不想投入全部的军事力量。他们对越南北方政府进行了大规模轰炸,引发了全球抗议,但同时也排除了攻打最关键的经济目标和物流目标的可能性。国防部长罗伯特·麦克纳马拉设计了一场本质上是消耗战的战争,虽然他一直都看得很清楚,北越比美国更愿意打下去。无论代价如何,无论要打多久,越南北方政府都会坚持下去。

如果你曾面临过激烈的价值观竞争,就会明白什么叫作"三心二意"了。到1966年,麦克纳马拉想要做出让步,但他知道这意味着失败。与此同时,他也很清楚,在现有政治条件下,美国是不可能取胜的。但他又觉得,如果能让越南北方政府相信美国有一战到底的决心,那么他们还是有希望获胜的。同时他也明白美国愿意承担的成本是有限的。他面对的是一个空集。

约翰逊总统咨询了从鹰派到鸽派的一个又一个顾问,一次又一次地希望有人能解决这个问题。面对挫折,美国升级了军事行动,然后停止了轰炸和其他行动,以说服越南北方政府,美国真的在寻求和平。然后,在没有得到越南北方政府回应的情况下,美国派出了更多的军队,投掷了更多的炸弹。

1968年,麦克纳马拉的国防部长任期即将结束,这时总统的高级顾问开了一次会,来讨论参谋长联席会议主席惠勒将军提出的有关增派20.5万名陆军支援越南战争的请求。麦克纳马拉爆发了:"我一直非常尊重惠勒家族的意见,但我们不敢保证增派20多万名士兵会对战争产生什么影响……没人知道此举对于取得战争的胜利是否有帮助。这可能仍不足以赢得战争。我们没有能赢得战争的作战计划。"[2]

当我们的目标相互冲突，实现这些目标的理论也相互矛盾时，我们会犹豫不决，在各种不完善的做法中摇摆不定。要在这种情况下制定出有效的战略是极其困难的，甚至不可能实现。最核心的挑战并非来自外界，而是来自组织或团体内部一些相互冲突的价值观和目标。

在这种情况下，症结性难题就是冲突最大的政策或价值观。如果不想得到空集，我们就必须放宽或删减一些限制。我们必须放弃一些重要的价值观，而这或许需要更换领导者。我们都希望领导者有坚定的决心，但当这种坚定阻碍了我们解决重要问题时，它就成了一种负担。在越南问题上，新任国防部长克拉克·克利福德之前一直支持鹰派，但很快，他就改变了自己对战事升级的看法，并发起了一场旨在减少美国投入的协调运动。1968年，尼克松当选总统后，承诺削减兵力，以呼应他"体面的和平"的想法。最终，美国将作战部队完全撤出，战争以越南北方政府胜利和美国名誉受损告终。

美国对于越南战争的战略是空集，这个战略受到各种政治条件的限制。为了获得更好的结果，美国必须放宽在原则和行动方面的一些限制，但领导层从未觉得他们自己在欲望和政策方面的相互冲突是个难题。无论何时，都不要妄想只要有足够的武力就可以摧毁越南北方政府的作战能力。但也没人能想到任何简单的办法来促成越南北方和南方的和平。

在苹果手机问世后的几年里，微软也面临目标冲突和政治约束的问题。那时，微软的高管们需要使其基于Windows系统的手机软件现代化。同时，它也面临来自谷歌搜索引擎的挑战，需要在蓬勃发展的网络搜索市场有所突破。为了实现微软董事长比尔·盖茨的梦想，即拥有一个数据库导向的文件系统和先进的"通用工作界面"显示器，微软没有直接应对这些挑战，而是让其最优秀的工程师对Windows系统进行了彻底的重新设计。这样做的结果堪称悲剧，人们不喜欢Windows Vista，它没有达到任何先前承诺的效果。微软从未解决好手机问题，在收购了经营不善的诺基亚后，微软退出了手机市场。直到2016年微软收购"雅虎"之后，它的必应搜索引擎才开始赢利。

人们往往会说，如果微软只专注于其中一项挑战，它会做得更好。当时的首席执行官史蒂夫·鲍尔默回忆说："我把一流团队的资源用在了Longhorn（Vista系统开发代号）上，而不是用在手机或浏览器上。结果，我们将所有的资源都用错了地方。"[3]但是，如许多微软员工反映的那样，他们还面临更大的挑战：将政治化的企业内部文化与新引进人才的低级技能相结合。公司缺乏关键的创造性人才，他们都选择了离开。现在回想起来，很明显，无论是比尔·盖茨，还是史蒂夫·鲍尔默，实际上都没能诊断出或应对这个关键挑战。

可解决的战略挑战

我将层层筛选过后得到的极其重要的问题和可解决的内容称为ASC（可解决的战略挑战）。我们可以根据组织的规模、资源的丰富度以及问题的重要性，来判断可以同时制定几个可解决的战略挑战。猎犬计划之所以被选中，是因为它回答了极其重要的问题，且这个问题是可解决的——人们认为，聚焦欧洲战场并非仅是一种希望的结果，它是真的可实现的。

有些问题比其他问题更重要，这几乎是不言而喻的。约翰·克罗威尔在最早（1924年）使用"商业战略"一词的文章中指出："一个人若是分不清某种情况是本质如此还是偶然现象，他就没有资格参与战略规划。"[4]但是"重要"的真正含义是什么？"重要性"又该如何评估呢？有位老师曾告诉我，"有良好的判断力指的就是：在某种情况下，知道什么是重要的"。但这只是将人们的注意力从"重要"这个词转移到"判断"这个同样神秘的角色上。

什么是"重要的"，这是根据当时的情况和发问者的利益而定的。

例如，调查显示，2020年夏，系统性种族主义超过了人们此前对于气候变化、战争和收入不平等的忧虑，成为千禧一代面临的首要问题。在商业战略或组织战略的环境中，当一个问题触及关键利益时，我们就说它是重要的。换句话说，一项挑战的重要性取决于它对于组织或公司战略基础甚至是生存的威胁程度。机会之所以重要，是因为它规模大、风险高，且需要公司调整战略。

据此，有了良好的判断力，我们就能确定真正重要的挑战。接下来考验的就是解决问题的能力了，即我们可以在何种程度上战胜挑战。问题的可解决性取决于组织的技能、资源以及时间跨度。我们几乎可以肯定，如果资源充足，十年之内，美国就能将宇航员送上火星。也几乎可以肯定，在我们有生之年把阿富汗变成一个自由民主的国家是不可能实现的。像日本、苏格兰和15世纪的法国这样的军阀社会，最终的确演变成了民主国家。但这需要某个军阀社会或强权国家征服另外的国家，然后经过几个世纪的演化，才成了现在的民主国家。另外，也没有任何证据表明，美国有任何能力做到这样的事情。

欧文斯-伊利诺斯（O-I）是当今领先的玻璃瓶制造商，马克·科特是其战略副总裁。我曾和他一起研究过企业战略，当时我们正在准备一个战略研讨会，我表达了利用可解决性和重要性来一起筛选问题的想法。马克说："这两个维度判断起来都有难度，会造成很大的意见分歧。到时候应该听谁的呢？"他提出了一个深刻的问题，是关于人们应该如何将意见和信息集中起来的。对此，简单的回答是，层级制度的存在，就是为了解决这种分歧。更复杂一些的回答是，围绕"产生这些不同判断的原因"展开激烈讨论，可以生成有价值的见解。

拆解挑战

保罗·迪卡尔布是德国一家服装公司的首席执行官，对于把可解决性作为战略的主要限定条件，他提出了异议："如果只着眼于当下可以解决的问题，那我们就会失去长期目标。我们的战略是创造真正的差异化——创建真正有区分度的市场。而且，我们必须要有耐心，投资真正的转型，即培养新能力。"

我让保罗不要再想着把"创造真正的差异化"和"培养新能力"当作战略。我说："更准确地说，它们是抱负、意图或期望。不管它们有多明智，我们都没必要去关注。现在要做的是，把整个挑战拆分成可解决的'小块'。"

"但，这不就是战术吗？"保罗抱怨道。

"不是的，"我说，"战略和战术的区别产生于军事领域，这就像是将军的行动计划和上士的行动计划之间的区别。这不是长期和短期的问题。"

保罗很聪明，然而，与许多高管和政治领袖一样，他接受了一个现代概念，即"战略"应该用来描述通向未来的一条广阔的长期之路。这当然会让你更轻松地写下战略，但它绕过了困难的部分——将广泛的意图提炼成目前就可以采取的行动。

乔治·F. 多里奥是欧洲工商管理学院的创始人之一，校园里还立有一座他的雕像。多里奥是一位教育家、军事领袖和企业家。雕像后面有一块牌匾，上面写着他最著名的一句话："如果不加以行动，整个世界仍将只是一个想法罢了。"

可解决性的原则虽然无法应对复杂的长期挑战，但它鼓励我们把这些挑战分成更小的部分，每天解决一小部分。就像中国的老子说的："千里之行，始于足下。"

英特尔公司的实践

2020 年初，我开了一门战略大师课，其中一部分就是讲如何筛选挑战并找出一个可解决的战略挑战。我和来自不同公司的五名高管一起工作。我们每人都要阅读一些精选的文章及一篇简短的总结，一篇关于英特尔公司这个微处理器行业的头部企业所面临问题的总结。这样做是为了帮助我们培养识别挑战、评估其重要性和应对挑战的技能。[5]

摩尔定律是半导体行业的重要一环，随着晶体管体积的缩小，晶体管的开关速度会更快，价格会更便宜，这个过程叫作"微缩"。英特尔公司凭借其引领行业的晶体管微缩技术，一个制程一个制程地逐步微缩，在微处理器领域占据了主导地位。1984 年，制程的大小为 1000 纳米，到 2001 年达到之前的 1/6——130 纳米，到 2014 年，又缩小到 14 纳米（1 纳米等于十亿分之一米。可以参考一下：新冠病毒直径约为 100 纳米）。而且，由于个人电脑和大多数笔记本电脑安装的皆是英特尔标准的 Windows 系统，英特尔 x86 处理器又是 Windows 系统的一部分，所以英特尔公司的毛利率比其他任何半导体制造商都要高。

一些人读过材料后表示，该公司似乎面临一些几乎可以说是难以理解的挑战。其他人则认为，大多数大公司都面临这些问题，只不过很少有公司把它们全部找出来。经过一番激烈的讨论，团队列出了英特尔公司面临的 11 个关键挑战。以下是对于他们所列挑战的总结。

- 摩尔定律的终结。晶体管的微缩使得半导体行业不断生产体积更小、运行更快的半导体芯片，我们把这种情况称为摩尔定律。但到 2018 年，摩尔定律好像要结束了。即使我们把晶体管做得更小，成本似乎也还在提高。英特尔的战略是保持公司在微处理器领域的性能优势，而成本的提高无疑是个巨大的挑战。
- 美国超威半导体公司（AMD）。1981 年，当国际商业机器公司（IBM）选择 x86 作为其个人电脑的处理器时，它坚持要求英特尔授权其竞争对手 AMD，将 AMD 作为 x86 处理器以及未来相关处理器的第二个生产商。最近，AMD 的市场份额增加了，因为它新推出的锐龙芯片的性能超过了英特尔现有产品的性能。[6]

- 生产制造。英特尔的芯片在从 14 纳米节点向 10 纳米节点过渡时遇到了重大难题。英特尔的过渡停滞不仅使公司陷入尴尬的境地，而且使其他科技公司的计划面临风险。[7] 而与此同时，芯片的代工厂台积电似乎没有遇到这种难题，这使得英特尔的主要芯片竞争对手 AMD 在处理器性能上跃居领先地位。

- 失去手机市场。英特尔在移动设备领域的战略一直是致力于开发原子处理器——一种优化手机设备的小型 x86 处理器，但此举并没有为其手机市场赢得一席之地。2014 年初，英特尔首席执行官布莱恩·科再奇宣布了一项新计划：将英特尔的原子处理器安装在 4000 万台笔记本电脑上。为此，英特尔向客户预付了由 ARM 系统转用英特尔系统的成本。据估计，科再奇投入了大约 100 亿美元试图让制造商采用英特尔的原子处理器，但以失败告终。2016 年，该生产线停产。英特尔会永远错失巨大的手机市场吗？

- ARM 微处理器公司。手机领域的处理器赢家是总部位于英国的 ARM 微处理器公司。它有一项专利，一个与英特尔 x86 处理器完全不同的简单处理器架构。它的商业模式是将其已经成熟的设计授权给其他公司，并让亚洲的代工厂生产制造芯片，主要授权给苹果、高通和三星。2019 年，ARM 对英特尔的威胁加剧。亚马逊宣布将为其云服务器生产基于 ARM 的引力子 2 代处理器。高通针对笔记本电脑推出了 ARM 片上系统（SOC）。

- 调制解调器。"调制解调器"是手机的"无线电"部分。英特尔多年来一直在努力生产和销售一款手机调制解调器[8]，唯一的大客户是苹果公司，当时苹果正与顶级调制解调器制造商高通公司发生法律纠纷。2019年，苹果-高通诉讼案结案，英特尔停止了对调制解调器的研发，苹果以10亿美元收购了英特尔的调制解调器业务。情景重现，英特尔是否永远无法成功进入手机市场？

- 物联网。2016年，英特尔宣布了一个重大决定——进军物联网。这是无线计算设备的市场。这些芯片的功耗比手机低得多，可以连接家用电器、智能手表、无人机、狗项圈、汽车，以及应用于当时还未想到的Wi-Fi系统和云系统。2017年年中，英特尔停止了对低端物联网芯片的研发，在该领域裁员140人，并重新专注于工业应用。随着收入的增加，投入也一直在增长。一些分析师对英特尔在物联网市场的增长前景感到兴奋，但市场仍是分散的，且没有明显的主要领导者。德州仪器和芯科科技（Silicon Labs）等公司也希望能借助物联网的增长浪潮。

- 人工智能。尽管用于台式机和笔记本电脑的x86处理器的销量已趋于平稳，但在蓬勃发展的人工智能领域，对强大处理能力的需求依然很大。英伟达主导了人工智能培训市场，将其基于游戏的图形处理器转变为强大的机器学习引擎。2016年，英特尔收购了人工智能创业公司Nervana，该公司使用x86处理器来驱动复杂的推理引擎。随后，令人意想不到的是，2019年12月，英特尔斥资20亿美元收购了总部位于以色列的哈瓦那公司，并很快停止了对Nervana系列产品的研发。英特尔的管理层表示，他们打算继续将哈瓦那作为一家独立的公司运营。

- 云服务器。英特尔以其基于x86处理器的至强（Xeon）产品线主导了数据中心处理器的市场。人们认为它在服务器处理器业务上的市场份额超过了90%。随着最近个人电脑市场的衰退，以及大数据和云计算的兴起，英特尔的数据中心业务已成为其主要增长动力之一。此处的挑战在于，几家科技巨头正在将定制芯片应用于云服务器。亚马逊以 ARM 为基础，为其网站服务的云服务器设计了一款处理器。微软正在为其云数据中心试用一款 80 核的 ARM 芯片。

- 中国。2019 年，中国是英特尔最大的市场，占其总收入的 28%。此外，公司近 10% 的加工制造设备都在中国。2019 年底，中国设立了 290 亿美元的国家支持基金，以推进本国芯片业的发展，减少对美国技术的依赖。2020 年，新冠肺炎疫情暴发，这也使中国与英特尔的深厚关系产生了不确定性。中国的需求会减少吗？全球对含英特尔芯片的中国产品的需求会减少吗？中美之间是否会爆发新的贸易纠纷？

- 企业文化。2019 年初，罗伯特·斯旺任英特尔首席执行官。斯旺的背景是金融而非工程，这在英特尔公司是不同寻常的。上任后不久，他就视英特尔的企业文化为一个重大挑战。多年来，英特尔在研发除 x86 处理器以外的设备时都遇到了困难，而且它不太擅长整合新收购的公司。斯旺提出了"一个英特尔"的口号，这与郭士纳提出的"一个 IBM"口号相呼应。郭士纳在 1993—2002 年担任 IBM 首席执行官，当时他拒绝了拆分公司和出售不同部门的提议。据《纽约时报》报道，斯旺认为英特尔多年来的主导地位衍生出了严重的问题。"经理们自满于竞争，为预算而内斗，还有一些人收集情报。"[9] 一个重要的转折点似乎是：英特尔未能按照承诺的时间交付 10 纳米制程的芯片。斯旺认为，这些问题向员工表明，需要做些事情来改变现状。

研究小组分析

研究小组一致认为，英特尔面临的一系列问题很棘手。他们对问题的重要性持不同看法。其中一名参与者阿肖克说："公司必须解决生产制造的问题。如果不这样做，公司将失去云服务器和全部收入。如果英特尔不能创造下一个 7 纳米芯片的节点，它或许只能成为台积电的另一个客户。"

与阿肖克的看法不同，阿比盖尔认为，文化是首要问题。她说："整个让芯片变得越来越小的竞赛即将结束。云服务器正转向一场成本博弈，而英特尔尚未做好准备。多年来，英特尔一直在微特尔（Wintel）标准上徘徊，并没有做好应对成本竞争的准备。"

他们就物联网、人工智能和云服务器的可解决性展开了争论。一个基本问题是，为积极应对这三个挑战，英特尔必须真正致力于高产量、低利润的生产。它能做到吗？这些技术代表了一些工程问题，如软硬件混用、亲近客户，以及较低的利润率。这与该公司的 x86 处理器的高利润率以及缩小芯片节点的业务主体并不一致。大多数人认为人工智能的挑战是既重要又可解决的。研究小组认为，如果让哈瓦那保持独立经营，它就有机会在深度学习市场上占据有利地位。但这个专业市场能有多大呢？

企业文化问题与每一个上升期的挑战相互交织。多年来，由于英特尔的市场主导地位、高利润率以及摩尔定律节点的精确递减，公司内部的信念、习惯和流程已根深蒂固。如果公司想成功地通过高产量、低利润率的产品赚钱，就需要改变工程师和营销人员的工作方式，以及整个开销制度。

而参与者帕特里克则更关心机会问题。"真正的挑战是抓住时机。像人工智能和物联网这样的机会只是偶尔才会出现。英特尔必须抓住这些机会，不要因补救传统业务而陷入困境。"

对于摩尔定律即将终结这个问题，研究小组并不确定。英特尔称摩尔定律会继续生效。大多数人认为发展放缓是不可避免的，公司必须寻求其他竞争和增收的方式。

经过几个小时的讨论，我们要求 5 名参与者对挑战的重要性和可解决性进行评分，即每个挑战对英特尔的战略制定的重要性有多高，以及英特尔在未来三到四年内成功应对这些挑战的可能性有多大。每个挑战的得分都是1~10分，最终得分是小组成员打的平均分。例如，人工智能挑战重要性的平均得分为8.1分，可解决性的平均得分为7.6分。因为每个挑战都有两个不同的分数，所以我们可以将挑战绘制成坐标轴上的点（见图4，其中X轴表示重要性，Y轴表示可解决性）。

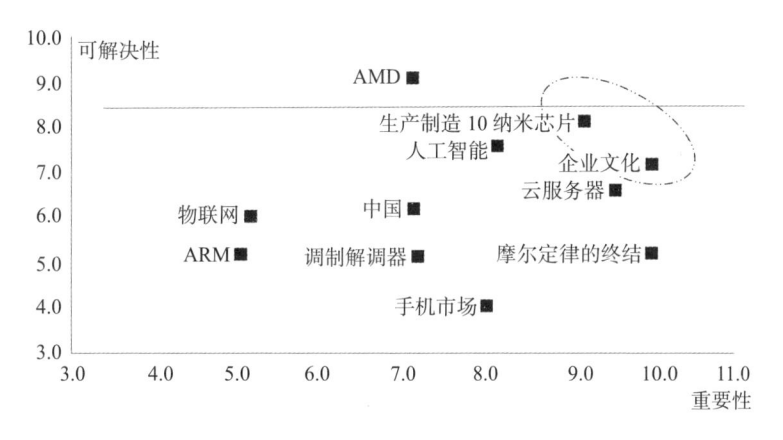

图4　英特尔的挑战分析研究小组评分

和往常一样，在这个测试中，没有任何挑战的评分低于4分。如果它们不重要，我们一开始就不会将其视为战略来讨论。在这类讨论中，我们经常会得到一个很有意思的结果：人们认为有一些挑战是很容易解决的。在这种情况下，AMD遇到的挑战对英特尔来说就是"常规业务"。

该图清晰地阐明了该研究小组的观点：两个可解决的主要问题是生产制造（10纳米制程的芯片）和企业文化。图中没有给出得分范围。争议最大的是关于人工智能的挑战。一些人认为它是次要的，另一些人认为它是未来的潮流，是一个机会，超过了其他需要关注的问题。

第4章　玩你能赢的游戏

这一分析表明，英特尔所面临的挑战的关键在于生产制造和内部文化，这二者是相互联系的。微特尔标准带来的利润相当诱人，使得英特尔公司年复一年地以此为目标，无法专注于其他利润率较低的业务，或许还会缩小制造工程师的技能施展范围，从而让其专心研究微特尔标准。

要真正找出英特尔的症结所在，我们必须更多地了解它的内部文化，以及它最近在生产制造方面遇到的困难的根源。症结性难题很可能出现在一个可以将重大机遇与组织变革方案结合起来的地方。如果英特尔想在设计和成本上与其他公司竞争，而不是通过成为现实标准的一部分来获取利润，那它必须改变核心工程文化。

有人认为，这个研究小组就能解决英特尔的战略问题，这种想法是错误的。练习的目的是演示筛选挑战以找到可解决的战略挑战的过程，从而为寻找症结性难题提供一个范围。这个缩小选择范围的过程，对于专注解决复杂问题至关重要。

附言

2020年5月，台积电宣布将在美国亚利桑那州投资120亿美元建一座制造工厂，目标是生产下一个5纳米制程的芯片。7月，英特尔宣布其7纳米制程芯片将至少推迟6个月上市。首席执行官斯旺提出，英特尔有可能放弃自主生产芯片。

2021年1月，英特尔董事会宣布，帕特·基尔辛格将于2月15日接替斯旺担任公司首席执行官。基尔辛格的职业生涯始于英特尔，最近他担任了虚拟机公司（VMware）的首席执行官，该公司是云服务基础设施中的重要一环。2021年3月，英特尔推出了新的"火箭湖"（Rocket Lake）芯片，采用了14纳米制程。公司原本想在火箭湖芯片上应用10纳米制程技术，但最终"反向移植"，采用了更老且更可靠的14纳米技术。对于那些寻求10纳米制程问题快速解决方案的人来说,这是一个令人失望的进展。

2021年7月,基尔辛格制订了一个重新夺回芯片领导地位的计划。该计划包括设计一种新的晶体管、一种向芯片供电的新方法,以及研发极紫外光刻技术的决定。科技专家们对此印象深刻,但对于英特尔是否真的能实现这些新想法,他们仍持怀疑态度。

第 5 章

增长的挑战

"增长问题是我们面临的主要挑战。"一位首席执行官说,"我们的增速一直在放缓,这拉低了公司的股价,损害了公司的形象。我们必须扩大对现有市场的渗透,不断寻找新的机会,创造新的选择来促进增长。"

这位首席执行官对增长问题进行的短暂思考并非个例。我问公司领导者们,公司目前面临的挑战是什么,最常听到的回答是"增长太慢"或"增速放缓"。通常情况下,增速放缓是一个成熟产品或整个市场的自然结果。例如,2007—2012 年,全球手机用户总数以每年 13% 的速度增长,然而,2013—2020 年,这一比例下降到每年 3.4%。增速放缓是由于市场已趋于饱和,比如到 2020 年,手机用户数量比全球人口数量还多 5%。电信运营商威瑞森预计,2021 年的增速将放缓至 2%。

对增长挑战的诊断是始于历史判断和未来预期的。管理层想要实现增长的愿望必须与公司规模相平衡。例如,2020 年沃尔玛的收入为 5600 亿美元。如果想将公司规模扩大一倍,那它必须"收购"瑞典,后者的国内生产总值接近这一规模。对于这样的大公司,明智的战略家会寻求特定的新业务和新企业营业额的相对增长,而非公司整体营业额的增长。

于大多数公司而言，增长的挑战是一个混合体，它混合了竞争压力以及组织敏捷性和企业家洞察力的局限性。想在特定情况下找到症结性难题，意味着要评估以上三个要素，外加能够知道价值创造良性增长的逻辑和机制。

真正能创造价值增长的，是那些已家喻户晓的企业的成功秘籍，这种秘籍本身并不能神奇地实现增长，真正带来盈利增长的，是一个企业家的创举，而非一系列可机械地遵循的步骤。但这些秘籍也有其自身的价值，它们可以帮助我们找到正确的方向，避免犯一些严重的错误。

增长的意义和机制

"增长"（growth）一词源于"增加"（increase）和"健康"（health）两个概念。美国成立之初，"英克里斯"（Increase）是清教团体中杰出成员的名字，比如牧师英克里斯·马瑟，他在1681—1701年担任过哈佛学院的院长。在生物学中，这个词意味着一个生物体在体积上变大，或一个生物体或培养物中细胞数量的增加。在商业中，它意味着几乎所有衡量成功的改进，尤其是收入和利润的增加。在宏观经济学中，它通常意味着国内生产总值或其他经济活动总体指标的增长。

每当我查看众多公司的增长率数据时，我对这些数据的随机性印象颇深。我清楚地记得，在我刚开始进入咨询师这行时，有一位客户想研究他所谓的"持续增长"。他相信每家公司都有一个特有的扩张速度，比如每年9%，公司或多或少会以这个速度增长，尽管会有一个缓慢的衰退过程。他让我准备一些分析图表来对他的想法进行阐述。

而当我第一次看到公司前两三年的销售增长率与后两三年的增长率的对比图时，我大吃一惊：它看起来像是被人用霰弹枪打过一样，点的分布看起来是随机的，整个图没有任何连贯性可言。你几乎不可能根据一家公司三年的增长率，来预测它未来三年的预期增长率。

我们往往通过销售、利润、资产或其他会计术语来衡量公司规模的增长。这个规模的增长与股价的增长率（或者更准确地说，叫股东总回报，即股价的年增长率加上股息收益率）之间有一个重要区别。

首席执行官们可能都希望公司股价上涨，但公司盈利增长和股价增长之间并无简单直接的联系。在我的 MBA 课程中，我常常提醒学生注意本课程预期成绩构成，并以此来介绍这一主题。我会说："我通常会根据你的论文和考试成绩给你打分。"然后，针对目前的课程，我会试着跟学生提出一个不同的方案。"但这学期，我会根据你过去在其他课程上的成绩来预测你在这门课上的表现。然后，我会根据你超出或低于预测的程度来打分。"这个计划往往会引起学生们的不满和抱怨。学生们会抗议说："这样做是武断的，是不公平的。""没错，"我会解释，"可这就是股票市场对首席执行官的期待，不是看他们的表现有多好，而是看他们未来的表现将会有多好，将会如何超出我们的预期。"

股票市场是嘈杂的，人们用它来总结和折现公司未来的预期赔付价与收购价。只要股价的增长速度比整体股市回报率低，那么股价或多或少会随着收益或自由现金流变动。如果这种缓慢的增长率突然剧增，比如连续两年每年增长 20%，股价就会在每次增长时都上涨。这种情况之所以会发生，是因为收益的跃升令人意外。快速增长的趋势一旦结束，股票价格就会急剧下跌。经济崩溃之所以会发生，是因为持续增长的希望已经破灭。

这就是快速增长的魅力所在。我们知道，经济快速增长后，它的增速最终一定会放缓。如果一家公司能每年增长 20%，并持续 50 年，1 亿美元就会变成 1 万亿美元；再过 50 年，它的价值将达到 1 万兆美元——远超全球经济。所以，我们知道高速增长不会永远持续下去。戏剧性的事就在于猜测这种高速增长何时会放缓、停止甚至倒退。实际上，这种快速增长时间的不确定性，正是保持股价快速升值的原因。在每个时期，价格都可能保持持续增长，也可能停止增长，并在这二者之间保持平衡。当持续增长时，市场价格就会上涨，这是因为我们发现目前的价格并非最高价。然而，如果你持有一家快速增长的公司的股票，那么你将不可避免地经历一个痛苦的调整期，以适应增速放缓。

如果你是一个长期投资者，会将所有收益再投资于一个多样化的投资组合，那你应该预期能得到大约7%的年收益。如果你是一个投机者，你可以借增长之势小赚一笔，但要在增长停止之前将资金撤出。这并非易事，因为人们总觉得会一直有增长的希望。一个成长中的企业总是会低估高速增长期即将结束的可能性。在成长型企业中，管理层的工作就是向人们提供美好时光依然存在的证据，给他们制造惊喜。在增速缓慢的企业中，管理层的工作就是用上升的业绩给股市上的人制造惊喜。

为不断扩大的市场提供超凡的价值

你可能会说这么做"没新意"，但在绝大多数情况下，为不断扩大的市场提供超凡的价值是商业成功的基本公式。有些公司是只想实现增长的股票投机者，面对它们，这是一个有力的反击。

2016年春，我受邀为瓦尼科公司（Varnico）制定战略。我参加了公司的"战略日"会议，在会上，我们讨论了公司过去已完成的和正在进行的工作。瓦尼科是一家服务于食品加工业的全球性公司，已经上市12年了。首席执行官鲍勃·哈勒介绍了该公司最近的业绩。在2008—2009年的金融危机之后，公司的经济一直以每年6%~7%的速度稳定增长，然而，董事会给哈勒施压，要求他"推动股价上涨"。午餐时，哈勒告诉我，他一直在寻找通过收购和增加产品功能以提高价格的方法来使公司增加营收。

在接下来一周的某个上午,我和鲍勃·哈勒讨论了我对公司前进方向的规划。为了回应他关于增加营收的想法,我准备了一张图,显示了在2013—2015年这三年内,年销售增长率与标普1500股东总回报之间的关联。[1] 从图5中也能看出来,二者之间没什么明显联系。我告诉哈勒:"如果要说有什么经验教训,那就是不要让你的销售增长下滑到2%以下。"

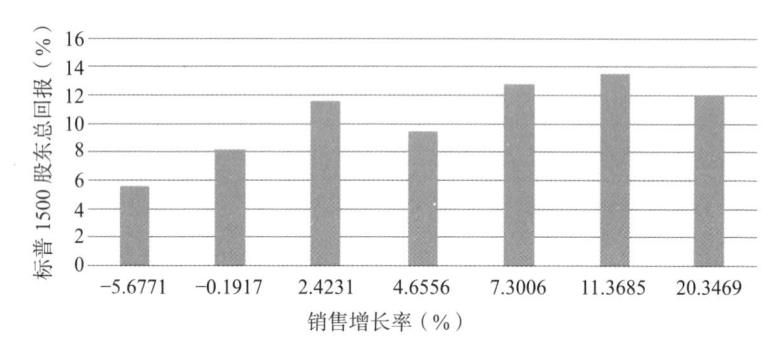

图5 标普1500股东总回报与销售增长率的对比（2013—2015年）

看到图,哈勒有点惊讶。和许多高管一样,他一直认为,收入增长与股价上升之间存在很强的关联。我告诉他:"最开始,也就是20世纪60年代,我接受的是工程师方面的培训。那时我对业务绩效有很多工程方面的想法——人们可以从此类数据中找到实现绩效的秘密。但实际情形并非如此。在竞争激烈的经济体中,真实的业绩数据几乎总是随机的。"

我接着告诉哈勒:"如果市场预期你公司在未来十年内,每年的收益都能增长12%,那么股票价格就已经相当高了。"为公司增值的秘诀是意料之外的增长,即没有通过收购或其他提高会计业绩的手段获得的增长。我告诉哈勒:"你的股票价格是随着市场平均水平变化的,因为华尔街不指望你去做什么新鲜的事情,也不指望你去创造价值。你必须给他们制造一个惊喜才行。"

现有公司创造股票市场价值的两个关键因素是：战略的有效性及其拓展。效率是第一位的，因为拓展一个无效的系统会对以后造成更大的问题。而且两者都必须好到超出预期，才能让公司在股票市场上获得回报。

在一个企业中，战略的有效性是一个结合体，结合了公司能够创造的独特价值以及抵御竞争和模仿的能力。创造价值意味着能够提供产品和服务，使购买者认为产品的生产成本高于其价值。价值差是一个衡量价值的好方法，即买方愿意支付的价格与你的供应成本之间的差值。独特价值的衡量标准是你公司的价值差高于竞争对手的程度。当一家公司能够降低其供应成本，或者增加其服务或产品对购买者的价值时，它就增加了其独特价值。

战略拓展是指，将你独特的价值体系拓展到更多的买家或类似的产品上，或两者兼而有之。谷歌的增长模式基本就是这样的：谷歌独特而强大的搜索引擎每年都为公司带来越来越多的广告买家。拓展也可能意味着新的领域。在这之后，拓展来自将独特价值的逻辑延伸到相邻市场——延伸到稍微不同的产品或买家，或两者兼而有之。

最后，一种更具企业家精神的拓展形式就会带着新颖独特的价值主张进入全新的产品市场。

就瓦尼科的情况而言，第一步是要提高公司战略的有效性。公司对于服务的管理是相当好的，但对于跨地区和客户的了解却很少。在一流的公司里，销售和服务经理每月都会碰面（现在是虚拟的），聊一聊遇到的客户问题，以及对于如何解决这些问题的见解。公司将这些细节都纳入了培训计划。

作为新举措的一部分，鲍勃·哈勒从每个地区抽调一名人员，让他们每两周与其他地区的代表见一次面，分享遇到的问题以及解决问题的方法。

第二个问题似乎是：把二级服务人员的水平提高到一级服务人员的水平有点儿困难。他们判断，这是因为最优秀的员工没有带着下属一起工作。人力资源的任务是建立一个跟踪和奖励系统，这个系统里包含优秀员工对在职培训和公司发展的贡献。

第三个有效性问题是：信息技术的支持——它能追踪公司的开支，但对理解客户的问题没有任何帮助。公司花了一年时间来完善这一点。

随着这些变化的进行，下一个要应对的挑战是瓦尼科的客户性质。瓦尼科的客户通常是较小的食品加工企业，没有大量的技术人员。它们依靠瓦尼科购置设备，为新的投入或新的混合物密度或任何超常规的维护提供服务。战略问题就是，瓦尼科能否打入大型加工商的市场。

瓦尼科分析了挑战的本质，并认为问题出在一些大公司内部的服务人员身上，这些人觉得瓦尼科对他们自己的工作构成了威胁。执行团队和信息技术部门提出了一种战略拓展想法，他们想对新开发的以客户为导向的数据系统进行改进，并将其作为一种服务销售给更大的客户。这样一来，瓦尼科的产品就可以帮助大公司内部员工更好地完成工作，而不会有取代员工或看起来很糟糕的威胁。

在签订了几份这种类型的新合同后，瓦尼科收购了一家小型的 SaaS 专业公司，并让它改进和维护以客户为导向的数据系统。

三年间，由于鲍勃·哈勒实施了以上几项措施，该公司的股票价格涨势喜人。在这三年的战略更新期间，得益于市场的普遍利好（约31%），瓦尼科的股价上涨了55%。

瓦尼科是一家发展稳定的公司，服务于非常成熟的市场，通过重新关注正在进行的活动的有效性，并将客户群体从小客户拓展到大客户，它增加了股东回报。股东回报之所以会增加，很大程度上是因为这些做法是人们未曾预料到的。未来，鲍勃·哈勒将要面临的挑战是再次惊艳市场。

以简化促增长

高中时，我们要学习威廉·斯特伦克的经典作品《风格的要素》。书中，斯特伦克最精辟的观点是"省略不必要的单词"。借用到商业和其他组织中，类似的做法是"省略不必要的活动"。

如果不能产生盈余，那就没有开展某些活动或拓展某块业务领域的必要。这些活动或业务所消耗的资源，可能会显示在财务报表上，也可能不会。这些资源可能是金钱、公众争议或管理层的关注。在上述任何一种情况下，精简机构，"给花园除草"都是必要的，因为这类活动会越攒越多，就像你车库中的"杂物"一样。有时，它们是有权势的高管或上一任首席执行官的最爱。有时，它们隶属于更大的组织，靠组织补贴来维持自身的生存。在任何情况下，当公司不需要用它们来实现富有活力的增长项目时，它们便会耗费本可用于更重要的事情的时间和精力。

削减开支，并专注于将来会有所成长的业务领域，对于实现一家公司的增长是非常有帮助的。"给花园除草"，即去掉一些陈旧的活动和业务领域，这种专注于增长或创造价值的想法是可行的，因为在一个太大的基数上，人们甚至可能根本注意不到价值创造这一点。如果你为一家市值1亿美元的公司增加了1亿美元的价值，人们会称赞你为管理天才。但如果你为埃克森美孚增加了1亿美元的价值，却没人会注意到你。

关注增长的想法也反映出成长型企业与稳定型企业在所需的管理制度、薪酬制度和敏捷程度方面都有极大的不同。如果把它们混为一谈，可能会弱化其中任意一方的有效性。而且，我们能够同时解决的问题和挑战的数量是有限的。集中精力并将管理任务极简化，可以产生专注的优势。

标普全球

麦格劳-希尔出版社的历史可以追溯到1888年，但其在教育出版领域占有重要地位、成为主要出版社始于1917年。1929年，麦格劳-希尔出版社成功创办了《商业周刊》。此外，它还出版许多行业杂志，如《美国机械师》和《煤炭时代》。1966年，它收购了标普的信用评级机构。1986年，麦格劳-希尔出版社收购了"经济公司"（Economy Company），成为最大的教育出版商和大型出版集团。

在2008—2009年的金融危机中，首席执行官哈罗德·W.麦格劳三世要求新上任的首席财务官杰克·卡拉翰帮忙精简公司。接下来几年的"除草"和"集中精力"行动，使麦格劳-希尔成为典范，为企业未来的强劲增势奠定了基础。

在麦格劳-希尔，出版、教育和金融信息行业之间有许多相互联系的组织机构。由于行政管理人员的经验基础差别很大，混合用工会增加成本，而这些附加成本使工作变得更加复杂。没有人愿意被忽视，即使他们给企业能带来的东西有限。此外，麦格劳-希尔还因其标普子公司对次级抵押贷款捆绑的信用评级而陷入麻烦。事实证明，这些证券是比宣称的更容易受到风险影响的证券之一，也是造成2008—2009年全球金融危机的原因之一。显而易见，放弃这一业务的诱惑是很大的。但是，深思熟虑后，领导层却选择了相反的方向。他们决定把公司的重心放在实实在在的财务数据，而非作品的出版上。

为了启动简化增长方式的计划，麦格劳-希尔将《商业周刊》卖给了彭博社，之后在2011年出售了其广播业务。麦格劳-希尔的下一个大动作是出售整个教育业务。两年来，由于州政府和市政府削减了教育开支，公司每个季度的教育出版收入都在下降。投资者们越来越多地将该公司视为一个综合企业，该公司高层是否能将拥有百年历史的教科书业务转向数字出版？投资者们对此并没有信心。为了让教育业务对潜在买家更具吸引力,该公司首先将过度建设的金融、IT和人力资源职能外包出去。随后,公司削减了该部门的管理费用。2012年底,阿波罗全球管理公司以约25亿美元的价格收购了麦格劳-希尔教育集团。

第二年,公司更名为麦格劳-希尔金融集团。随后,它卖掉了自己的建筑类出版物。最终,在2016年,它再次更名为标普全球,然后卖掉了分管消费者调查的君迪部门。这些操作使得公司最终完全专注于金融信息服务领域。

早期,业务集中或业务淘汰使公司收入从62亿美元下降到2012年的42亿美元。公司重新关注金融信息,开始在金融领域开发新产品,培养新技能,业务组合包括信用评级、道琼斯指数和专门的金融数据(资本智商)。这些领域的利润率很高且一直在增长:2015年的利润率达40%,2019年则高达50%。从2012年的低谷期到2019年,公司营业收入一直以每年7%的复合增长率增长。息税折旧摊销前利润以每年19%的复合增长率增长。同期,公司的股票价格以每年24%的可观速度增长。公司在开始增长前通过将资源集中在财务数据上,放大了股东回报率。如果公司能够在不集中资源的情况下,在财务数据上实现同样的增长,那么在此前保持稳定缓慢增长的业务的影响下,其股东回报就会减少。

标普全球就是"以简促增"的典型案例。"以简促增"之所以在标普全球行得通,部分程度上是因为,要发展一家集团公司是很难的。即便你使得公司的某一个部门有所增长,但和其他部门混在一起时,这种增长也就看不出来了。还有一点是因为,专注会使增长变得更容易。当然,如果你集中注意力在错误的事情上,那增长就不会发生。但如果你能专注于一个有增长潜力的业务,且目前拥有或未来能够拥有竞争优势,那么你离盈利增长就更近一步了。

反应时间在竞争中至关重要

反应时间在竞争中至关重要。当一个新的机会或挑战到来时，第一个回应的人往往会获胜：这个人不一定是第一个行动的人，但一定是第一个有能力应对的人。

约翰·博伊德曾在朝鲜战争期间驾驶F-86"佩刀"战斗机，后来又负责给美国空军进行学术课程培训。他研究空战，并从中生出了一些自己的看法，人们称之为"博伊德循环"。在朝鲜，他曾目睹美国空军飞行员击落了米格-15喷气式战机，这是支援朝鲜的苏联飞行员驾驶的战机。尽管米格战机速度更快，爬升也更好，但它仍被击落了。

博伊德认为造成此种异常现象的原因有二。首先，F-86战斗机的座舱盖可以为飞行员提供更好的视野，这样他们就可以更清楚地看到对手的位置，方向性也更明确。其次，也是更重要的一点，苏联飞行员所接受的训练是让他们执行标准的机动动作，就像奥运会滑冰比赛中的必选动作一样。相比之下，美国飞行员经过训练后，反应迅速，变化灵活，极具攻击性。

用博伊德的话说，能在空战中获胜的飞行员往往都是那些能够更快地完成"循环程序"的飞行员。"循环"是指执行一系列动作——观察、定位、决策、行动。博伊德告诉我们，如果我们能够比对手更快地完成这个循环，那么对手就会失去方向，感到迷茫，而你便能够获胜。人们都称他为"40秒博伊德"，因为他会和其他战斗机飞行员打赌，在训练中，他能在40秒内赶超他们的战机。堪称奇迹的是，他从未输过。

大家也可以在网球比赛的动作中看到"博伊德循环"。球技更好一点的选手站在左边，把球打到右边，以使其对手失去平衡，从右边边缘匆忙回球。接着，他迅速而准确地将球击回到左侧边缘，使对手更加失衡。一旦对手不得不从一边冲到另一边，那他这一分几乎必失无疑。

通常来说，商业竞争中，在给予客户反馈和新产品的研发引进周期方面，速度也是最重要的。我在上一本书《好战略，坏战略》中详细描述过，英伟达就是通过将半导体产品的推出周期从通常的18个月缩短到6个月，从而击败了竞争对手。英伟达成立了三个研发团队，每个团队都要用18个月来完成一项设计，但每个团队的进度都相互错开，这样公司推出新产品的周期就成了6个月。每6个月就会有一款新品上市，这个更新速度是竞争对手无法赶超的。

英伟达凭借更快的新产品发布周期，击败了显卡领域的竞争对手，抢占了半导体巨头英特尔的i740显卡的市场份额。根据行业分析师乔恩·佩迪的说法，这正是"博伊德循环"在发挥作用。他说："英特尔研发i740的过程和方法与它研发中央处理器的过程及方法是一样的。这种做法在竞争极其激烈的3D图形卡领域是行不通的。英特尔的产品研发周期不是6~12个月，而是18~24个月。英特尔不适应这种快速的研发周期，也不会为了副业而对整个研发和制造过程进行重新设计。"[2]

在智能手机市场的激烈竞争中，诺基亚和微软迟迟没有采用"博伊德循环"模式。目前，美国和中国在人工智能技术上竞争激烈。博伊德的理论是，当竞争对手认为有人正在超过他们时，他们就会迷失方向。大西洋理事会的首席执行官弗雷德里克·肯普参加了2019年的达沃斯论坛，结束后，他向我们描述了这种精神状态。

> 达沃斯论坛上，令美国商界领袖深感不安的是，他们已经习惯站在全球科技的顶端，而现在他们一次又一次地听到自己远远落在中国同行之后。尽管大多数西方国家的高管都认为，这场技术竞赛刚刚开始，但他们听说中国已经宣布人工智能发展规划，并且成果卓著。[3]

不可否认，发展人工智能是非常重要的。但是，由于目前没有人知道这项技术在未来几年内将如何发展，因此，在民族和国家层面上采取多种举措也很重要。博伊德认为，是否处于领先地位可能没有那么重要，重要的是让对手相信我们处于领先地位。如果对手认为自己落后了，他可能会做出一些错误的举动。我们要以战斗为导向，快速地观察、决策和行动。

如果一个机构过于官僚，它能做出快速的反应吗？大多数情况下，一些复杂的大型组织是无法快速地实现"博伊德循环"的，除非主要参与者共同制定战略，团结一致，互相信任。通用电气和福特的数字化转型计划都失败了，且代价惨重，部分原因是，这些工作都是以独立的业务部门为单元来做的，而它本应以某种方式为公司整体创造一个新的数字世界，但是主要业务部门的领导对数字化转型的计划并不感兴趣，由于一些举措缺乏广泛的实施基础，导致公司浪费了几千亿美元。

受新冠肺炎疫情的影响，写这段话的时候，我正在居家自我隔离。与韩国政府不同，美国政府未能迅速应对这种新型病毒。媒体都想指责特朗普总统。尽管他确实有失败的地方，但主要问题其实是系统性的。美国卫生与公众服务部是一个庞大的官僚体系，它管理着美国的食品药品监督管理局以及疾病控制与预防中心。当新冠肺炎疫情在美国暴发时，整个体系内互相猜疑、员工内斗、爱搞政治、管理无能。尽管多年来，我们一直在研究像新冠肺炎疫情等可能的流行病，并不断地警告人们警惕此类事件，但人们仍然没有一个应对计划。如何进行核酸检测、隔离哪些人、如何从州或联邦层面入手管理这一问题，这一切都没有可供参考的做法。

在与其他国家的人讨论这个问题时，我不得不一直跟他们解释，美国是一个由四级政府组成的联邦制国家。各联邦、各州、各县和各市都有自己的立法者、法院和警察。管理公共卫生各要素的权力就按这些级别来划分。随着疫情的蔓延，许多人惊讶地发现，拥有疫情封锁以及让人们保持社交距离权力的是地方政府，而非联邦政府。在这些领域，总统可以提建议，但不能下命令。同样，大多数应急储备和卫生保健能力也是由地方负责的。尽管多年来我们一直都让人们对疫情保持警惕，但在如何应对疫情、核酸检测的重要性、应该隔离哪些人，以及如何安置他们等问题上，这四个级别的政府都没有制订任何具体的计划，也没有储备必要的医疗物资。

韩国也和美国一样，有着庞大的官僚体系，但韩国政府确实有准备计划，并迅速想出了核酸检测的方法。两国的不同之处在于高层的能力高低、信任程度和执行力的有效性。

不论是在疫情中，还是在战斗中，抑或处于技术竞争的世界中，如果我们想在新机会出现时把握住它，那么速度是至关重要的。

利用兼并和收购来加速战略的生成以及补充战略

人们对于兼并和收购对公司业绩与价值的影响，已进行了数百项研究。这些研究得到的结果喜忧参半。如果我们看总的美元价值，那么结果是负的，因为最大的那笔交易是最差劲的。例如，研究人员观察了1998—2001年的并购浪潮（互联网和电信浪潮），发现股东在收购上每花费一美元，其公司价值就会损失12%，最终总共损失2400亿美元。然而，他们发现，在这段时间内，平均收购价格对收购方的股价有小幅度的正回报。产生该现象的原因是，最大交易的巨额亏损压倒了较小交易的收益。

像这样的研究几乎总是通过观察交易宣布前后的短暂窗口期（通常是交易前后三天左右的时间）来衡量股东的收益。这个研究设计基本上假设的是：股票市场是完全有效的。而问题在于，兼并和收购往往是一波接一波进行的，对它们的研究衡量的是在充满希望的上升期中交易价值的上升。然后，在波动达到顶峰，开始下降之后，难题便出现了。收购者试图消化他们所购买的东西，所以他们会进行大规模重组。在研究人员的方法中，这些消极过程不会以"事件"的形式呈现出来。因此，上文引用的研究只看到了交易的上涨，却忽略了日后价值的缩水。最终的结果是，这类研究结果有一个向上的偏差。

那么，我们有希望通过收购增加公司的市值吗？当然可以。通过收购促进增长的秘诀是保持专注，即只通过收购来加速和深化基本竞争战略，而不要单纯地通过收购来增加收入或利润。而且，最重要的是，不要收购那些需要花上好几年才能理清头绪的机构复杂、产品繁多、员工冗余的公司。而且，即使你的收购行为已经满足上述条件，也不要搞什么"平等合并"。如果你"平等合并"了，公司内部将会在"公司究竟由谁负责"这个问题上争执数年。

盈利增长的基础是在一个不断增长的市场中提供独特价值。通过收购来提升公司价值，或加快其在买家群体中的扩张速度，这是很值得的（前提是价格合理）。

观察一下，你就会发现，那些交易额最高的公司通常是老牌的成熟公司。例如，2016年，交易额最高的是美国电话电报公司收购时代华纳（850亿美元）以及拜耳收购孟山都（660亿美元）。消息一出，美国电话电报公司的股价就下跌了180亿美元。交易完成后，拜耳的市值也下跌了180亿美元，并受到股东诉讼。

我称这些交易为"尼亚加拉型交易"（尼亚加拉瀑布是北美最大的瀑布），因为它们规模巨大，而且大多是由希望重拾激情、恢复活力的老牌公司完成的［巧的是，"尼亚加拉"（Niagara）与"伟哥"（Viagra）押韵］。与这些公司合作过之后，我更加确信，观察分析一个极其复杂的大型企业的月度和季度业绩是一件非常无聊的事情。所有的业务和产品创新（如果有）都由在三级管理层以下的、做具体实际工作的年轻高管来完成。因此,除了危机以外,达成交易是唯一真正引起高层之间情绪起伏的事情。要谈成一笔大生意,需要有资深律师和投资银行家出现在现场,人们会乘坐私人飞机去参加特别的秘密会议,会在不经意间谈到非常大的资金数额。交易一旦完成,所有人都可以获得额外的福利,被收购公司的首席执行官会涨薪,收购方也有了向外界炫耀公司规模的资本。

一些首席执行官之所以做这些赔钱的交易,就是因为动机不良。例如,道格·尤尔特是美国男装连锁零售商(Men's Wearhouse)的首席执行官,2014 年,他以 18 亿美元收购了 Jos. A. Bank。此举导致其公司股价下跌 70%。但由于合并后的公司规模更大了,尤尔特个人的工资上涨了 150% 以上,高达 970 万美元。正如《福布斯》撰稿人戴维·特雷纳评论的那样:"高管们会寻找并进行与股东价值无关的收购,因为这些收购有助于提高销售额、每股收益或息税折旧摊销前利润等指标,而这些指标往往与他们的奖金挂钩。此外,大规模的收购将使公司与更大的竞争对手处于同一水平,这往往也会提高高管们的工资。"[4]

促成这些赔钱交易的另一个原因是内部资源过剩。我记得多年前,大概是在 1997 年,我和查尔斯·弗格森谈论过微软收购他的私人网页制作公司维米尔(Vermeer)的方式。微软最初的报价是 2000 万美元,比弗格森预想的价钱稍高。但作为一个经验丰富的谈判者,弗格森说他考虑考虑。过了一个周末,微软的谈判代表重新找到弗格森,说:"1.3 亿美元怎么样?"弗格森接受了这个价格。后来,在与参与此事的微软高管交谈时,我问他,对于多付这么多钱收购维米尔这件事,微软如何解释。他解释说,比尔·盖茨下令公司要紧跟蓬勃发展的互联网时代。"这可是'互联网货币',价格并不重要。"

微软资金雄厚,在其主打产品上拥有巨大的竞争优势,而且它一直倾向于以过高的价格收购其他公司。2007年，微软以62亿美元的价格收购了在线广告公司aQuantive，并于2012年将其彻底注销。2012年，它以75亿美元的价格收购了诺基亚，并于三年后将其彻底注销。

观察一下，你会发现，在一年中收购最多的公司，通常是当时的企业巨头。2016年，微软完成19笔交易，遥遥领先于其他企业；Alphabet（谷歌母公司）完成11笔交易，苹果则完成9笔交易。请看表3所示的Alphabet公司的收购明细。收购对象都是拥有知识产权或小型系统的小公司，Alphabet公司可以利用它们深入发展自己现有的业务。这些交易大多是私下进行的，不像收购上市公司那么复杂，成本也不高。所有由谷歌收购的公司都不是管理体系庞大的复杂组织。Alphabet公司的收益增长得益于此类收购，其中帮助最大的是对安卓（2005年）、YouTube（2006年）和DoubleClick（2007年）的收购。Alphabet公司喜欢收购一些企业来填补其研究空白。为了让谷歌的视频平台运转起来，2006年，它收购了成立18个月的YouTube。

表3 2016年Alphabet公司的收购明细

公司	业务	关联方
BandPage	音乐家平台	YouTube
Pie	商业通信	Spaces
Synergyse	互动教程	谷歌文档
Webpass	互联网服务供应商	谷歌光纤
Moodstocks	图像识别	谷歌图片
Anvato	云视频服务	谷歌云平台
Kifi	链接管理	Spaces
LaunchKit	移动工具制造商	Firebase
Orbitera	云软件	谷歌云平台

（续表）

公司	业务	关联方
Apigee	应用程序编程接口管理及分析预测	谷歌云平台
Urban Engines	基于地理位置的分析	谷歌地图
API.AI	自然语言处理	谷歌智能助理
FameBit	品牌内容	YouTube
Eyefluence	眼球追踪，虚拟现实	谷歌虚拟现实
LeapDroid	安卓模拟器	安卓
Qwiklabs	基于云计算的培训平台	谷歌云平台
Cronologics	智能手表	安卓可穿戴系列

收购的动机可能有很多。可能是公司想挑选早期的赢家，想发展规模经济，或者想通过注入新的文化来改变自己的企业文化。它们相信自己能够挽救一家破产的公司。它们试图对一个行业进行资源整合。对于那些寻求盈利增长的公司，我强烈建议它们将目标定在两个方面：获取与现有战略相辅相成且公司内部难以创造的技能和技术（包括成长平台），以及为目标公司的产品提供更广泛、更强大的市场准入。

切勿支付过高的价格

许多研究都显示收购公司这一行为的回报一直是负数，原因之一是收购方为其得到的东西支付了过高的价格。特别是在收购上市公司时，其收购价比其固有价值高了30%~40%。如果恰逢市价上涨的时刻，那么溢价之上还会有溢价。如果公司收购遇到竞争，情况会更糟。与另一家公司展开竞购战肯定会让你付出过高的代价。投资银行家和其他顾问的薪资越高，收购所需的费用也就越多。

我清楚地记得，1998年2月，所罗门美邦公司的分析师杰克·格鲁曼在亚利桑那州的斯科茨代尔召开了一次电信公司的领导者会议。会议现场摆放了10~15张桌子，每张桌前都坐着一位首席执行官和他的助手。当时，政府对于电信行业的管制放宽了，随着新兴互联网的蓬勃发展，该行业的估值飙升。格鲁曼敦促一些大公司，趁现在还来得及，抓紧收购一些企业以将自己的公司发展壮大。无意间，我听到了邻桌的对话，所罗门美邦的银行家建议一位大公司的首席执行官抓住时机，收购Winstar Communications。后者在全国各地的屋顶上都安装了小型宽带天线，并承诺它可以绕过电话公司的铜线。那位首席执行官看了看文件说："价格太高了。的确，今年它的销售额上涨了，但它的亏损也在增加，资产净值为负。如果以每股45美元的价格计算，这家公司的股价远高于10亿美元。"银行家点点头说："是的，但你公司的股价也很高啊。"他们的想法是，Winstar Communications的股票定价过高，但潜在买家的股票也过高，所以为什么要担心呢？这位首席执行官没有上当，而且他的判断是正确的。Winstar Communications一直在利用债务快速发展自己。但它的收入不足以支付其开销，尤其是还要支付其债务利息。2001年，Winstar Communications破产了。

为了避免这些溢价的情况，公司可以尝试购买未上市的私人企业。如此，溢价会降低，发生竞购战的可能性也会降低。

用股票支付也会造成另一种溢价，所以，要尽量用现金支付。用股票支付相当于发行股票，这将会影响你公司的股票价格。上市公司发行股票往往会导致股价下跌2%~3%。事实上，这也可能是统计数据中导致大型交易总出现一些负面结果的原因之一。

这看上去似乎很合理，收购可以产生最大的利益和最大的协同作用，而这种收购又与收购方的业务密切相关。但很不幸，实际情况似乎并非如此。通过元分析，我们对67个收购项目及相关性进行了研究。最终，研究人员得出结论："相关性对股价走向的总体影响可以说微乎其微。协同效应有可能存在，但它们对股价的影响太小，不足以支付（高额的）收购溢价。"[5]

企业过度自信是造成高溢价的最大原因。这不是像二手车市场经常出现的那种隐性故障问题。相反，问题在于企业严重高估了"协同效应"，对公司的增长前景过于乐观，对自己过于自信，觉得自己能够解决目标公司存在已久的管理问题。行为经济学认为，这种过度自信通常是由于忽视了参照群体而产生的。[6] 当一个人专注于自己的历史成就和突出技能，而不考虑竞争对手的技能和明显的诡计时，就会出现过度自信的情况。作为一名研究生院的教授，我有时私底下会让学生们根据他们目前的考试成绩来估计他们在我课上的排名。没有一个人觉得自己排在班里的后25%，超过半数的人认为自己位于前25%。这就是对参照群体的忽视。

尽管有这么多不去支付溢价的理由，但在某些情况下，你必须支付比公司现行价值更高的价格。这种情况就是，公司拥有独特的知识产权或特殊的市场地位，而你绝对不会希望竞争对手或潜在竞争对手收购这家公司。在这种情况下，你就不仅仅是购买这家公司了；如果你不这样做，就会面对竞争性的打击，你付钱是为了防止这种竞争性打击的出现。

例如，英伟达就放弃了对ArtX的收购，这是一个由前美国硅图公司的工程师组成的小团队，是失败的硅图公司留下的最后一批骨干。其竞争对手冶天（ATI）抢先收购了ArtX，效仿了英伟达6个月的发布周期，并开始推出与英伟达相媲美的显卡。然后，在2006年，中央处理器的制造商，也是英特尔的主要竞争对手，AMD兼并了冶天。放弃收购ArtX是英伟达公司一个战略上的错误。虽然英伟达并不需要ArtX的资源或人才，但收购ArtX可以阻断其他公司获得这些稀缺资源。

同样的逻辑也适用于快速整合的行业。例如，在20世纪的大部分时间里，人们称主要的几家会计公司为"八大巨头"。如今，由于兼并以及安达信会计公司的破产，这个数字下降到了4，这"四大巨头"分别是毕马威、普华永道、德勤和安永。每家原始公司都必须做点儿交易，以保持其在全球行业整合中的领先地位。

别在你的花园里种多头绒泡菌

"多头绒泡菌"指的是许多历史悠久的组织的核心，是相互关联的复杂结构。这是种相当官僚的结构，经过多年的演变，它积累了许许多多的政策和规定。我曾与一些想要加速发展的此类公司有过合作。我的建议大多都是简化机构，消除杂事，集中精力。当它们不这么做的时候，我的建议就变成"别在你的花园里种多头绒泡菌"。

我这么说是出于两个原因。其一，你是不会希望让那种官僚结构试着来管理成长型企业的。这就好像是让美国国土安全部试着去编写一个新款电子游戏。可能它最终也可以设计出这款游戏，但这将会花费好几年的时间，还要花费一大笔钱。当它设计出来时，这款游戏早就已经过时了。其二，你不希望看到由于利益冲突和各种其他权力游戏而使得公司新增长业务的选择受限。

更大型一点的公司可以在其内部或通过收购其他公司找到增长机会。我把这样的增长机会称为"幼苗"，公司需要对它们进行培育和保护，使其不受多头绒泡菌影响。公司内部的高层管理人员必须与6~8棵"幼苗"保持密切而直接的联系。并非所有人都能成功做到这一点，但那些仍受多头绒泡菌影响的幼苗的确需要额外保护。秘诀就是要培养它们，直到它们可以成为存在于原来公司的主要部门之外的独立部门。通过收购其他公司，我们可以将这些新的增长机会与冗余的机构政策等分开，这样更容易保护这些新机会。然而，这也带来了一个难题：如何利用母公司的技能和市场地位发展新机会。如果不利用这种杠杆，它就只是在试着成为一个风险投资家或私募股权基金。

"一家大公司培育的幼苗最好属于风险资本公司。"在如今这个快速发展的科技时代，这种想法可能不是一个好主意。大公司根本无法像风投公司那样给你打鸡血，"让你成为亿万富翁"。大公司应该追求的是那些不只是需要一小群工程师或程序员来完成的项目。大公司想要的是利用母公司的声誉、能力和市场地位，承担更大的风险，实现更大的盈利。为了做到这一点，公司必须从容对待每月业绩或取消标准的达标评估，每月在新兴挑战和行动政策上下功夫。如果幼苗栽种失败，也不应责罚或开除负责人，因为那样做相当于是在给你的花园喷除草剂。

不要弄虚作假

华尔街的分析师很喜欢那些能带来持续增长的可预测收益的公司——不仅是收益增长，还是可预测收益的增长。唯一的问题是，经济、技术和竞争这些要素显然都是不可预测的。因此，为了产生可预测的收益，公司必须平滑会计要素（通常是应计利润），以及进行会计操纵，以补偿收益的波动。通用电气在1985—1999年实现了连续盈利的目标。众所周知，这个惊人业绩的达成，很大程度上要归功于其子公司通用金融对会计要素的平滑处理。通用金融迅速对金融资产进行买卖，以产生季末损益来弥补制造业上的损益。正如《福布斯》杂志的一篇文章说的那样："就像一个职业棒球运动员被曝使用类固醇一样，通用电气也采取了一些手段，从而延长了近十年来达到或超过分析师预期的记录。这些手段包括在看起来很像贷款的交易中向金融机构'出售'机车，以及篡改利率对冲的账目。"[7]

一项调查发现，97%的高管更喜欢平稳的收入。[8] 还有一项研究对400名首席财务官进行了调查。结果发现，这些首席财务官认为，为了实现可预测的增长，有20%的上市公司都会谎报其收益。据他们估计："这些公司每一美元的收益中，有10美分是虚报的。"[9]

在20世纪90年代，微软是盈利管理最好的公司之一。正如贾斯汀·福克斯所描述的那样。

> 1995年8月，Windows 95发布，自此，微软就采用了一种独特的保守方法来核算它所交付的软件收入：将一款产品的大部分收入推迟到该产品售出很久之后才予以确认。微软这样做的原因是，客户在购买他们公司在1996年研发出的软件的同时，也购买了1997年和1998年的软件升级和客户支持服务。如果没有新的会计技术，该公司将不得不向人们宣布，1995年下半年，公司利润急剧上升，然后在1996年上半年，利润又急剧下降。这一事件产生的转折可能会导致公司股价下跌，而不是像现在这样，使得公司的利润在1995年之后平稳上升。[10]

这些为稳定盈余而付出的努力得到回报了吗？大部分关于这个话题的研究都说并没有。一项有趣的研究发现，盈利平稳的公司在随后的时间里股价暴跌的概率要大得多。[11] 另一项细致的研究发现："在过去30年里，盈利平稳度和平均股票回报率之间是没有什么关系的。"[12]

有证据表明，基金经理和分析师们喜欢平稳的收益，但平稳的收益对股市来说却没什么影响。为了使收益更平稳而操纵收益，不仅会扰乱会计计算的结果，还会浪费时间和精力。请把你的智商用在别的地方吧。

其实根本没有盈利

网络经济的兴起，尤其是共享经济的兴起，催生了许多成长型公司，但其实它们根本没有盈利。这么说的前提是，这些公司都在参加亚马逊组织的"将公司迅速发展壮大"的计划，然后在未来的某个时刻，公司就会盈利。我不能太直白地告诉它们别去参加这个计划，因为，你确实有可能愚弄别人很长时间，并因此成为亿万富翁。早在1999 年，我们就发现，只要收益增长合理，市场就能容忍新成立的一些网络公司亏损。但当最终人们发现只盈利了 1 万美元时，便会开始痛哭，并突然醒悟过来，看清了局面。

目前来看，优步似乎就是一个典型代表。看上去，该公司的出行价格并不包括其可变成本，但它能够用投资者的资金给用户乘车以补贴，从而快速扩大用户群体。尽管优步在首次公开募股时创造了有史以来最大的亏损，但它仍在继续扩大其发展规模。最初的那批投资者得到了巨额回报。例如，首轮融资得到的 51 万美元的原始股，到2019 年年中已价值 25 亿美元。2018 年，创始人套现，离开了董事会。不过，优步的首席执行官达拉·科斯罗萨西表示，优步将在 2020年底前实现盈利。但一直到 2021 年初，这个诺言都没有实现。如此看来，要想盈利，要么提高产品的价格，要么降低支付给司机的薪酬，而管理层哪一个也不想选。

无论是哪个级别的投机者，都对任何增长的证据非常敏感，众创空间（WeWork）就是一个典型的例子。有一些人想在除了家之外的地方有一个小小的工作场所，众创空间成立的目的就是将办公场地转租给这些人。一般来说，没人会觉得这项业务能有很大的盈利空间，毕竟，出租办公场地的小公司已经很多，而且这种业务已经有约 30 年的历史。但众创空间设想的是在很多城市租赁大量的场地，然后把这些场地的信息放在一个有点像爱彼迎的网络应用程序上。该公司正在迅速签订新的租赁合约,应用程序上显示可用的场地正迅速增加。尽管这一计划未能通过大学生制订商业计划竞赛,但它得到了日本投资公司软银的资助。众创空间的原始投资为 44 亿美元,这意味着其估值在 180 亿~200 亿美元。首席执行官亚当·诺伊曼一直对外声称公司是在盈利的,但事实却并非如此——公司亏损巨大。到 2018 年,众创空间已经用完所有的资金,并且还需要更多的资金,因此公司决定进行首次公开募股。这笔交易由诺伊曼和软银首席执行官孙正义组织进行,他们对众创空间的估值为 470 亿美元。公司将拿出 10 亿美元用于从包括董事会在内的现有投资者手中购买股票,并以此作为交易的一部分。当首次公开募股的招股书公开时,想到该公司的亏损历史、诺伊曼越来越不稳定的行为,以及该公司虚无缥缈的使命感,大家对此的反应都是负面的。最终软银放弃了首次公开募股计划。董事会不希望诺伊曼继续待在公司,给了他 1.85 亿美元,让他直接走人。软银重拾这笔交易,开出了 50 亿美元的价格,使得该公司的估值大幅下降,从 470 亿美元降到 80 亿美元。

众创空间的例子看起来就好像是一个骗局。它的卖点是,这是一家主打共享经济的"科技"公司。但实际上,它更像是在一个竞争激烈、办公场地过剩的世界里出租办公场地。尽管如此,还是有数十亿美元投了进来。据说,头脑清醒的高盛投资银行家宣称,众创空间的估值甚至可能会达到 1 万亿美元。如果首次公开募股成功,那它募集来的资金足以在纽约的汉普顿买很多新房子。

在扑克界流传着一句古老的格言,沃伦·巴菲特让这句话更加出名了:"如果你在打牌的时候没看到一个糊涂蛋,那你赶紧站起来走开吧,因为你就是那个糊涂蛋。"在这个充满快速增长却没有盈利的公司的世界里,你最好能认清谁是糊涂蛋。

* * *

利润巨大且能创造价值的快速增长并非常态,但当所有的商业媒体都关注成长型公司时,人们就很难再记住这一点了。这种快速增长的情况极其罕见,即使发生了,也只会持续一小段时间。

第 6 章

权力的挑战

行动是解决问题或应对挑战的关键。这就意味着，我们要将关注的重点放在某些关键活动、人员和部门上。我们关注的重点确定了，一些关键的角色、影响以及资源也将随之转换，这就使得这些要素在客观上变得比其他要素更重要。无疑，制定这种战略是在行使权力。

谈论权力这个话题经常会让人感到不舒服，尤其是在这样一个时代，很多人将关于管理和战略的思考都归结为一种准宗教信仰，即人们只要有强烈的动力和信念，就会得到回报，那些有狂热决心、明确目标和远见卓识的领导者都会以某种方式成就一番事业。作为一个领导者，难道不应该号召大家全力完成公司的使命吗？如果每个人都对公司的情况有充分了解，他们难道不应该自觉地去做正确的事情、有效的事情，而非按命令办事吗？

战略制定就是在行使权力

2013 年，我受邀前往瑞典首都斯德哥尔摩，为一些企业家做了一场关于战略的演讲。作为访问的一部分，在演讲结束后的那天下午，我和 8 位战略学专家一起坐了坐。我之前并不认识他们，但见一见和你有着共同爱好的新朋友总是一件乐事。

大家先是简单介绍了一下自己，随后，他们请我简要阐释一下对于战略的看法。我先是给出了我对于战略的基本定义：战略是旨在克服关键挑战的政策和行动的混合体。我还没来得及细说，有个年长一些的人就伸出手示意我，打断了我的话。"我们和你的看法有点不太一样。"他说。

"我们将企业视为复杂社会结构的一部分，"他继续说道，"现实情况是，企业、政府和非营利性组织形成了一个相互关联的网络。这个网络是一个覆盖全球的关系网，网络中的每个组织都回应其他组织发出的信号。这个网络随着时间的推移而不断演变，以适应组织品味和技术的变化。我们想知道，在这种情况下，你如何看待企业战略的制定。"

他说的这些话我之前都听过。他的"现实"并不是现实，而是一个模拟的情境，这实际上是一个隐喻。"在你模拟的情境中，"我回答他，"没有任何制定战略的空间。战略是领导者强加给组织的一种设计和指示。当领导者意识到，让战士'走出去和侵略者战斗'已经不管用，他们就开始制定战略。领导者不得不给'团队如何作战'这个问题强行建立一个框架，抑或一种设计。在现代企业中，战略就是运用权力让公司各部门的人做一些事情，而这些事情他们平时在没人管理的情况下是不会去做的。"

当我说到"运用权力"这个词时，房间里的一些人发出了一声惊呼。如果他们是天主教徒，肯定会在自己身上比画十字祈祷。无论从理智上说，还是从情感上看，"权力"这个概念都使他们感到不适。那维京人和古斯塔夫斯·阿道弗斯[①]的后代是怎么克服这种不适并加以运用的呢？

---

① 古斯塔夫斯·阿道弗斯是瑞典历史上最有名的国王，他在三十年战争初期组建了欧洲最强大的军队，他勇敢地在前线指挥作战，将步兵、骑兵、炮兵和后勤兵谋略性地集合在一起，这种创新战术为他赢得了"现代战争之父"的称号。——译者注

将世界视为一个没有人为参与的自然系统的,并非只有这些瑞典学者。这种现象的出现,源自19世纪后半叶以来知识分子对进化论的迷恋。如果这个世界不是上帝创造的,那么它就是自然进化的产物。类似的道理,知识分子们认为,商业组织也是在自然选择力量的作用下进化而来的产物。正如赫伯特·斯宾塞所言,社会本身不就是一个有机体吗?按这种逻辑来说的话,城市是像森林一样生长形成的(既如此,应将建筑师置于何地?),桥梁在靠近人口中心的河流上出现,一家商业公司的成功与否取决于它是否能适应其市场环境。这个依据自然系统做出的隐喻,让知识分子抹去了社会神性的同时,也从社会和组织中抹去了人类的设计、目的以及选择(到目前为止,还没有人就"学术书籍是如何写成的"提出一个自然系统的理论)。

1976年,我的工作从波士顿的哈佛商学院换到加州大学洛杉矶分校。此次搬家带来的远不只是东西海岸之间的差异。在哈佛商学院时,我一直致力于研究领导者制定和修改企业战略与结构的过程。在加州大学洛杉矶分校,我成为更广泛的学术世界的一部分。在这个学术世界里,商业问题服从于经济学和社会学的知识权威。就在那时,我第一次发现,社会学竟倾向于将组织和战略视为"自然"系统。

尽管人们认为事物"只是在进化",但其实战略制定仍是在行使权力。在一个典型的组织中,如果高管们不关注任何战略的制定,大多数事情就会和以前一样进行,至少在一段时间内会是这样的。员工将继续做销售,工厂将继续生产,软件工程师将继续改进代码,等等。部门主管将签署合同,生成并审计会计报告。一些非常规的、全新的、与众不同的重要事情几乎永远不会发生。这些事情是不会发生的,因为重大的改变往往都伴随着权力和资源的转移。制定战略意味着人们要做一些打破常规的行为,将集体的努力和资源集中在新的或非常规的目的上。

"战略声明"并非真正的战略

这种对行使权力感到不适的情况不是个例,它不仅仅发生在瑞典学者身上或个别学术界范围内。我们可以在很多现象中看到这种情况,例如,人们热衷于研究"愿景",以及将战略视为一种激励和鼓舞人心的信息。

威伯科公司是一家规模较小的网站商务软件供应商,2014年,该公司邀请我担任顾问。公司的首席执行官莎伦·汤普森和我说,管理团队花了好几周的时间来制定公司的愿景使命以及战略声明。她给我看了这个声明的草稿。

- 我们的愿景:使人与商业更好地连接,并取得长足进步。
- 我们的使命:帮助客户通过网络无缝地开展业务。
- 我们的战略:为个人和网站开发者提供产品和支持,帮助他们在网站上开展业务。我们的优势在于,公司的业务范围很广,有针对超文本预处理器(PHP)、第五代超文本标记语言(HTML5)和基于JavaScript网站的应用程序,以及我们对开发者支持的速度和明晰度。

"你希望用这个声明来达成什么目标?"我问她。

"我想要的,"她回答说,"是为公司的每个人提供一套原则和目标,以此指导我们开展业务。当我们将此原则与员工沟通并促使员工接受它时,所有人都会明确知道公司正在努力实现的目标。这样大家就都知道该怎么做了。"

"我担心的点在于,"她接着说,"这份声明没有什么启发性,而且也不是很具体。我一直在阅读有关战略的文章,战略应该是个能够体现我们梦想和抱负的号召。同时,它也应该能提供精确可衡量的财务和非财务目标。你能帮助我达成这些目标吗？"

莎伦的战略声明中包含了大量热门的战略建议。如果你试着在谷歌上搜索"战略声明"，你会看到在这个主题下，有成百上千条热门建议。正如莎伦所说，原则上，你的"战略声明"应该能激励员工定义产品和客户，定义竞争优势的来源，并设定具体的财务目标及其他目标。战略制定应该既精确又灵活，既要有短期战略又要有长期战略。

莎伦遇到的困难之一是，像这样的"战略声明"并非真正的战略。相反，它们是一种流行文化的文字形式，就像商学院学生被要求创建"商业计划"一样，它的创建旨在获得同事和朋友的认可，在少数情况下还有助于吸引有钱人投资该公司。事实上，风投不是在投资计划，而是在投资提出风险并承诺承担风险、将公司经营好的个人。

我问莎伦，她希望如何取代目前占主导地位的厂商WooCommerce，这是一家为WordPress网站构建器提供免费插件的公司，产品也是免费的。她说，在没有免费的额外主题和插件的情况下，WordPress和WooCommerce都没有充分发挥出真正潜力。许多玩家都提供了大量这样的软件，其中一些在WooCommerce和WordPress上运行良好，而另一些则在研发过程中出现了一些问题。当WordPress进行免费安全更新时，可能会破坏一些现有的主题和插件。她说："整个系统会有点乱，这对粗心的人来说算是个陷阱。"有人可能只想建立一个简单的电子商务网站，在上面出售一些物品。但是，"随着他们公司业务的增长，或者随着软件的更新换代，运行就会出错"。然后，客户就不得不去找专业的网页设计师，"花大价钱重新设计，然后每月对其进行维护"。

WooCommerce之外还有其他的商家，WordPress之外还有其他的网站建设套件。但是，她强调，免费软件后期基本都需要进行费用昂贵的维护，想避开这点是很难的。莎伦说："这真是个传递诱骗体验的完整生态系统啊。"

"你在战略声明里提出了挑战，"我指出，"但你并没有真正解释或面对这个挑战。该声明里说，你们为超文本预处理器、第五代超文本标记语言和 JavaScript 编码的网站提供插件，并且给研发人员以迅速反馈，但这些都不能解决你刚才强调的初始用户的问题。"

莎伦继续解释说，初始用户不愿意为这个软件花太多的钱，而且存在很多设备是否支持的问题，这些问题的服务成本都很高。那些知道如何编码的网页开发人员对威伯科的接受度更高。实际上，她真正的竞争对手是提供网站设计和电子商务支持的全功能软件，这些软件越来越多地以云服务的形式呈现在大众面前。

莎伦的说法涵盖了她所面临挑战中的一些主要特点。然而，这种说法缺乏一定的认识。如何仅凭一个工程师小团队之力，为所有这些不同问题制订解决方案？她的说法也强调了一个事实，即威伯科不太关注解决特定客户群体的问题。它试图把产品卖给初始用户、小型企业、研发人员等。面对不同的客户群体，软件工程师就得使用三种不同的语言进行工作，这进一步分散了精力。也许大公司可以做到这一点，但威伯科是在烧钱，因此需要在这方面投入更多的关注。它必须在市场上表现得更好，才能吸引到新一轮市场融资。

然而，最关键的是，莎伦对于行使行政权力并不感兴趣。她打心里不喜欢支使别人。她想要一份战略声明，这样"每个人就都会知道该做些什么了"。

对于像莎伦这样的高管，人们给她的典型建议是，对目标市场进行定义，向她推荐产品和服务特点，对她所面临问题的解决方案进行全面描述，以使其公司比竞争对手更具优势。但莎伦对战略改造并不感兴趣，她只想要一个更好的"战略声明"。她不想指导公司在业务模式上做出任何重大变革。也许我不是一名合格的销售，在还没有想出如何让威伯科成为网络商务界的赛富时的情况下，我就与该目标分道扬镳了。威伯科从来没有制定一个能让它"成长"的战略。直到今天，这家公司仍然很小，但有了一个不同的名字，并向网页设计师销售一些图形元素。

建立权力基础

几年前，我曾与一位名叫斯坦·哈斯廷斯的首席执行官共事，最近，一家拥有三个部门的公司聘请他来扭转公司衰败的局势。

从他身上，我学到了如何建立一个权力基础，即使作为一名首席执行官，也需要这么做。

斯坦此前在一家更大的公司里担任高级职员。现在金属制品公司MetalCo董事会让哈斯廷斯担任首席执行官，解决电子金属部门遇到的难题，并在新增市场进行投资。在MetalCo，中央金属部门是现金和收入的来源，而电子金属部门的产品已经受到竞争对手的打击。

当斯坦·哈斯廷斯第一次召集各部门负责人与他见面时，金属部门的负责人拒绝了。"你到我办公室来谈。"他命令道。

哈斯廷斯告诉我，公司需要对金属部门进行重大改革，但董事会还没准备好支持他这样做，所以他决定从有回旋余地的地方入手。他解雇了没能力的电子金属部门的负责人，并接管了该部门，对其进行直接管理。他花了7个月的时间努力提高利润。然后，他卖掉了整个电子金属部门，用这些现金收购了一些新的业务，这些业务仍然是基于公司金属业务基础的，但看起来前景更加光明了。在董事会的大力支持下，他解雇了金属部门的负责人，开始着手改善公司的运营。

斯坦·哈斯廷斯的一系列行动，是存在于现实生活中的一个生动例子，它说明了一个人是如何在新环境下获得行政权力的。董事会聘请他是为了让公司扭亏为盈，但一开始，当他与强大的现金盈利部门的负责人发生冲突时，董事会却不愿支持他。在这种情况下，他采取了间接行动。他先是在电子金属部门展示了自己的管理能力，然后一直在为公司创造新的增长机会，所有这些一开始都没有触及金属部门，直到他有了领导整个公司的行政权力。

战略实施需要执行力

有时候，处于某个职位上的人根本没有足够的权力来应对真正的挑战。2005 年，我应邀参加了一个大型聚会，有许多学者、律师、法官、政治家和政府机构负责人参与了此次聚会。在面向百人做了一场关于战略的演讲后，我开始回答听众的问题。一名女子自称是一个相当重要的政府机构的负责人，不是像国土安全部那样的顶级机构，而是低两级的某个机构。尽管如此，她仍有责任制定机构中的重大事项以及领导手下的 2000 名员工。她遇到的问题是，在机构里，她负责运作，并在基本章程的范围内确定优先事项。"我手下有 2000 人，"她说，"但我不知道该如何制定战略，至少做不到像你所描述的那样。"她说，她手下的人都知道，她只会在这里待很短一段时间，几年后就会有其他人来取代她的职位。"他们很有礼貌，也乐于助人，"她说，"但我知道，尽管我的想法得到了重视，但永远不会有人将其付诸行动。"她认为，该机构实际上是由职位稳定的公务员干部来管理的："像我这样的人对机构的影响不大。事实上，还有比较气人的一点，那就是即便公务员序列中最优秀的人，也永远不会晋升到我的职位上来。"

我的回答于她而言帮助并不大。我十分同情她，并且意识到她遇到的问题其实很常见。不过，我还是花了一年的时间才用一种简单而直接的方式来阐述这个问题：她压根儿就没有足够的执行力来制定和实施一项战略。有人雇她来管理这个机构，就像管理一座公寓大楼一样。如果没有足够的行政权力，她就不能指导大家实现她自己的目的，甚至对于大家如何执行其各自的职能，也不能进行过多干预。

第 6 章 权力的挑战

个人战略须有足够的行政权力

GrandCo 是一家为航海市场提供地理定位产品的公司,该公司还设计和制造了一系列用于农业与土地研究的测量仪器。2009 年底,该公司让我帮助负责航海产品研发工作的诺拉·弗兰克制定战略。从她那里我学到了很多,我明白了如何在一家大公司内部建立权力基础。

和诺拉在电话里聊了一个小时后,我意识到,她目前身处一个功能失调的组织结构中。她直接负责航海产品的研发,产品制造则由另一名经理负责;销售和市场营销由美洲分部、澳大利亚分部以及 1/3 的"世界其他地区"负责;土地调研的产品部门倒是没这么分散,但也是按职能不同进行了拆分。换句话说,公司里除了首席执行官之外,没有人需要对任何业务的利润和损失负责。

我告诉诺拉,我的专长是商业战略,而不是研发管理。诺拉没有放弃。她说,由于新的竞争,航海产品的收入正在缓慢下降,但她觉得这种局面是可以扭转的。扭转局面的诀窍就在于将研发重点放在全船队管理的产品上,覆盖从油轮到渔船的完整产品线,但公司希望她继续负责游艇市场的产品研发工作,所以不会批准用于其他项目的预算。诺拉认为,游艇市场是很脆弱的。带有谷歌地图的新型智能手机向所有人说明了一点,即你不需要花 4 万美元去买一台设备来确定你在海上的位置。

我很欣赏诺拉的精神,同意帮助她寻找扩充船队定位业务的方法。就这个项目研究了几天后,我开始确信这个想法是有价值的,但诺拉面临的真正挑战是没有可供展示的业务单元。经过深入交流,诺拉确信她必须在 GrandCo 内部创建一个"虚拟"部门,即一个由研发、生产、销售和市场营销人员组成的团队,他们将定期开会讨论有关航海产品的问题。这个虚拟部门将为公司业务编制虚拟的损益表,并开始协调部门的工作来设计制定产品政策。一开始,诺拉与市场营销部的某个人关系很好,而这个人又与美国和世界其他地区的销售人员关系不错。

在接下来的两年里,这个虚拟部门计划将其航海产品线从游艇扩展到渔船和长途渡轮等较小型的商业船只,并勉强获得了公司批准。到第三年,公司批准了诺拉在商业船队产品上的工作预算。第四年,一位新上任的首席执行官对她的创业热情印象深刻,将虚拟部门变成了实际的业务部门,并让诺拉负责这个部门。

诺拉·弗兰克从研发部门主管到业务部门主管的经历是一个积累行政权力的过程。起初,她有一个商业战略愿景,但是无法实现该愿景。真正的个人战略中必须包括足够的行政权力,这样才能将其设想的商业战略实施下去。

* * *

2015年秋,弗莱彻·布莱克给我打了个电话。弗莱彻负责的公司名叫SciCo,是一家大公司的分公司。他说他需要我在制定竞争战略方面帮他一把。一番交谈过后,我同意与他和他业务领域内的其他两位高管初步见个面,讨论一下。

到了弗莱彻的办公室后,我们开始谈论细节。该公司向各个大学和私人研究实验室出售各种科学设备。它的产品包括分析天平、离心机和新型基因编辑工具。该公司一开始是利用贷款成立的,在过去20年里,公司内部开发以及外部收购了很多产品,并通过增加这些产品线扩大了公司的规模。

那天上午,弗莱彻详细地向我解释了他遇到的挑战。他告诉我以下内容(我把笔记转换成了完整的句子)。

这项业务极具潜力,能够较好地提高公司的盈亏底线。要做到这一点，我们需要在关注产品质量的同时提高销售效率。我们预计，今年的营业收入将达到10亿美元左右，同比增长2%，但利润却没有实际增长。

一个关键问题出在SciCo品牌的离心机上。因为离心机上使用的离心管必须经常更换，所以这款离心机多年来一直是公司产量和利润的主要来源。然而，最近我们却面临法国一家新公司的激烈竞争。直白点儿说，法国公司的产品更便宜，但质量和我们的同样好。更麻烦的是，它开始提供一系列无线测量仪器。测量结果将通过这些无线仪器直接显示在研究人员的屏幕上，通常是在同一个超文本标记语言的页面上显示多个测量结果。

让我担心的是通过收购拼凑成的公司销售团队，他们对SciCo是什么以及它为什么存在没有一个共同的概念。尤其是，销售团队不善于向顾客推销易耗品，因为我们的销售人员往往是那些想成为研究人员和工程师的人。

成本在上升，为将利润空间保持在健康的范围内，我们不断承受着价格上调的压力。不幸的是，我们在不同行业都发生过产品召回事件，这使得我们的声誉受损。

我对他所说的法国的新竞争对手及其新研发的无线产品很感兴趣。我问弗莱彻，他的公司对于低成本设计和无线测量仪器有什么计划。他说："哦，这些在未来三年内，都不会出现在我们新产品的规划设计图上。"

我花了好一会儿才反应过来，SciCo对于产品研发或制造是没有任何掌控权的。产品的研发工作是由位于意大利的"环球"部门负责的。产品的生产制造在很多地方进行，但没有一个生产场地在美国。SciCo并不是一家真正意义上的公司，它是一家位于北美的伪装成企业的营销和销售集团。

我问弗莱彻，为什么企业要一直维持这种架构，使北美的营销和销售无法创造一个有竞争力的战略。他说，企业的领导层认为北美市场已经饱和，希望扩大其在发展中国家的业务。

无论对错，拥有 SciCo 的公司都将其视为"摇钱树"。由于没有能力影响产品设计或改变制造成本，所以弗莱彻能做的最好的事情就是制订市场营销或销售计划。我给弗莱彻讲了诺拉·弗兰克的故事，讲述了她是如何创建一个虚拟部门，并随着时间的推移重塑规模更大的公司的。这给弗莱彻留下了深刻印象，但他不相信自己能在 SciCo 的母公司内部取得胜利。

其实弗莱彻的问题在大公司里再常见不过了。领导层将企业分成多个部门，再通过总公司的管理机构对其进行整合。他们将这些部门置于限制其竞争能力的条条框框之下。和弗莱彻一样，所有这些亏损企业的领导者都缺乏制定和实施有效战略的执行力。他们可以尽自己最大的努力去做，且这个过程之艰难必将让其终生难忘。但他们无法成功对抗强有力的竞争对手，因为对方掌控着公司的各个部门，有调用所有部门资源以执行战略的权力。

第 7 章   CHAPTER 7

行动重在连贯

年轻的时候，我曾尝试过平生最初的几次攀岩。当你在高空，且只有一根绳子来防止你坠入万丈深渊时，你会非常注意你的装备。在那个年代，优质品牌有爱德瑞德（Edelrid）的绳索、乔伊纳德（Chouinard）的岩钉和卡森（Cassin）的钩环。当今，如果提到攀岩等使用的绳索，那你一定听说过攀索（Petzl）。这是法国的一家私营公司，它设计和制造高性能的攀岩、洞穴探险、滑雪和工业安全设备。

费尔南德·攀索（1913—2003）最初是一个洞穴探险者，他在探索地下迷宫方面创造了许多个第一。大约从 1968 年起，他开始在自己的车间里生产洞穴探险使用的滑轮和制动装置。他的产品以优质和安全著称。这些品质深深地植根于他对洞穴探险的丰富知识和对洞穴探险人群的熟悉。1975 年，攀索公司成立，开始为登山和攀岩市场生产产品。费尔南德的儿子保罗领导公司进入业务攀升阶段，并最终在美国成立了一家子公司。

马克·罗宾逊是攀索美国分公司总裁，他说："攀索公司并非只生产攀岩、高空作业或洞穴探险工具，而是为所有在重力作用的约束下上下移动的人制造工具的。"[1] 对于一家制造升降装备的公司来说，质量和信任是其面临的挑战。如果你将把自己的性命托付给一件小小的装备，就必须信任它的制造者。生产户外服装、帐篷和背包的有好几百家公司，但是你会相信哪一家呢？哪一家制作的自断保护装置在极寒环境下不会折断且没有隐患呢？你会相信哪个独立工作的工匠？一家户外装备公司同时还销售时尚校园服装和休闲靴子，业务量很大，你会怎么看这家公司？只有几家公司通过了质量和信任测试。攀索可能排名第一，黑钻（Black Diamond）紧随其后，其领导者在现实生活中也是攀岩者。

  2005年，纽约市消防局向攀索公司求助，请求它在短期内为消防队员们创造一个从建筑物里快速逃生的系统。传统的绕绳下降装置在消防员携带的细绳上无法使用。短短几周，攀索的工程师就拿出了设计方案。随后就是针对消防队员的培训——他们必须学会将钩子放在某个地方，然后从一个开口或窗口撤离，并使用这个新装置控制自己的下降速度。在训练的过程中，两个消防队员中较大块头那个人的降绳出现了撕裂。两天后，攀索的技术人员找到了一个解决方案，使该系统成为纽约市消防局的标准装备。攀索公司用的是 Exo 个人疏散系统，该系统凭借其质量及其反应的迅速性和可靠性，在消防人员和范围更广的高空作业人群中成为传奇。

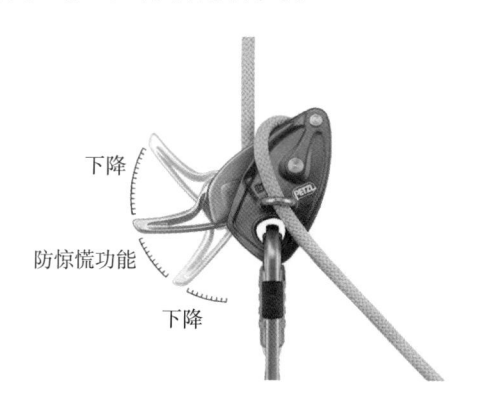

图6 攀索 Exo AP 下降器

资料来源：©Petzl Distribution。

第 7 章　行动重在连贯 123

该公司的产品线包括用于以下用途的专用品：登山、登山救援、风力涡轮机维修、树木栽培、搜救、桥梁和高压电线维修等专业项目。2008年，该公司在法国克罗莱开设了V.axess专业中心，以刺激研发部门提高垂直环境中产品的性能和应力水平。V.axess支持研究、测试和快速改进产品。

攀索指导政策和行动的一致性体现在它对产品的高度关注，对其负责人的深入了解，对其产品质量的了解，以及精心培养起来的在危险情况下的安全形象。在攀索这样的公司里，一致性是深度思考的结果，这竭力避免了产品激增和为了增长而增长的情况出现。

* * *

连贯的行动相互支持。在最简单的层面上，一致性意味着行动和政策不相互矛盾。在最好的情况下，一致性来自为获取额外的力量而采取的协同行动。

- 更多的美国人开始在亚马逊上，而不是在一个搜索引擎上购物。这家公司惊人的增长速度震惊了华尔街，也让许多竞争对手望而却步。亚马逊的战略是：几乎完全以客户为中心，始终专注于加快配送速度。它的价格极具竞争力，所以顾客也没有动力在其他地方寻找更优的价格。此外，网站的运行也十分稳定。为购物车里的东西付款时，你不必每次都重新确认身份。货物可以在第二天，甚至当天就送到。没有哪个产品的评论是完美的，但亚马逊的评论对于人们决定是否购买产品来说，却是最好的参考。退货也很容易。和传统的百货公司一样，这里的产品种类繁多，让购物者省去了逛其他商店的时间。亚马逊的所有活动都体现了其核心理念：为顾客提供最快捷、最优质、最简单的在线购物体验，使其可以购买到种类最丰富的商品。
- 西南航空公司的原始战略仍然是体现一致性的一个经典例子。它通过无工会、更长工时和更短周转时间（其周转时间为15分钟，其他航空公司为60分钟）获得了较低的运营成本。该公司试图提供飞往较小站点的航班服务，它不与在线预订服务合作，不提供预订座位和食物。所有这些政策，加上其热情的文化，使它非常专注，难以被效仿。如今，该公司面临的挑战是：在它试图向国际目的地扩张的同时，保持这种一致性。
- Redfin 是一家靠网络运营的房地产经纪公司，正试图重塑房地产市场。它收取少量（1%）的初始登记挂牌费用，然后提供标牌、传单、照片等来助力房屋的售卖。它雇用受薪经纪人，而不是委托经纪人，并从买家那里收取费用（3%）。其业务包括上市、评估、产权、稽查、贷款和代理等。其理念是利用技术、整合运营和高质量的人力协助来提高每个客户的毛利率，然后将这笔钱投资回来，为每个客户提供更多的价值。所有活动都围绕完整的房地产交易的一致性展开，特别是随着其规模和议价能力的增长，这种一致性更加完善，这也是该公司的一个巨大优势。它坚持进行诚实的客户评价，解雇违反客户至上原则的代理商。到目前为止，Redfin 在即时买卖（iBuying）的热潮中保持冷静，它更愿意给人留下一个稳重的名声（iBuyers 是中间商，他们提供现金，根据房屋价值的统计估计，以无须经过实地考察的方式迅速购买房屋，避免中介费和交易成本）。

* * *

阿兰·乔治·雷富礼和罗杰·马丁合著的《制胜战略》(*Playing to Win*)是一本关于宝洁公司发展战略的优秀图书，其中玉兰油的故事就是一个行动一致的好例子。² 起初，人们视玉兰油为"老妇人用的护肤油"，这与如今的消费群体可是毫不相关。宝洁公司面临的挑战在于，以何种方式对这个品牌进行更新，或者将其他品牌延伸到它所占据的护肤领域。公司的竞品价格较高，它们通过百货公司甚至更高端的渠道销售。

雷富礼和马丁说，宝洁公司开发出了一种确实更好用的护肤产品——让我们把这当作一个必要的声明。宝洁公司采取的一致行动是：

1. 保留玉兰油这个品牌名，但扩充一下，将其改为全效玉兰油，后来又将其扩展到几个与玉兰油密切相关的产品上去。
2. 通过对定价进行消费者研究，公司发现，定价为 18.99 美元比定价为 15.99 美元会获得更多反馈。
3. 创建一个营销活动，要与已经融入品牌的"对抗七大衰老迹象"的承诺相一致。
4. 与大众零售商合作建立一个专门的展示区，创建一个所谓的"大众"渠道——购买者愿意在大众渠道购买更高端的产品。
5. 将高端产品在大众渠道出售，围绕这一新的概念，重新设计包装。

上述这些措施没有什么神奇之处。现在回想起来，它们只是不错的、富有洞察力的管理措施。但是，我们不妨看一下，如果不是这么做，而是采取其他措施，可能会发生什么。公司可能已经专注于打入高端产品的渠道，而宝洁在这方面几乎没有经验；或者只是试着简单地对产品进行重新命名和重新定价，而没有把精力放在符合其更高质量定位的专门展示区上；或者把玉兰油的价格定得过低，表明这是又一款走大众渠道的护肤产品。如果做得好，一致性就自然而然地在你的脑海中形成了,而且看起来会合情合理。

不连贯的航天飞机战略

航天飞机是工程技术和人类勇气方面的伟大成就。美国航天飞机已成功执行 133 次任务,并把许多有效载荷送入轨道。

然而,我们还希望航天飞机能既便宜又方便地把有效载荷送入轨道,但这方面的结果不尽如人意。如今,五架航天飞机中已经有两架毁于事故,并且造成 14 名宇航员死亡。2003 年,哥伦比亚号航天飞机在重返大气层时失事,导致航天项目被推迟,而最后一次航天飞机执行任务是在 2011 年。

航天飞机的两个最根本的问题,是当初在成本估算上弄虚作假,此外,它是一个委员会设计的,由此造成了设计上的不一致。

1972 年,NASA 声称,它可以建造一架可重复使用的航天飞机,这样"将一磅有效载荷送入轨道的成本可以降低到 100 美元以下"。[3] 而实际上,该系统设计和运行的平均成本约为每磅 28000 美元。

为什么会这样呢?就像 T 计划的例子(见第 10 章)一样,复杂的预测都是编造出来的。NASA 和它的承包商迫切地想证明一个新项目的合理性[4],便根据国会的资金门槛对成本和风险预估进行了调整。在此过程中,它们废弃了已经取得成功的土星系列火箭,并使美国的太空计划瘫痪了几十年。显然,国会忽略了一个风险,那就是经济分析完全可以凭空捏造。对拟议中的航天飞机进行花哨的资本预算分析是一种干扰,它将人们的注意力从可重用性的关键问题上转移开来。

设计的不一致性是出自委员会的考虑:为了获得批准,一个项目或计划必须满足所有人的需求。NASA 想要飞越月球,建立一个空间站,探索小行星和火星,甚至还想用核动力火箭来探索太阳系。另一边,德裔火箭科学家维尔纳·冯·布劳恩的梦想是制造一架空天飞机,使有效荷载进入轨道变得容易、廉价和安全。

我的母亲是一名公务员,当我在大学学习工程学时,她正为空军的"动力-翱翔"(Dyna-Soar)项目工作。空军方面的人都讨厌太空舱。他们认为,空军飞行员应该能够在世界任何地方想飞就飞,而且他们的飞行器应该有机翼。航天飞机上设计了相当大的机翼,这就是为了满足空军的要求。国会希望降低卫星进入轨道的成本。

在所有这些相互竞争的利益和野心当中,最关键的妥协是告诉国会,航天飞机将能实现所有这些功能,并能承担未来所有地球轨道发射任务。

在与一位空军上校讨论战斗机性能时,我曾经问过他一个问题:"完美的战斗机应该是什么样子的?"他说:"完美的设计应该是在每个州都有该战斗机的承包商,在每个国会选区都制造其零部件。"按航天飞机的标准来看,它并不完美,但按照上校的标准,它已经很好了。国会几乎没有异议——这个极其复杂的项目几乎对每个利益集团都有好处。

随着项目的推进,成本激增,运营成本比预期高出许多倍。为了让这种飞行器飞过再入大气层的熔炉,巨大的机翼上贴有3.5万块独立的隔热瓦。每一块隔热瓦都必须性能完美,每一次飞行后都必须进行检查,然后将其装回它独特的插槽。美国行政管理和预算局在发动机的设计上否决了NASA的意见,坚持使用"成本更低"的固体燃料火箭。这种火箭理应是可回收的,但实际上,其翻新成本非常高。各种利益集团将火箭发动机业务推向了莫顿聚硫橡胶公司(犹他州),这家公司曾为各种军用导弹制造固体火箭发动机。135次发射中的两次致命失败,部分原因是选择了固体燃料火箭(值得注意的是,航天飞机这1.5%的故障率要比历史上标准的入轨的无人火箭6%的故障率低不少。发射火箭进入太空并不像大家想象的那么安全)。[5]

航天飞机的战略是不连贯的。按照计划,公司本应通过垄断近地轨道任务市场而获得规模经济，从而降低成本，但是航天飞机必须有人类乘员组。任何人无须成为火箭科学家就能看出，载人飞行比无人火箭飞行造价要昂贵得多。该系统必须保证乘员在升空、在轨、重返大气层和着陆时的生命安全，相比将通信卫星送入轨道这样的常规性发射，这是一笔巨大的额外费用。一旦有了人类乘员组，发射失败的代价就会是灾难性的，而且每次发射任务都关乎民族自豪感。

联合国可持续发展目标

人们很容易使自己设定的目标缺乏连贯性。举个简单的例子，2015年，联合国制定了17个可持续发展目标，其中的每个目标都指向一个理想的结果（见表4）。这些愿望令人钦佩，但并不一致。

表4　联合国可持续发展目标

1	在世界各地消除一切形式的贫困
2	消除饥饿，实现粮食安全，改善营养，促进可持续农业
3	确保健康的生活方式，促进各年龄段人群的福祉
4	确保包容、公平的优质教育，促进全民享有终身学习机会
5	实现性别平等，为所有妇女、女童赋权
6	确保所有人的用水以及持续性的卫生管理
7	确保人人获得可负担、可靠和可持续的现代能源
8	促进持久、包容、可持续的经济增长，实现充分和生产性就业，确保人人有体面的工作
9	建设有风险抵御能力的基础设施，促进包容的可持续工业，并推动创新
10	减少国家内部和国家之间的不平等
11	建设包容、安全、有风险抵御能力和可持续的城市及人类住区
12	确保可持续消费和生产模式

（续表）

13	采取紧急行动应对气候变化及其影响
14	保护和可持续利用海洋及海洋资源以促进可持续发展
15	保护、恢复和促进可持续利用陆地生态系统，可持续森林管理，防治荒漠化，制止和扭转土地退化现象，遏制生物多样性的丧失
16	促进有利于可持续发展的和平与包容社会。为所有人提供诉诸司法的机会，在各层级建立有效、负责和包容的机构
17	加强执行手段，重振可持续发展全球伙伴关系

- 目标14要求海洋和海岸环境健康且具有自我修复能力。但在世界上较贫穷的地区，许多人以捕鱼为生，这与目标8（解决就业）、目标2（缓解饥饿）和目标1（减少贫困）呈负相关。
- 目标2（缓解饥饿问题和农业的可持续发展）本身就不一致，因为停止使用石油基化肥会大幅削减农作物产量。
- 不幸的是，由于受限于当前技术，目标7（人人享有能源）和目标13（应对气候变化）并不一致，而且如果没有能源，减少贫困（目标1）的希望就很小了。
- 增加粮食产量（目标2）意味着要有更多的土地用于生产，这似乎给目标15（保护生态系统）带来了问题。在过去30年里，中国在消除贫困（目标1）和饥饿（目标2）以及改善国民健康状况（目标2）方面做了很多工作。

世界上许多人都讨厌那些在亚马孙地区烧地养牛的牧场主，因为这对目标15（可持续的生态系统）来说是一个巨大的负面影响，但是那里生产的肉类为巴西（排名第一）的许多人提供了更高的收入，主要出口到中国（占总产量的38%）、埃及（10%）和俄罗斯（10%），改善了这些地区的饮食。无论如何，强制所有人停止吃肉就会与目标

16（和平）不符，且可以看作是一定程度的暴力行为。

实现这些议程项目需要有一个现实的战略，它将确定这些目标的优先顺序，并利于按时达标。它必须使问题的解决成为计议中的关键因素。我们或多或少知道如何减少贫困，但我们不知道如何在不燃烧石油或天然气的情况下做到这一点（在没有核电复苏的情况下）。把目标对准贫困，不去管气候变化的问题，结果会更好吗？或者，世界应该严格控制化石燃料的使用，并在21世纪剩下的时间里忍受大规模的贫困吗？最终，我们必须承认，如果世界人口是25亿（我出生的时候是这个数量），而不是今天的80亿，所有这些目标实现起来就会容易得多，而如果世界人口是150亿或更多，这几乎是不可能实现的。

政客们惯于做出类似这种设定17个不一致的目标的事。面对太多不一致的追求，一个战略家会选择一个目标一致的子集，把其他目标至少暂时搁置。

波莱罗计划

甚至在美国加入第二次世界大战之前，正如第4章所介绍的，罗斯福政府的"猎犬计划"都认为，击败纳粹德国比与日本开战更重要（同时与两者全面作战是不可能获胜的）。美国参战后，陆军参谋长乔治·马歇尔把德怀特·D.艾森豪威尔少将提拔到了战争规划方面的最高职位。1942年3月25日，艾森豪威尔提出了代号为"波莱罗"的计划。

波莱罗计划的主要任务是进军英吉利海峡，即围捕行动。在证明这一困难的挑战就是症结性问题的过程中，艾森豪威尔不得不拒绝向苏联前线增兵的提议，拒绝把重点放在地中海，拒绝穿越西班牙，拒绝穿过斯堪的纳维亚的某地南下。保护英国并始终让苏联参战是他在波莱罗计划里坚持的重点。他显然做到了把思考的焦点放在首要问题上,因为他曾写道:"除非我们采纳这个(波莱罗)计划,作为我们所有努力的中心目标,否则我们必须背对东大西洋,全力以赴,尽可能快地攻打日本。"⁶马歇尔将军和罗斯福总统对此表示赞同,在伦敦的简报会后,温斯顿·丘吉尔也表示同意。

令人惊讶的是,一个月后,罗斯福总统竟屈服于海军和澳大利亚方面的压力,宣布向澳大利亚派遣10万名士兵和1000架飞机。如果这样做,目标的一致性就又失去了。马歇尔将军迅速前往白宫,直面罗斯福。他告诉总统,如果他想保卫澳大利亚,就应该"彻底放弃"波莱罗计划。历史学家J. E.史密斯写道:"罗斯福有时做事太利落,但是这一次他意识到自己越界了。一旦人们看穿了他的想法,他就开始掩饰,这是他向来的做法。他在写给马歇尔的信中说,'我没有下达任何在澳大利亚增兵的指令'。罗斯福说,他只是'想知道这样做是否可能。我不想减缓波莱罗计划的实施速度'。"⁷

由此,我们可以看到,一致性是多么容易丧失。获得一致性的代价是用合理的价值观和论据对许多利益说不。战略家尽量不要做政治家。折中以及照顾到所有人利益的艺术并非战略家的艺术,相反,它是针对症结性难题所做出的一致行动。政治家们会在战略家胜利之后来到,与当局者和旁观者分享胜利的果实。

波莱罗计划的核心是围捕行动,计划于1943年春天跨越英吉利海峡进军法国北部。斯大林向丘吉尔和罗斯福施压,要求他们迅速在西方开辟一条对抗德国的战线,以减轻苏联的战争压力,因为已经有大量的苏联士兵和平民在战争中丧生(战争结束时,有2000万苏联人丧生)。这种压力促使丘吉尔和罗斯福把注意力转移到1942年初秋对北非的进攻上,人们称此次进攻为"火炬行动"。这是一个政治决定,把为波莱罗计划调遣、积累的人力和物资用于一场非战略性的战役,以安抚斯大林。马歇尔将军反对这一决定,认为与其采用折中的办法,不如将国家的全部力量投入太平洋战场。时任中将的艾森豪威尔指挥了火炬行动。

1943年春，本来要实行波莱罗计划的时候，同盟国同意于1944年进军法国，展开反攻，这次行动即我们现在所熟知的诺曼底登陆。艾森豪威尔被任命为盟军远征军的最高指挥官。1944年6月6日，大约16万军队越过英吉利海峡在诺曼底登陆。两个月后，近200万盟军士兵进入法国。经过一年的艰苦战斗，1945年5月8日，德国终于无条件投降。

阿富汗问题

人们现在也许不记得这事了，但当2001年双子塔倒塌时，政策制定者确信，如果基地组织鼓动的袭击者拥有核武器，他们是会使用的。由此，他们产生了"清剿"阿富汗和巴基斯坦边境基地组织的决心，决定消灭基地组织领导人和特工，摧毁其训练中心。

随着时间的推移，目标扩大了，政策制定者加入了新的价值观和新的追求。美国领导人倾向于认为，其他国家的人也希望生活在一个奉行新自由主义的民主环境里。2008年，美国总统乔治·W.布什曾表示："一个繁荣、和平、民主的阿富汗是符合我们的战略利益的，我相信这也是符合我们的道德利益的。无论需要多长时间，我们都会帮助阿富汗人民取得成功。"[8]

塔利班是从20世纪90年代早期的一场学生运动中发展起来的，填补了苏联解体后留下的权力真空。在控制阿富汗的行动中，塔利班得到了巴基斯坦三军情报局的支持。2001年美国出兵阿富汗时，塔利班是实际掌权者。美国迅速击败了塔利班及其盟友，然后扶植哈米德·卡尔扎伊，成立了亲美政府。然而，塔利班在巴基斯坦的"部落地区"拥有稳固的据点，他们继续跟美军和阿富汗新政府军队作战。如今20年过去了，我们现在已经知道，布什总统希望阿富汗获得的

"和平与民主"的愿景，其实并不在我们的掌控之中。

2019年12月，《华盛顿邮报》利用《信息自由法》获取并公布了阿富汗重建特别调查总干事的采访记录。《华盛顿邮报》似乎从这些文件中得出了一个总体的论断，即美国政府并未将发生在阿富汗的困难和挫折告知美国人民。我自己的解读有点不同。军事行动对公众缺乏公开性和透明度，对这一点我丝毫不感到惊讶，甚至毫不关心。我所关注的是，美国政府的政策缺乏一致性。影响最大的一个不一致是奥巴马总统上台后，将战略从反恐转向反叛乱，或者更具体地讲，从打击基地组织转向打击塔利班。此外，奥巴马决定为结束战争设定一个较短的最后期限，这反过来向塔利班发出了一个信号，即他们必须在美国撤军前保持低调。

下面是克雷格·惠特洛克在《华盛顿邮报》上发表的一篇文章（他的文字没有使用引号，但是文中的采访片段是用引号标注的）。

退役的海豹突击队队员、布什和奥巴马政府的白宫官员杰弗里·埃格斯说，很少有人曾停下来，质疑美军留在阿富汗的前提。

"我们所遭到的，是来自基地组织的袭击，可我们为什么要与塔利班为敌？我们为什么要打败塔利班？"埃格斯在美国国会发布的权威报道《吸取教训》中说，"总体而言，我们的这个体系无法退后一步，然后质疑这些基本前提。"

鲍彻是一名职业外交官，曾在布什政府时期担任国务院首席发言人。他表示，美国政府的官员并不知道自己在做什么。

鲍彻在接受政府采访时说："首先，我们介入阿富汗是为了消灭基地组织，并将其赶出阿富汗，即使没有杀死本·拉登，我们也已经做到了这一点。结果塔利班开火反击，于是我们也开始向他们开火，他们就成了敌人。然后，我们不断扩大任务。"[9]

尽管在美国干预阿富汗之前，塔利班是实际掌权者，但是美国仍然将他们视为"叛乱分子",采用了从越南战争中继承下来的各种对抗叛军的方法来对付他们。除了这种根本上的不一致之外,还有许多不同的机构在同时行动、有许多目标在同时进行。

这就意味着根本分歧没有得到解决。一些美国官员想利用这场战争把阿富汗变成一个民主国家;其他人则希望改变阿富汗的文化,提高妇女权利;还有一些人想要重塑巴基斯坦、印度、伊朗和俄罗斯各国之间的力量平衡。

2015年,一位不愿透露姓名的美国官员告诉政府的采访者:"根据我们的阿富汗-巴基斯坦战略,每个人的圣诞树下都有一份礼物。可是最终你会发现有太多需要优先处理的事项和目标,就像压根儿没制定任何战略一样。"

种植和贩卖鸦片问题一直是阿富汗政治与经济的核心问题。苏联入侵阿富汗的战争破坏了这个国家农业的多样性,结果是该国的主要农产品只剩下鸦片。为了寻求国际社会的承认,2000年,塔利班政府禁止了鸦片生产,并成功地将其产量降至非常低的水平。他们用宗教术语来描述法令,强调伊斯兰教禁止毒品。但与此同时,农民收入锐减,使得塔利班与许多军阀和农民的关系变得疏远。那时,西方大国本来可以加强对合法农业的援助。

美国在2001—2002年入侵阿富汗并迅速取得成功,很大程度上得益于反塔利班派系的支持。这些派系此前控制着鸦片生意,是一个由普什图毒枭组成的集团。在取得控制权后,美国开始了一项试图根除鸦片贸易的政策,削弱那些支持推翻塔利班的人,这种做法导致美方战略的前后不一致。

鸦片生产涉及大约40万阿富汗人。阿富汗的毒品出口通过土耳其和俄罗斯流向欧洲,欧洲市场的大部分海洛因和大麻都由该国提供。

总体来说，阿富汗提供了世界上大约 90% 的非法鸦片制剂。但是，美国在毒品贸易方面没有一致的指导性政策。美国强迫阿富汗政府取缔鸦片生产，并要求其军方执行各种根除罂粟生产的计划。他们炸毁了赫尔曼德省的鸦片生产加工基地，烧毁了罂粟田。而另一边，作为美国盟友的主要毒枭的罂粟田却完好无损，美国以此换取有关塔利班的情报。结果就是，在 2000 年，塔利班已经迅速停止了罂粟的种植。可是，尽管处于美国和英国的努力打压下，鸦片生产反而蓬勃发展起来。来自《华盛顿邮报》的题为《阿富汗文件》的文章称："主要问题是，作为亚洲最贫穷，也是世界最贫穷的国家之一，种植罂粟是阿富汗很大一部分人口的谋生方式。你不能在把他们的谋生战略定为犯罪的情况下，还指望他们支持你。"

在整个战争过程中，没有一个单独的机构或国家负责阿富汗的毒品战略，因此，国务院、缉毒局、美国军方、北约盟国和阿富汗政府之间经常发生冲突。一位不愿透露姓名的英国前高级官员在接受政府采访时表示："美国对于这件事的处理一团糟，毫无挽回的机会。"

美国在阿富汗的行动花了大约 2 万亿美元。当人们在一个问题上投入了大量资金时，不仅在这个问题上会出现腐败现象，军队的每个组成部分、政府的每个文职机构都会从中看到为自己喜欢的项目筹集资金的机会，这就自然而然地导致各部门在实际行动中的不一致。在阿富汗发生的一切，都是由在各方面都不一致的战略导致的。首先，诊断是错误的：这个国家正在遭难，但不是因为缺乏民主。当多数人想要杀死少数人，或者获得武装的少数人有能力杀死多数人时，民主就不能真正发挥作用了。我们无法做到在军阀社会中建立民主中央政府，所采取的行动也是不一致的。

最小的一致性

西南航空的原始战略、攀索、瑞安航空、网飞的原始光盘邮寄业务、企业租车、宜家家居和前进保险公司,这些都是结合特别紧密且战略一致的例子,我们可以从中学到很多东西。这种紧凑的设计很大程度上是由于对产品的关注点非常专一。

那更复杂的组织呢?更大、更复杂的组织不可能有这种程度的一致性。它们必须通过为战斗提供更多的资源来深度弥补战略的不一致。就像整个美国海军不可能都是海豹突击队一样,那些更复杂的企业或许不应该试图效仿那些基于高度互补政策、拥有超强利基市场的专业化公司。

恰恰相反,当采取行动时,这些企业至少应该通过最基本的一致性测试。简单来说,就是行动之间不应该有直接冲突。

- 不要在把竞争优势建立在持续发展基础上的同时,通过削减研发开支来获得数据优势。
- 不要用一种新兴时髦的营销方式来介绍一种你认为是稳定可靠的产品。
- 不要在把战略建立在数据分析基础上的同时,把软件研发外包出去。
- 不要为了削减成本而关闭两个仓库中的一个,同时让市场和销售致力于快速交付。
- 不要在声称你的网络平台是言论自由的同时,根据他人的政治立场关闭一些网站。

PART TWO

■ 第二部分

诊断

战略是解决问题的一种形式，你不可能解决你所不理解的问题，而加深你对所面临的挑战的理解，我们称这个过程为"诊断"。在诊断中，战略家试图理解为什么某些挑战变得突出，起作用的力量有哪些，以及为什么某个挑战看起来很难应对。在诊断的时候，我们会使用类比、重构、比较和分析等工具来理解正在发生的事情，并找出关键点。

第 8 章

问题是什么：通过重构和类比进行诊断

要找到挑战的症结之处，我们必须了解其要素脉络。要做出清晰的诊断，我们需要两种强大的工具，即重构和类比。也就是，在你面临的特定挑战和其他人在不同时间和地点面临的类似情况之间建立映射。

选择正确的类比可以使你产生新的见解，与此同时，我们想对某种情况做出清晰的诊断时，遇到的最大障碍就是：不可见的无意识类比和偏见容易将我们蒙蔽。无论是在政治还是企业生活中，我们都活在自我强化的观点和视角的回音室中。一个清晰的诊断，并不意味着，也确实不可能意味着对现实完全准确的理解。现实世界太过复杂，我们无法完全理解它，在试图构建和理解一种情况时，我们往往将其简单化了。在大多数情况下，之所以会这样，是因为我们认为，某些事实和概念比其他事实和概念有更大的相关性。另一种方法是利用类比的力量，用已知的环境或熟悉的框架、理论以及模型进行类比。进行类比的时候要头脑清醒，也就是说，要非常了解概念、类比、框架、模型以及其他用于简化和组织这一情形的假设。

转变观点

对于像我这样的局外人，了解一个组织的公共框架和假设会更容易。当我与一些组织合作时，我具有局外人"旁观者清"的优势，即使提出蠢问题，也不会显得太愚蠢。诊断基本上是一个聚焦挑战的过程，我们需要不断地问自己"挑战是什么"以及"为什么会这样"。如果在与管理者的面谈中，我承诺将他说的话严格保密，我就会听到他更清晰、更尖锐的问题识别和分析。局外人的身份也有助于我看到大局，了解事情的缘由，并且知道内部人士用了哪些类比或框架来了解自己的处境。引入替代类比和认知框架可以加速诊断，因为它们会突显不同问题以及不同因果关系的模式。

最有力的诊断工具是重新构建特定的情境。从最简单的层面讲，"构建"是一种看待某种情况的方式。关于这一主题的学术论文可以说是成百上千，但框架只是个人对于某件事的观点而已。通常来讲，每个人早已经形成适合自己和组织的框架。高层领导使用的框架将他们的注意力集中在某些问题和衡量上，而不是其他地方。诊断的一个关键步骤是测试、调整和改变框架或看问题的视角。

* * *

2016年，我与QuestKo的首席执行官见了一面，商讨战略。做了一些初步准备之后，这位首席执行官向我展示了公司的战略，或者说"战略计划"。放到现在，我们通常会用一个带有彩色图表的幻灯片来演示它。

在这个战略计划中，有关于财务业绩、竞争、市场细分、买家、市场规模和预计增长率等数据，临近结尾处是关于"增长战略"的部分。整体上讲的都是相当积极的一面——妥妥的公司推销说辞。公司在这五张彩页中承诺,将"通过改进体验为买家提供更多价值","继续投资于不断增长的市场领域",并实现收入的大幅增长和盈利能力的提高。

对情况进行清晰诊断时常见的一个障碍是,一些管理者认为,领导力意味着强调积极的一面,对于消极的一面则避而不谈。由此产生的明显偏见会成为一系列灾难的根源,包括从越南战争的失利到杰夫·伊梅尔特在通用电气的败绩。通用电气内部人士称,伊梅尔特不愿听到公司遇到的问题或负面消息。当这只曾经的超级股票在2018年崩盘时,《华尔街日报》用了一个标题来总结此事:《杰夫·伊梅尔特的"成功剧场"是如何掩盖通用电气的败落的》。[1]

QuestKo过去的领导者通过五次收购对公司进行了整合。在那个时代,人们视其为一项伟大的成就,其表现就是,将这些领导者的照片挂在会议室的墙上。在QuestKo,所有的战略计划都是积极的消息和预测。企业试图取悦买家,并在不断增长的市场领域进行持续投资没有什么错。但是,这位首席执行官为什么要把时间花在这些明显规规矩矩且无关紧要的问题上呢?这个计划没什么战略价值可言。正如每个人的新年决心都是加强锻炼一样,每家公司的计划上都写着,"投资于增长的市场领域"。然而,新的一年,一切照旧。我脑海中接下来想到的几乎总是:"这很难做到吗?"

"为什么这么难?"我通过这样的提问,将自己的注意力从不支持的目标转移到认识到障碍和困难,因为这是战略的开始。而过了很久,我们才得到QuestKo所面临问题的答案。每个高管都意识到了几个问题,但他们不习惯过多地谈论问题。虽然这家公司一直在盈利,但它不如过去做得好了,这导致公司内部上上下下有一种衰败感。

QuestKo的首席执行官认为,公司需要对各部门进行更好的整合。他认为,QuestKo的员工过多,裁员可以增加公司利润。于是他制订了一个计划,裁掉五个部门的某些工作人员,结果可想而知,这一做法很不受欢迎。

人力资源部的副总裁很关心公司办公室的布局问题，他想把办公室改成开放式的，以促进协调合作。因为最近的一项调查显示，QuestKo的"客户体验"评级很差。实际上，与竞争对手相比，它是妥妥的倒数第一。

另外，公司的两个竞争对手合并了，也让公司里的人深感担忧。人们认为，尽管QuestKo的产品定价有点高，但它还是很有竞争力的。市场在增长，所以尽管从销售表现上看，公司在慢慢让出一些市场份额，但整体的销售是缓慢增长的。

该公司当时正在安装一套新的计算机系统，旨在整合长期积累起来的不同系统。此举似乎也使员工感到烦恼，因为新系统造成了工作脱节。员工们必须使用新系统输入订单，而使用旧系统查看客户历史。五个收购得来的部门使用的方法和系统仍然是不同的。年轻的客户希望能用智能手机访问公司的服务应用。

人们面对这些困难，一开始会感到很不爽。这些高管知道问题出在哪里，但作为务实的人，他们也知道，深入挖掘困难可能会使自己陷入无尽的泥潭。

QuestKo高级管理团队有一个共同的信念，即"战略"是一组长期目标，比如"成为领先的……"。在与团队共同进行诊断的过程中，大家产生了这样一个想法，那就是，找出一个关键且可战胜的挑战，转折点就出现了。我们不再把困难看成是一片泥潭，而是开始把注意力集中在那些可以克服的困难上面。困难并非遥遥无期，而是将发生在不久的未来，比如未来一年半到三年之间。考虑到这种重新定位，该团队开始专注于提高客户满意度。

当首席执行官意识到，提高客户满意度可能是更好地整合这五个部门的方法之一时，我们便发现了关键的症结。通常情况下，解决一个商业问题比解决一个结构和运转问题，对公司的威胁要小得多，因为结构问题直接威胁权力和地位。有了称职的领导，加上随着人们找到了解决共同挑战的方法，组织结构的变化会随之而来。

造成客户满意度问题的原因似乎并不是单一的，而是包括如错误率高、经常回复慢、数字应用程序差劲，以及员工对问题不负责任等方面。

在一次战略研讨会上，团队对症结性难题有了更加敏锐、更加深入的认识。这一深刻认识就是：围绕客户满意度重新定位新的计算机系统。该团队将其命名为"二鸟计划"（因为这种做法是"一石二鸟"）。

在过去，QuestKo 会建立客户满意度的目标，并在没有关键有效的执行方法的情况下，推动实现这些目标。这一次，战略小组制订了一项行动计划：

1. 将定义新信息技术软件结构的权力从顾问手中拿走，并转交到六位与客户直接打交道的经理手中。
2. 这么做所秉持的新理念是，新软件的研发，不是为了取悦信息技术部门，而是为了提升客户体验。
3. 每项业务的一线经理每两周开一次会，一起讨论客户满意度的问题及其解决方案。
4. 如此，将更好地记录客户投诉与互动情况。
5. 两周一次的会议将生成一份书面诊断，其内容是与客户相关的任何问题以及将要采取的补救措施。
6. 所有雇员都将接受培训，培训内容是如何在工作中更大程度地以客户为中心。

两年多来，员工定位的改变不仅产生了更好的软件，还改变了一线经理的行为。该公司的客户体验评价提升到业务最佳，市场份额和利润也相应增加。

这一切都是因为 QuestKo 的观点发生了一个关键变化，即从本质上的动机观点转变为解决问题的观点。以前，最高管理层一直在设定财务和其他相关业务的目标，并努力实现这些目标。他们知道公司有很多困难和问题，但并不喜欢关注困难。通过专注于一个关键但可战胜的困难——客户满意度，公司在业绩、声誉和协调能力方面取得了显著提高。这并不能解决它所有的问题，但培养了员工的思维习惯和组织能力，使其在面临新的挑战时也能应对自如。

当战略制定与带有动机的实践或对外推销投资混在一起时，就不容易对形势做出清晰的诊断。诊断形势需要实事求是，只关注事实是什么。而战略，一如既往，需要付诸行动。

诊断挑战不总意味着诊断自己的挑战

诊断挑战并不总是意味着诊断自己的挑战。在某些情况下，这个问题是买方或供应商需要面对的。我把这种差距称为价值否定，也就是说，应该出售的东西没有出售。比如准时的航空服务，价格合理、时间安排合理的房屋重新装修，或者一部不会接到"社会保障办公室"诈骗电话的手机。

史蒂夫·乔布斯的苹果手机的设计是基于他的信念，即人们会看中口袋大小的移动浏览器兼电话，但在 2005 年还没有这样的设备出售。他判断，支持这种设备的技术即将出现；他还判断，自己可以克服挑战，制造出这样一个产品。

我曾经描述过，乔布斯是如何在 1997 年重返苹果，并将其从破产的悬崖边挽救回来的。危机始于 1995 年，当时微软的 Windows 95 操作系统发布，使得价格便宜得多的个人电脑，具备了苹果麦金塔系统的大部分功能。后来，在 1998 年夏，我问了乔布斯一个问题。我说："我们对个人电脑业务的所有了解都表明，苹果是无法真正超越小众市场的。网络效应太强大了，无法颠覆微特尔标准。既然如此，从长远来看，你打算怎么做呢？打算采取何种战略呢？"他只是笑了笑，回应道："我要等待下一个大事件的发生。"

基于在皮克斯工作期间与好莱坞建立的关系，乔布斯所说的下一件大事是当时将于2001年发布的音乐播放软硬件组合：iTunes和iPod。音乐播放器iPod研发成功后，苹果公司的开发项目之一就是把它和手机结合起来。另一件大事是开发乔布斯梦寐以求的便携式"书本"电脑。相比手机，乔布斯对平板电脑更感兴趣。他认为，从设计的角度来看，现有的手机缺乏新意，因为它们的功能受到分销的无线运营商的严格定义和控制。

当时，大多数移动设备的输入都是通过实体键盘或触控笔，而触控笔只是用于点击屏幕上的虚拟键盘显示的字母。苹果公司能否开发出一种新型的平板电脑屏幕？一种能对手指触点屏幕做出反应的新型屏幕？而且重要的是，屏幕可否大到足以显示真实的网页，而不是仅显示页面部分文本的缩小图像？为了实现这一计划，乔布斯请苹果工程师巴斯·奥尔丁设计了一个用户界面，使其能够顺畅地滚动姓名列表。奥尔丁发明了我们现在已经司空见惯的惯性触摸屏，并申请了专利。把你的手指放在一个列表上，快速向上滑动，列表就会向下滚动几个满屏；而慢慢滑动，它就只滚动几行；而在到达列表末尾时，屏幕会上下跳动。史蒂夫·乔布斯曾经回忆过他在2005年第一次看到这个效果时的情景："当我看到橡皮圈、惯性滚动和其他一些东西时，我想，'天哪，我们可以用它制造一部手机'。"[2] 于是，苹果将研发重心从平板转向了手机。

那时，万维网已经出现十多年了，人们在数百万台运行Windows系统的台式电脑和笔记本电脑上网上冲浪，收发电子邮件，查看雅虎信息，使用谷歌搜索，以及阅读在线新闻。当时YouTube正处于起步阶段，而脸书距离公开发布还有一年的时间。但在移动设备上浏览网页有很多限制，体验不佳。2005年，最好的手机使用的是WAP浏览器，它只显示了一个简短的文本摘要，而完整的桌面网页浏览器显示的内容要比它丰富得多。史蒂夫·乔布斯对此的诊断是，这项技术已经接近一款有真正便携式的上网功能（兼 iPod 音乐播放器）的手机了。他并没有做任何市场调研。他就是"知道"，这是人们想要并愿意为之掏腰包的东西。挑战的关键就是：现在将这种东西制造出来还很困难，企业要想在竞争中赢得先机，就要在科技进步使研发这样的产品变得容易之前把它造出来。

2007 年，当乔布斯首次向公众展示苹果手机时，他首先展示了苹果手机是一个更好的音乐播放器。从战略上讲，他是在颠覆自己最畅销的产品。他慢慢地滚动着歌曲列表和高分辨率的专辑封面。然后，他向大家展示了如何在手机上看电视节目，然后用手机呈现了一部完整的电影画面（《加勒比海盗》）。他把手机侧转过来，演示了电影是如何瞬间切换到横屏显示的。接着，他演示了如何将电子邮件和电话整合到通讯录里。最后，他又对网页进行了操作。他先是展示了完整的网页，包括新的通过两个手指"捏住"放大和缩小的功能。然后又展示了谷歌地图，搜索了附近的星巴克咖啡店，并展示了一张到达华盛顿纪念碑的地图，用手指点击了一个图标，切换到卫星视图。

推动新款苹果手机发展的第一步是考虑如何将网络放进你的口袋，塞进你牛仔裤口袋的一个小设备里，而不是放在笔记本电脑或平板电脑里。推动新款苹果手机发展的第二步是其应用程序，即完成专门任务的轻型、能快速启动的程序。第一代苹果手机包含了一些应用程序，如可视化语音邮件、Safari 网络浏览器、音乐和视频播放器，以及地图（由谷歌提供）。最初，乔布斯并不想给手机设计一个应用程序商店，希望手机上只有纯粹的苹果应用程序。而苹果公司的团队让他意识到，这是一个极其错误的想法。[3]

2008 年，苹果应用商店（App Store）刚推出时，里面有 500 个应用程序。一年后，苹果应用商店里有了 5 万个应用程序；到 2015 年，这个数字达到 200 万。廉价、丰富、易于购买的应用程序使得苹果手机与个人电脑的世界截然不同。

此外，在2008年，谷歌发布了它的"免费"安卓操作系统，这将使手机制造商能够模仿苹果手机的许多功能，甚至可以模仿由谷歌控制的应用程序商店。

大家还记得吗，在英国的喜剧团体"巨蟒组"的电视节目中，经常会在某个时刻插入这样一句旁白："是时候做一些完全不同的事情了！"这话说给当时的谷歌是不是很应景？推动新款苹果手机发展的第三步是发展移动社交媒体，这是人们前所未见的。2008年，脸书拥有1亿用户，到2012年，其用户数量猛增至10亿。Snapchat（色拉布）、微信、WhatsApp（网络信使）、推特等社交应用发展迅速，很大程度上要归功于智能手机的发展。这一新事物令数十亿人为之着迷。在东京，人们将那些一边走一边用手机刷脸书的行人称为"僵尸"。即使是在我讲的MBA课上，学生们也会在课桌下玩手机，让他们连续一个小时不在线根本就是不可能的。我在阿斯彭的杰罗姆酒店的大厅里，见过一群11岁左右的青少年挤在一起，就像是挤在篝火旁取暖一样。这里的"火光"是一块苹果手机屏幕，其中一人在向其他人展示她在社交媒体发布的帖子。

当然，史蒂夫·乔布斯并没有预见到这一切，他只是想把音乐播放器、手机和网络连同苹果那标志性的、易于使用和学习的界面都装进口袋。这一切之所以能这样发展，是因为乔布斯接受了这样一个挑战：满足人们对这种尚属未知的设备的需求。

错误的因果模型

最常见的一个诊断工具是类比，即把相似的情况联系起来。用好类比的窍门在于多联系几种情况，弄懂这些情况中的逻辑，并查验这些逻辑是如何映射当前情况的。

类比在苹果手机的成功中发挥了巨大作用,而正是由于一个糟糕的类比,把苹果的主要竞争对手们推向了错误的方向。

2007年,当苹果公司推出苹果手机时,许多业内专家预测它不会成功。他们预测,这将和苹果的麦金塔个人电脑一样,是一个利基产品,而且由于激烈的价格竞争,苹果是不会赢利的。这种看法基于将智能手机业务与旧的个人电脑业务之间所进行的类比。

微软首席执行官史蒂夫·鲍尔默说:

> 苹果手机不可能获得任何显著的市场份额,它毫无希望,就是一个定价500美元的补贴机型。它可能会赚很多钱。但如果你仔细看一下13亿部已经售出的手机,我更希望我们的软件占到其中的60%、70%或80%,而不是苹果可能占到的2%或3%。[4]

约翰·德沃夏克是一位备受关注的科技专栏作家。2007年,他对苹果能在手机业务上取得成功这件事深表怀疑:

> 这不是一个新兴行业。事实上,它正处于整合的过程中,可能有两家公司主导一切,即诺基亚和摩托罗拉……利润非常低,以至于小公司根本无法与之抗衡……苹果不可能在竞争如此激烈的行业中取得成功。在个人电脑领域,苹果显然走在前面,但即便如此,它也不得不与微软竞争,而且只能维持5%的市场份额。它在计算机行业得以生存,依赖其良好的利润率。而手机业务的利润率,存在时间不会超过15分钟。[5]

当时,芬兰的诺基亚以40%的市场占有率独占鳌头。诺基亚的首席战略师安西·范约基并不觉得苹果公司是个多大的威胁。2009年,诺基亚仍然是世界领先的手机公司,范约基说:"手机的发展将和个人电脑的发展差不多。有了麦金塔系统的苹果电脑起初也吸引了很多关注，但即便如此，苹果仍然只是一个小众制造商。在手机领域也是如此。"[6]

微软首席执行官、技术分析专家、最大的移动电话公司的首席战略师，以及其他许多人怎么会对形势有如此严重的误判呢？概括来讲，因为他们用了同一个类比：智能手机就和个人电脑差不多。

我们可以部分理解鲍尔默——他希望整个行业能拥有大量运行微软 Windows 移动版操作系统的手机，并且他认为，微软 Windows 移动版操作系统能够胜任这项工作。该系统可以管理联系人、打电话、收发电子邮件，而且未来很快就可以让商务人士用上微软的电子表格、查看幻灯片，以及编辑文档。他觉得摩托罗拉、宏达电子（HTC）、诺基亚和其他大多数公司理所当然会接受微软 Windows 移动版操作系统。他认为，未来世界上将要卖出的数十亿部智能手机中，微软能从每部收取 15~30 美元的 Windows 移动版操作系统的许可费，这一未来似乎已成定局。

鲍尔默还谈及了当时科技行业公认的英明见解，即开放系统胜过封闭系统。这条经验法则是从个人电脑业务的历史中得出的，而个人电脑业务的早期发展很大程度上是由 IBM 塑造的。IBM 的兼容机，虽不如基于鼠标和 Windows 的苹果麦金塔电脑那么优雅，但它们更便宜，也更适合文字处理工作。随着数以百万计的办公室连续扔掉它们的打字机，改为用个人电脑进行文字处理，IBM 兼容机的销量暴涨。

但是 IBM 却并没有获得应有的利润。傲慢自大使 IBM 犯了两个根本性的错误。其一，IBM 是从比尔·盖茨那里购买的磁盘操作系统（IBM-DOS），但同时允许比尔·盖茨继续销售自己品牌的操作系统（MS-DOS）。因为这对他们而言，比尔·盖茨当时所要求的似乎是一项毫无价值的权利，因为没有其他的制造商生产类似硬件。其二，在构建个人电脑时，IBM 创建了一个受版权保护的基本输入输出系统（BIOS，核心固件逻辑），它用非常简单的代码编写而成，因此其他公司模仿起来很容易，并且不会侵犯 IBM 的版权。就是这两个错误，使得市面上出现了大量 IBM 电脑的克隆产品，这些产品运行的都是微软的磁盘操作系统。日益激烈的竞争压低了电脑硬件的利润率。1986 年，IBM 董事长约翰·埃克斯对公司的个人电脑业务牢骚满腹，却坚称："我们公司经营的是高利润的销售业务。"[7] 到 2004 年，IBM 将亏损的个人电脑业务卖给了联想。请注意，市场上并没有出现苹果麦金塔电脑的复制品。

在为苹果麦金塔电脑开发了 Excel 电子表格软件之后，微软利用其获得的对鼠标和 Windows 操作界面的新理解，构建了自己的 Windows 操作系统。在第二个伟大壮举中，微软将文字处理、电子表格、演示管理和数据库软件捆绑成了一个在 Windows 操作系统中允许的办公套件 Office，击败了像 WordPerfect（文字处理）、莲花（Lotus，最初以 Lotus 1-2-3 电子表格出名）和 dBase 数据库这样的独立办公程序制造商。从那时起，几乎所有个人电脑兼容机领域的利润都流向了微软和英特尔，后者为这类机器提供 x86 处理器的芯片。这种商业架构被称为微特尔标准。

总的来说，放眼全球，微特尔标准好处多多，但对于个人电脑制造商而言，微特尔标准弊大于利。它们的电脑机箱里必须有一个英特尔标准的 x86 处理器芯片，否则就不能运行 Windows 操作系统，此外，电脑还必须配有 Windows 操作系统能够理解识别的磁盘、键盘、鼠标、显示器等。所有的个人电脑都包含同样的基本内部组件，都来自同样的供应商。品牌推广提供了分销渠道，但即便如此，利润率也非常低。芯片和软件在微特尔的标准下，缺乏足够的差异化。

当苹果手机出现时，像鲍尔默、德沃夏克和范约基这样的人认为，手机行业的发展会和个人电脑行业的发展历程差不多。但将手机行业与个人电脑行业的发展进行类比并不合适。由于 IBM 在设计和知识产权保护方面犯了错误，使得个人电脑变成可以克隆的产品。而由于人们对文字处理的商业需求，个人电脑市场出现了爆炸式增长。相比之下，黑莓已经满足手机市场的商业需求，但是普通消费者对于能上网的智能手机的需求稍后才会迎来爆发点。此外，苹果在设计和知识产权保护方面没有犯严重的错误。

因为这种错误的类比，使得像诺基亚和摩托罗拉这样的大公司几近被历史淘汰，而微软则在移动市场大展拳脚。苹果公司生产出的，不仅不是一款无利可图的小众产品，而是大受欢迎的明星产品，苹果手机直接使苹果公司在2015年成为世界上第一家市值达到万亿美元的公司。

空地一体战

空地一体战的例子向我们展示了打破框架的力量。人们对此最初的诊断是：这是一个无法解决的挑战（至少在合理的时间内是这样的）。随后，重新定义挑战给人们带来了创造性的回应。

1973年10月，第四次中东战争爆发，埃及和叙利亚同时对以色列发动突袭，动用了约3000辆坦克和35万名士兵。阿拉伯人的武器是由苏联提供的，他们的指挥官也接受过苏联的战术培训。在19天的战斗中，阿拉伯和以色列部队进行了自二战结束以来前所未见的高强度战斗。这场小规模战争展示了新型便携式导弹和火箭弹的惊人威力。阿拉伯军队使用苏联的武器和战术，狠狠地打击了强硬的以色列人。这种新型武器在摧毁重装甲坦克和低空飞行的战机方面表现惊人。双方的坦克和战机都损失惨重。美国的分析人士特别指出，双方损失的坦克加起来比美国的坦克库存量还要多。

就在半年之前，美国刚刚停止在越南的所有作战行动。美国参议院出台的《凯斯-丘奇修正案》保证：美国不会再次干预越南的政治事务（两年后，越南北方政府军队占领了西贡，重新统一了国家）。十多年来，美军一直专注于在丛林和稻田这样影响范围小的地方战斗。

那场战争失败后，美军士气低落，组织混乱。随后，中东地区发生的那些令人惊讶的事件迫使一些美国军事思想家认识到，他们并没有做好准备来迎接一场高强度的现代化战争。毕竟，根据美国与北约签订的条约，它有义务保护欧洲，使之免受苏联领导的华沙条约组织的高强度攻击。[8]另外，在20世纪60年代末，间谍终于掌握了苏联入侵西欧的战争计划，这也给美国敲响了警钟。

跟北约相比，华沙条约组织拥有非常大的军事优势：华约有19000辆主战坦克，北约有6100辆；华约有39000门大炮，北约有14000门；华约有2460架战斗机，北约有1700架。此外，华约的作战部队人数是北约的三倍。[9]最初，北约的防卫计划是退到莱茵河作战。联邦德国自然不同意这种牺牲领土的行为。

华约的秘密文件显示，它制定的是一个基于"双梯队"概念的、入侵中欧的战争计划。它设想发动一次横穿中欧的进攻，将战线向法国推进，最终到达英吉利海峡。第一波攻击（梯队）将削弱对方的防御力量并找出其弱点所在。第二波攻击将击破其弱点。用美国中央情报局的话来说："第一战略梯队的大部分部队——通常在前沿地区——预计将在莱茵河附近的某个地方展开战斗。第二梯队随后突进，展开对联邦德国和比、荷、卢三国的攻击，并将战线一直推进到法国边境。"[10]

美国中央情报局对华约制订的这个击败北约的计划感到惊讶。长期以来，他们一直认为，苏联和美国一样，更倾向于阻止他国攻击，而非对他国进行攻击。

经过认真的战争推演，一些美国规划者认为，第四次中东战争所展示出来的新武器，加上"双梯队"的战略，将击破北约的防御战略。于是他们得出了一个令人不安的结论：北约保卫欧洲的军事战略注定要失败。

如果没有爆发第四次中东战争，也没有看到华约的计划，我们不知道美国方面是否会看清楚这一挑战的结果。毕竟，在欧洲，美国部署了军队和军事装备，而且有核武器。但是，如果华约可以在不使用核武器的情况下把北约赶出欧洲大陆……又会发生什么呢？

国家规划是非常困难的，因为每个机构都想要更多的资源，且理由充分。国家的军事战略规划更是困难至极。就像2000年一位上校告诉我的那样：

> 为新世纪做好计划极其困难。我们对武器系统的发展演变有合理的把握，但对政治甚至战术都没有概念。我们不知道总统会在何时何地需要我们出征，也不知道将要做什么。也许是要入侵格陵兰岛，保卫日本，抑或拯救南极洲的企鹅。当你不知道要做什么时，你又该如何计划？

这位上校当时刻意没有提到出兵阿富汗这件事。

因此，即使出现了这种竞争差距，也不是每个人都能注意到它，或者将其提高到至关重要的位置。许多人都认为，除非国家在新的军事装备上投入大量资金，否则根本无法解决这个问题。由于华盛顿一直在关注水门事件，高层领导忽视了这个问题。

就像一些组织中正在发生的那样，一些高层以下的管理者开始独立应对这些挑战。他们有不同的框架或不同的观点。在这种情况下，时任美国陆军训练与条令司令部（TRADOC）司令的威廉·德普伊将军认为，国家可以通过修改作战战术以及大幅改进训练来弥合竞争差距。他认为，相对于华约组织，美国若与欧洲并肩作战对抗华约，在物质上将永远处于劣势。但他从1973年以色列的胜利中得到了启发，当时以色列在人数上并不占优势，却战胜了另一方。由此，他判断出挑战的关键症结在于战术，这在军队中被称为"军事战略"。面对欧洲的防务问题，他的应对战略是：改变美国的作战理念，使之现代化，即如何最大限度地利用现有资源。

在第二次世界大战中，德普伊曾是第 90 步兵师的战士，参加过诺曼底登陆作战，穿越过齐格菲防线。他回忆说，自己从德国步兵的战术中学到了很多：

> 盟国这边只有一条战线，而德国人则采用区域防守的战略，使得他们作战更富弹性和韧性。因此，想击破德军的防守并非易事。德国人将各种地形优势结合起来，组成一个可以向各个方向射击的防守点。他们作战善于利用地形、掩护和遮蔽物，也善于利用想象力。在诺曼底，我们这边的军队总是在一个地点，沿着一条战线推进，然后再到下一个地点，继续这样作战。你知道，总是排成一条战线。而且，如果你观察一下如今（1979 年）美国军队的许多单位，你会发现，我们仍然是这样做的。[11]

后来，德普伊在越南指挥第一步兵师。在那里，他花了一些时间来改进班、排和连的直接战斗战略和隐蔽作战战略。

在美国陆军训练与条令司令部，德普伊研究出了一个名为"主动防御"的概念。这是指通过持续的战术行动，利用坦克、机械化步兵和近距离空中支援的机动性，在一个区域内进行防御。德普伊强调，从历史上来讲，美国在第一次战斗中（指越南战争）没有做好准备，日后面对在欧洲遭遇的突然的高强度攻击，美国没有时间去慢慢学习应对之策。实施这些新想法所采取的最重要的行动是：在加利福尼亚沙漠建立欧文堡国家训练中心。欧文堡成为一个"精英"中心，为步兵和装甲部队的领导层提供实战训练，使其掌握硬碰硬、流动作战的战术。

将主动防御概念写入训练手册，这在军队内部引发了一场从战术到战略的激烈辩论。许多人认为这个概念攻击性不强。亚历山大·黑格将军曾写道："他本人希望看到……一个更明确的提醒，即通常来说，任何防御的最终目的都是通过进攻来重获主动权。"[12]

唐·斯塔利中将曾效力于德普伊，在他的领导下，军队制定了一项新的战略。最初，人们将其命名为"深度战斗"，1986年版的战地作战手册（FM 100-5）中对此做了清晰的阐释。后来，人们又将其重新命名为"空地一体战"，新的战略扩展了德普伊以装甲为中心的观点，包括了陆军和空军之间的紧密协调。

空地一体战旨在利用北约在通信、传感、指挥和控制以及作战的灵活性方面的优势，特别是利用战斗机飞行员将军领导空军方面的优势来作战。关键的作战理念是：通过深入敌方领土，对敌军发起的攻击开展猛烈反击。之前，我们都是使用空中力量和远程火炮来"拦截"敌人，如今，我们已不再采用这种旧战略，取而代之，我们使用这些远程攻击来迷惑敌人，扰乱其攻击方向，然后改变其进军方向，引其进入我们为其设定好的方向，甚至是引其进入陷阱。作战的目标变成取得胜利，而不仅仅是防守。军事演习表明，新的战略是可行的（北约部队可能会损失30%的兵力）。幸运的是，我们从未有过实地测试这些场景的需要。

空地一体战的传奇案例表明，对挑战进行明确的诊断，可以成为创造一种更好的新型竞争方式的有力杠杆。同时，它也说明，各国领导人就解决方案展开公开辩论是有价值的。最后，它彰显了思维模式和实践创新的力量。如果一个组织的员工不具备实际执行战略所需操作的技能和思维模式，那么这个组织就无法执行一个大胆的新战略。商业方面，郭士纳将IBM的战略从以机器为中心转为以客户为中心；杰克·韦尔奇坚持"速度、简洁和自信"的原则，并以通用电气在克罗顿维尔的强大培训计划为后盾。德普伊针对美国军方采取的关于"如何战斗"的战略所做的变革，与以上两个事例有相似之处。但有一点不是那么令人愉快，那就是：这个案例还说明，在一个复杂的组织中进行这种战略的改变需要耗费很长时间。

第 9 章　　　　　　　　　　　　　　　　　　　　CHAPTER 9

通过比较和框架做出诊断

测量本身就是一种比较。我们通过与"米"或"英尺"等长度单位比较来测量地月距离。在商业领域，我们通过与去年的利润比较，或与营收（净利润）比较来计算利润。在计算利润期间，多数企业内部一派忙碌景象，会计报表满天飞。多数诊断都是从会计报表开始的。与去年相比，销售额增速提高还是放缓了？利润是减少、增加还是保持稳定？接下来，还有更微妙的问题：为什么利润在减少？为什么费用在上升？我们的市场份额为什么会流失？

当我们将己方的各种活动或结果与竞争对手、整个行业或其他国家的同类活动或结果进行比较时，比较结果就更有趣了。扩大比较范围会增加比较难度，但有时也会带来意想不到的洞见。

全球最昂贵的地铁轨道

2017 年，《纽约时报》记者布赖恩·罗森塔尔发表了一篇题为《全球最昂贵的地铁轨道》的文章。文章分析了纽约东区地铁隧道项目。该隧道连通位于东 42 街和麦迪逊大道的中央车站与位于西 33 街和第七大道的宾州车站，目的是在纽约的两条主要通勤线路——北方铁路和长岛铁路——之间建立无缝连接。问题是，其成本居然飙升至120亿美元，即每英里轨道35亿美元，是世界地铁隧道轨道平均成本的7倍。这是为什么呢？罗森塔尔写道：

> 《纽约时报》发现，多年来，少数有政治背景的工会、建筑公司和咨询公司积累了巨额利润，政府官员却一直袖手旁观。
>
> 各工会与州长安德鲁·M.科莫以及其他政客结成紧密联盟，双方协议中规定的地铁建设所需工人数量是世界其他地方的四倍……尽管纽约大都会运输署用纳税人的钱来支付基本建设费用，但在确定劳动条件时，政府却没有发言权……建筑公司每三年与各工会举行一次会议，制定劳资协议。由此产生的协议适用于所有公司，以防承建商通过降低工资或工作条件来降低报价。
>
> 而在大西洋彼岸，巴黎也有一项工程正在施工。这项工程将纽约的低效率暴露无遗……纽约第二大道地铁的造价是25亿美元/英里，而巴黎地铁14号线扩建工程的造价却只有4.5亿美元/英里。[1]

不少城市、州乃至国家层面的支出腐败，我们都有所耳闻，可是这条地铁的建设成本居然是其他国家同类项目的7倍多，这一国际比较的结果着实令人不爽。如果纽约市的建设成本能正常一些，而不是为了捞取某个工会的政治支持浪费纳税人的钱，那纽约市就可以花更少的钱办更多的事。

交通专家阿伦·利维的另一项研究表明，与其他工业国家相比，美国大多数铁路的建设成本都高得离谱。在2011年的一项研究中，他提供了一些具体对比数据，如表5所示。

表 5 美国轻轨建设成本

项目	每公里成本（单位：100万美元）	长度（单位：公里）
纽约市东区地铁	4000	2
纽约市第二大道地铁一期	1700	3
伦敦城铁	1000	22
伦敦朱比利线延伸段	450	16
阿姆斯特丹南北地铁线	410	9.5
柏林 U55 线	250	1.8
巴黎地铁 14 号线	230	9
那不勒斯地铁 6 号线	130	5

资料来源：Aron Levy, "U.S. Rail Construction Costs," Pedestrian Observations (blog), pedestrianobservations.com, May 16, 2011.

和纽约一样，巴黎也有各种工会，区别在于规定一项任务由多少工人完成的规则不同，以及制定规则者不同。巴黎有强大的设计审查委员会。在美国，大多数合同都给了出价较低的投标者，然后中标者重新谈判"更改订单"。要想更好地理解二者在实际操作层面及成本方面出现差异的根源，必须对数据进行更深入的挖掘，但有些数据难以收集。事实上，目前我们并未真正掌握全部情况。不过，通过国际比较也能揭示一些当我们只看本地成本或成本与预算之比时不会发现的问题。如果你想解决这些问题，就必须弄清问题的来龙去脉。当然，你还必须有足够的行政权力来做些什么。

同样，我们也并未真正理解为何美国国民的医疗保健支出是法国的两倍，达到的平均效果却更差，或者为何美国的中学考试成绩低于其他许多发达国家。政客们对这些问题的标准无脑回应是"多投钱"。下次当你听到政客们呼吁大幅增加"基础设施支出"时，请回想一下

表 5。向一个效率低下的系统注入更多资金只会助长其膨胀，还是先解决其中存在的问题再注资为好。

重新分析

以新的方式审视现有数据，有助于我们发现问题或机会。例如，大多数企业都有一套成本核算系统，该系统对产品按类型进行分类，并以某种方式将直接人工成本、原材料成本和工厂生产成本分配到每个产品类别。改变分类逻辑可以启发人们产生新见解。巴西一家名为 DelPiro 的窗户制造商就是这样。该公司为高档住宅和公寓生产平开窗和室外金属百叶窗系统。与美国公司制造的平开窗不同，DelPiro 的窗户是向内开的，因此即便是在外置百叶窗闭合的情况下，空气依然可以透过打开的窗户进入室内。对于较小的窗户和百叶窗，该公司会预先备货，但对于较大的窗户和百叶窗，公司只能按订单生产。表面上，DelPiro 面临的问题是利润率下降。更深层次的问题在于，管理层对不同产品线的利润率差异没有清晰的认识。

DelPiro 的财会部门记录了生产平开窗和百叶窗所需的工时与直接材料成本。我们重新分析了它的生产活动，首先我们将公司产品按大小分为六组，然后充分调阅内部数据，认真观察工人组装窗户和百叶窗，并花了一个多月的时间收集一些新数据，我们得到了六组产品的工时和材料成本数据。成本问题说来简单，真正计算起来却很麻烦，因为没有所谓制作一扇平开窗的"成本"，只有制作两扇窗户的成本、制作一批窗户的成本、处理一个窗户订单的成本、为制作一批窗户安排工作区的成本等。这样一来，核算系统只能将所有成本平摊到每个工时来计算单位生产成本。为了更好地了解情况，我们集中精力搞清了制作一批产品的成本。我们分析了车间调试设备所需的时间与实际组装修整的时间，并研究了处理一个订单的成本。

结果令人大开眼界。最大号窗户的安装成本非常高,但利润仍比管理层想象的要高得多。公司发现,要制造一批大窗户,调试设备的费用在成本中占了很大比重,因此公司决定大批订购最大号窗户的订单可以享受折扣。此外,中型百叶窗的利润相当可观。根据研究中的这一发现,DelPiro 开始大力推销中型百叶窗,并重新设计了百叶窗配件,确保自家的百叶窗适用于竞争对手的窗户。这一新举措取得了巨大成功。从技术上讲,我们在 DelPiro 的做法就是找出"成本动因",但真正有趣的是将成本动因与基于规模的细分相结合。

人们通常认为,战略就是确定产品的市场定位并向新领域扩张。但是,如果组织的基本制度和实际做法乏善可陈,这类决策听起来就很空洞。事实证明,完善竞争战略具有战略意义,具体可参考前文提到的空地一体战的案例。对 DelPiro 来说,研究成本问题是第一步,走好这一步将为企业扩大生产规模,甚至生产同类建筑制品打下基础。

* * *

在某些情况下,对数据进行重新分析足以颠覆现有诊断。SoPretty 是一家大公司旗下的零售连锁店,经营服装、化妆品和配饰。SoPretty 连锁店创办于八年前,通过收购另一家类似的连锁商店实现了扩张,现有 38 家店。考特妮是 SoPretty 的总经理,她具有时尚界背景,成功地赋予了 SoPretty 连锁店及其商品一种特殊的光环。在规划新连锁店时,她面临的一个重大课题是确定门店大小。

SoPretty 连锁店的店面大小不一,小的仅有 50 平方米,大的却有 600 多平方米,平均面积为 370 平方米。考特妮通过税前利润衡量各个连锁店的利润。这些店有盈有亏,从盈利 500 万美元到亏损 100 万美元不等,各店平均税前利润为 150 万美元。

考特妮的分析师在计算税前利润时，将租金支出包括在内，而较大的商店负担的租金支出也更多。不过，分析显示，规模较大的商店盈利能力明显更强。因此，分析师提出以下三条建议。

1. 规模较小的两家连锁店应当把隔壁刚空出来的商铺租下来，以扩大店面。
2. 开下一家店时，店面应为550平方米左右。
3. 实施"技能转移"——把盈利技能从盈利的连锁店传播到不盈利的连锁店。

为了帮助考特妮，我们看过上文列出的数据后，决定将分析范围扩大到包括城区人口数量、年龄中位数、收入，以及方圆几千米内竞品商店的数量。结果表明，迄今为止，1000米半径内存在竞争关系的女装店的数量是税前利润最重要的决定因素。出乎意料的是，那些表现最差的SoPretty连锁店附近没有或只有一家竞品商店。附近竞品商店多的连锁店反而卖得更好。经过进一步的分析思考，就能明白原因何在——周围竞品商店多是一个购物"区"的标志，说明周边人流量大，因为有购买意愿的顾客在决定购买之前喜欢多逛几家商店。

我们根据店面所在位置将连锁店分为三组，即低流量组、中流量组和高流量组。考特妮的分析师认为，规模越大的店面利润越高，这种判断是基于店面大小是利润的关键驱动因素这一前提做出的，但这一前提本身就是错误的。对公司数据的重新分析表明，客流量才是利润的关键驱动因素。当然，客流量大的地方往往有更大的店面，但在客流量大的地方，店面过大弊大于利。最初的这一见解并非一次完整的诊断，但它使我们的分析不至于一开始就误入歧途。

* * *

MultiPlant 制定总体战略时邀请了我。它在全球拥有 63 个工厂，每个工厂都生产多种消费食品。公司之所以同时运营这么多工厂，是因为瓶装成品的重量使运费昂贵。公司分为销售部门和生产部门，各个工厂都有这两个部门的分部。

尽管 MultiPlant 面临许多复杂挑战，但高层管理人员一致认为，一些工厂的成本太高了。该公司投资了一套昂贵的 SAP 软件，可以跟踪每个工厂的开支和生产率。成本最低的工厂生产一盒产品需要 6.57 美元，而成本最高的工厂生产一盒同样的产品却需要 11.60 美元。数据详情包括设备的年代、每条生产线的生产率、支付的工资、员工流动率、原材料成本、能源成本、税收成本和包装成本。澳大利亚工厂成本最高，东欧工厂成本最低。公司研究了成本驱动因素，发现澳大利亚的工资较高，另外世界各地工厂的能源成本和原材料成本不同。

为了解决成本问题，公司聘请了一名顾问，负责总结低成本工厂好的做法并传授给成本较高的工厂。来自各个工厂的流程工程师聚在一起讨论改进方案，生产部门的高层管理人员对生产率差异数据进行了认真研究。分析显示，工厂产量和单位成本之间没有必然联系。

MultiPlant 的战略主管认为，计算一下高成本工厂运营过程中的毛利损失可能是个好主意。但价格数据不在 SAP 系统的成本和运营信息中，而是由销售部门保存在 Excel 表格中。利润数据不是基于每个工厂计算的，而是所有工厂的平均数。

把每个工厂的价格数据和成本数据放在一起，结果令人惊讶。工厂单位成本和单位毛利润之间没有关系。高成本工厂与低成本工厂之间的利润率差额相同。这一发现与人们普遍认为的高成本工厂拖累了企业整体业绩的看法大相径庭。

起初，高管们对这个结果半信半疑。他们之前一直坚信，高成本工厂可以以某种方式得到改善。重新分析的结果出炉后，公司召开了一次特别会议，讨论成本、利润和战略问题。

渐渐地，一种解释出现了。在低成本工厂所在地区，往往产品零售价格也较低；在高利润工厂所在地区，来自同类竞品的竞争压力相对较小。毛利之所以会出现差异，销售佣金、报酬、当地经理和客户之间的附带交易都有影响。

之前，MultiPlant 对工厂成本形成了一种错误看法。这种错误看法的根源是，公司内部生产部门和销售部门各自为战，SAP 会计系统也只记录成本，却不记录价格。这种观念导致他们在错误的地方寻找症结，发现不了真正的挑战。一个几乎纯属偶然的要求引发了对这些问题的重新分析，人们才有了全新的认识。

要抛开长期以来对挑战的性质的看法并非易事，但他们做到了，并将诊断重点重新放在一组完全不同的问题上。这让他们在接下来的三年里取得了更好的业绩。

马士基航运公司的困境

21 世纪初，马士基航运（因汤姆·汉克斯在《菲利普斯船长》中的演绎而闻名）是世界上最大的集装箱运输公司。它积极增加运力，推向市场的运输船舶越来越大。在行业内，它最先采用 E 级船，运力达到创纪录的 1.47 万国际标准箱。几年后，该公司订购了 20 艘更大的 E 级船，容量达 1.827 万标准箱。马士基航运是丹麦马士基集团的子公司。截至 2015 年，马士基航运运营着大约 700 艘船舶，服务 100 多个国家。

尽管其规模和市场份额很大，但与投在船舶和办公上的巨额资金相比，马士基的利润率很低。大多数竞争对手似乎也处于同样的境地。尽管来自中国的集装箱货物量迅速增长，但整个行业似乎无利可图。为了寻求规模效益，各家公司都会购买新的更大的船舶，这加剧了行业的产能过剩，恶性降价随之而来。从许多方面看，集装箱运输业都是经济学家所谓"完全"竞争的完美例证，价格往往会跌破运营一艘船的现金成本。即便这样，欧盟反垄断机构也一直威胁要就价格操纵提起诉讼。马士基航运处境艰难，出路难寻。

国际航空业也面临无利可图的状况。解决办法之一是让美国和欧盟同意建立代码共享联盟。例如，美国航空公司和英国航空公司都属于寰宇一家联盟，这样，美国航空公司就可以出售从波特兰到伦敦的联运票，乘客先乘美国航空的飞机从波特兰飞到芝加哥，再乘英国航空的飞机从芝加哥飞到伦敦。两个航班（通过代码共享）共享同一个AA航班号。这也有助于减弱两家航空公司向对方领域扩张的动力。

经过与航空业的类比，马士基航运领导了一场形成航运联盟的行业运动，并获得了欧盟的反垄断豁免（2020年豁免期又延长了4年）。新航运联盟的一个主要目标是，当另一个联盟伙伴没有能力立即满足某条航线的需求时，由联盟其他伙伴填补空缺，从而降低增加新运力的动机。截至2017年，已有三大航运联盟，其中最大的是"2M"联盟。马士基航运和地中海航运（MSC）即属于"2M"联盟。

尽管采取了这样的战略，尽管各航运公司进行了协调、兼并，尽管包括马士基在内的八大航运公司的集中度得以提高，但截至2019年底，很明显这些努力都没有奏效，集装箱运输公司依然没有达到收支平衡，产能增长仍然快于需求增长。预计2020年该行业将亏损100亿美元。

对集装箱运输和航空运输之间进行类比是站不住脚的。要知道个中原因，需要探究一下航空运输的演变历程。在旧的枢纽辐射模式下，大型喷气式客机连接重点城市，小型客机则用于处理区域交通。但随着乘客越来越在意中途停留的成本、大型机场的安检带来的不便，以及机场内从一家航空公司到另一家航空公司不短的徒步距离，航空业转而使用中型单过道飞机进行点对点运输。航空公司如果不能把大飞机装满,就无法获得大飞机带来的经济效益,这也是空客宣布将停止生产巨型 A380 喷气式客机的原因之一。

相比之下,在集装箱运输领域,大型船舶仍具有显著的成本节约优势,这不断吸引着各航运公司使用越来越大的船舶。这就使得行业内部无差别的产能不断增加,导致激烈的价格竞争。

2019 年,集团首席执行官施索仁宣布,马士基的未来之路是利用全球规模和数字技术,将航运与货运代理等陆基业务整合在一起。他说:"交通运输领域的所有相关参与者都可以利用数字化手段跟踪集装箱位置,这在 10 到 15 年前是根本不可能的。"[2] 换句话说,集装箱运输业将对标联邦快递。

我的观点是,运输成本问题的症结在于陆路运输。各个文明大都是在河流、湖泊、内海周围发展起来的,因为水运的成本要低得多。将产品从主要港口通过陆路运到人们生活和工作的地方是运输过程中成本最高的环节。亚马逊等公司在优化这些系统方面取得了长足进步。马士基航运能否通过整合海上运输系统和陆地运输系统拓出一片新天地?或许可以。我的判断是,要实现这一突破,需要一项技术来打破大型港口瓶颈,使得货物可以在小港口装卸。

行业分析

马士基航运的案例很吻合最流行的商业分析工具之一,那就是迈克尔·波特的"五力"行业分析框架。这个框架的基础是"产业组织"的经济学理论,该理论试图解释为什么一些行业比其他行业能产生更多利润。

五种力量,即竞争的强度、进入门槛的高低、供应商的议价能力、客户的议价能力以及替代品的替代能力,每一种力量都会对一个行业的盈利能力构成威胁。

使用这个框架时，你要对每一种力量详加研究。看看与一个行业有关的事实往往能帮我们深入了解这个行业，但请切记，"五力"模型针对的是整个行业的业绩表现，而不是单家公司的业绩表现。如果一个行业内各家公司的利润率差距很大，有些高，有些低，那就不适用于"五力"框架。这并不是说"五力"模型是错的，而是说它只适用于一个由大致相同的公司组成的行业。如果你的公司所处的行业中，几乎所有竞争对手都高度相似，都在为低利润，特别是降价而挣扎，那么"五力"框架就是恰当的分析工具。

该框架存在的一个问题是，现实中多数行业都存在利润率明显不同的公司。因此，"行业盈利能力"的概念可能没有意义。在对联邦贸易委员会盈利能力数据的仔细分析中，我从统计学的角度估计了行业、公司和个人业务线对盈利能力影响的相对重要性。[3] 在业务线盈利能力的所有变化（方差）中，只有4%可以归因于稳定的行业效应，却有44%应归因于企业之间稳定的业绩差异。利润表现差异最大的地方是业务线，而不是行业或公司。

第 10 章　　　　　　　　　　　　　　　　　　CHAPTER 10

"锋利"的分析工具要慎用

　　有各种各样的工具可以帮我们分析企业的经营情况。在使用任何一种工具时，都要先做出假设，并将注意力集中到少数几个因素上，有时甚至集中到一个因素上。工具的威力正是来源于此。在特定情况下，赋予该工具力量的假设可能成立，也可能不成立。当你试着对某种复杂态势做出诊断时，一个"锋利"的工具有可能助你一臂之力，也有可能使你误入歧途，对症结做出错误判断。这些工具真可谓双刃剑，要小心使用。

　　顶级咨询公司精心设计的各种工具主要用于竞争态势的诊断，这些工具往往先给出一个框架，然后收集数据，再用一个分析或比较框架来揭露问题或发现错失的机会。在本章中，我将探讨一些在分析或诊断过程中常用的框架或工具。必要时，我将就容易出错的地方进行提醒。

资本预算

　　乍看上去，通过权衡利弊来评估一个拟议项目或行动似乎十分合理。作为一款财务工具，资本预算用于确定是否值得大规模投资。整体的想法很简单：计算（预计）未来的现金流模式，然后确定其现值——相当于将未来的现金流量按照时间长度平摊后的当前现金量。如果现值为正，则接受拟议项目（高级一点的方法还要考虑未来现金流的风险。此外，还有更高级、更精微的方法）。

令人费解的是，这个"美妙"的理论，却只有少数公司会如此使用它，大多数公司只是让经理们与高管们通过讨论逐渐确定一个项目及其预期。讨论的关键议题不是现值，而是竞争、增长前景以及对时机和内部能力的判断。

理论和实践之间存在如此巨大差距的一个原因是，理论中考虑的风险是由于经济风险、竞争风险和项目相关风险导致的未来现金流水平的不确定性。但在现实世界中，长期投资的最大风险是提出投资的人能力不足或撒谎。"T 计划"就是一个很突出的例子。T 计划是美国最大的 100 家公司之一内部提出的计划。当时，公司的主营业务发展余地已经不大，正在走下坡路，T 计划有望找到一项新的潜力巨大的替代业务，进而恢复公司的利润和声望。T 计划雄心勃勃，由负责新产品的高级副总裁布拉德利直接管理，他当时 40 岁，是一名经理人，聪明，有抱负，晋升很快。就我所知，在 T 计划上他的预算几乎是无限的。

该公司最初让我负责的是一个较小的项目，但我想更多地参与 T 计划。当项目进入最终决定阶段，布拉德利准备演示材料时经常征求我的意见。

T 计划的基石是一项复杂的公共测试，数百户家庭参与了这项新技术实验。随着我对细节了解的增多，我开始疑惑起来。市场测试结果很反常。从数据上看，似乎人们不太喜欢这个产品。没有实际体验的时候，消费者表示对产品感兴趣；但在市场测试中，对参与者为这项服务付费的意愿的估计是负面的。具体说来就是，为了取消这项服务，这些人宁愿支付一笔额外的费用，让公司把产品从他们家取走。

对此，布拉德利的看法是，将来公司提供辅助服务后，消费者的支付意愿会提高，而对价格敏感程度的低估意味着未来能获得高额利润。反常的还有竞争的问题。T计划中采用的理念没有一个是公司专有的，事实上大多数来自外部公司。这些财务预测是基于以下预期做出的：将来产品占领大部分市场，而且只面临来自替代产品的价格压力，没有来自直接竞争对手的压力。这种预期合理吗？

还有一周就要向董事会的一个特别委员会做演示了。那天，我和布拉德利以及他最信任的助手工作到很晚，一起浏览幻灯片和将要分发的小册子。小册子用牛皮纸印刷，灰色螺旋线圈装订，深绿色封面。但是小册子里没有任何技术分析，只展示了正在使用的技术的图片，以及对潜在市场规模的预估。小册子里估算了现金流，计算了净现值——按10%的折现率和15年周期计算，净现值为60亿美元。顾问们还计算了项目的风险调整后价值，甚至进行了实物期权分析。但布拉德利却一直盯着他认为最能吸引董事会委员会眼球的那一页。

他认为，董事会将重点关注对项目周期内累计现金流的预测。如图7所示，随着投资的增加，累计现金流将下降到负25亿美元左右。接下来几年，随着利润的积累，累计现金流将持续攀升，并在第7年由负转正。布拉德利说，董事会委员会只看投资回收期，即公司多久能收回投资。看到投资回收期长达7年多，布拉德利很是担心。

晚上10点，布拉德利拿起一把剪刀，把投资回收期曲线从那一页上剪了下来，然后他用透明胶带在纸上粘贴了一条修改过的投资回收期曲线。修改后的图显示，5年内即可收回投资。

"照这样重绘这张图，然后把修改稿发给印刷厂。"他对助手说，然后开始穿外套。

"布拉德利，"我说道，"你刚刚在分析咨询和市场测试上砸了4000万美元。如果你把这个曲线改掉，那做这一切还有什么意义呢？"

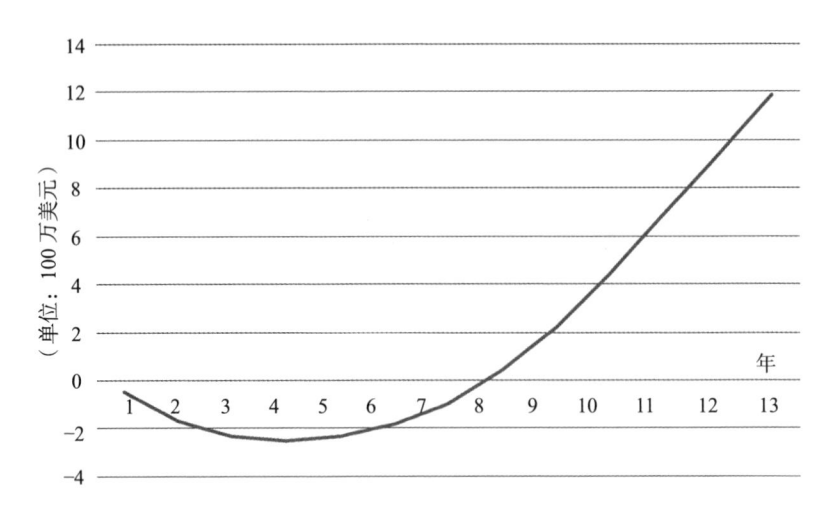

图 7　T 计划预计累计现金流

"鲁梅尔特教授，"布拉德利说，"战略规划你不懂。战略规划就是对企业资源的争夺。我一定要赢。"

尽管布拉德利志在必得，但 T 计划并没有得到向前推进的机会。董事会认为这个项目风险太大，正如布拉德利所担心的那样，他们想要更快收回投资。第二年，该公司出售了两个部门，然后进行了一项重大收购。布拉德利跳槽到另一家跨国公司担任高级职务。

当知识、资源和决策权不属于同一个人时，就会出现布拉德利表现出的问题。当你不得不就如何分配你的资源咨询别人时，就会出现一个潜在的问题。当你不得不向别人请教如何分配第三方资源时，事情就变得更加棘手了。因此，战略规划的质量受到系统中人的诚实和正直程度的制约。不同于 T 计划，最好的战略规划很少委托给别人，而是由高级经理或一小群高管与深受信任的顾问讨论确定。在此案例中，公司规模太大了，希望获得青睐和资金的战略与项目很多，高管们不可能都懂。

一个缺乏信任机制的系统无法利用系统中所有的知识和能力，并将做出短视选择。布拉德利有撒谎的动机，因为面临风险的不是他自己的钱。如果项目进展不顺，他会第一个知道，而且他会第一个退出，把搞砸项目的责任推给后来者；如果项目大获成功，他更会获益良多。赢得这样的公司的资源投入将成为他的骄傲，几乎肯定会给他在公司内外带来更多的权力和报酬。[1]

虽然董事会委员们未必了解相关技术，但他们并不蠢，他们知道世上存在像布拉德利这样的行为，他们也知道弄虚作假很有可能要很久才会露馅。因此，对于遥远未来的利润承诺，他们会打个问号，从而令公司做出"短视"选择。面对这样一套由布拉德利这样的"演员"向一个不懂业务的委员会做报告的制度，坚持四年投资回收期或许是个明智的做法。

董事会委员们知道，弄虚作假最有可能的方式就是用复杂分析掩盖事实。布拉德利的现金流预测是复杂经济模型的产物，其中包含数百个关于消费者行为、竞争、未来价格和成本的假设。面对这种情形，董事会委员会往往更看重自己的直觉，而非通过复杂分析得出的这些结果。他们将基于更少的信息做出自己的判断，但也有可能其中的偏见更少。如此一来，就产生了第二种"短视"行为——不愿意使用外部数据和推理。

这种状况被称为"代理"问题，为了弄清如何在这种混乱的情况下做出正确的决策，人们花费了大量智力和精力，但是大部分都被浪费了。在布拉德利的案例中，如果没有事后清算机制，如果没有办法让他在6年或10年后对决策结果负责，就不可能杜绝弄虚作假。但这种事后清算机制又与充满活力的组织和高管快速变化的职业生涯相互冲突。几年后，布拉德利会得到升迁或跳槽到另一家公司，项目也可能被重组，其他经理人的后续决策将使最终结果与最初决策之间的联系变得模糊不清。

因此，企业大多不太重视那些涉及如何评估长期项目的财务回报的理论。企业不是轻视"资金成本"，而是追求快速收回投资，或在短期内获得极高的折现率。这并不是说企业高管太无知，不会使用金融经济学家提出的"漂亮"理论，而是因为那些"漂亮"理论忽略了他们真正关心的问题，比如能力不足、撒谎欺骗等问题。当然，那些理论还忽略了他们自己的奖金与企业短期业绩之间的联系。

超越分析

布拉德利这个案例揭示的根本问题是，对T计划做最终决策的人不相信他的判断，不相信他经过分析提出的建议。对付布拉德利型高管的一个办法是，通过改变游戏语言和规则来超越技术分析。这方面的一个例子是波士顿咨询集团（BCG）的成长-份额矩阵的提出。凭借其形象生动的四象限：瘦狗、金牛、明星和问题，该工具在20世纪70年代和80年代初对企业战略思维产生了巨大影响。直至今日，仍然不时有人用它。

总体上，成长-份额矩阵是BCG咨询师艾伦·扎孔的智慧结晶，源自米德公司（Mead Corporation）的一个咨询项目。该矩阵根据每一项业务的增长率和现金流的方向，将其置于四象限中的一个。"市场增长率"和"市场份额"这两条坐标轴是BCG后来为另一个客户咨询时创建的。

20世纪80年代中期，我有机会与威廉·沃马克交谈，他刚从米德公司的董事会退休，米德公司与BCG共同发起了这个项目。我问沃马克，米德公司当时面临什么样的挑战才使公司采取了这种思维方式。他解释说，当时米德公司已经涉足一些新业务，但总体上它仍是一家林产品公司，公司内采用了一套非常复杂的资本预算系统。他说："锯木厂的人会带着随机化学计量分析报告来公司，解释他们为什么需要扩建工厂或新建生产线。"然后，制浆造纸厂的人会拿着同样复杂的分析报告，解释为什么他们也必须扩大生产。"但是，"他抱怨道，"这些业务根本没有赚到钱！我们只是不断地往里投钱。"沃马克表示，他希望找到一种方式，将资金投到更新、资金需求较少的成长型企业。就这样，他们改变了"游戏语言"，与林业有关的业务"成了现金来源，其作用是产生现金。就是这么回事"。现金将被投到其他地方。[2]

成长-份额矩阵改变了米德公司及其他公司的框架。最初的框架是资本预算，而一个称职的财务委员会接受那些高于最低预期回报率的项目或承诺净现值为正的项目。修订后的框架通过资金结构平衡的概念超越了财务分析：一些企业的作用是产生现金，另一些企业的作用则是吸收现金。每个框架都将人们的注意力吸引到情况的某些方面而非其他方面，并且每个框架都改变了组织内部的权力平衡。专业的资本预算给那些精通财务和计算的人带来了权力。资金结构平衡框架使权力重新回到顶层手中，他们可以给你贴上"瘦狗"的标签。

1980年，杰克·韦尔奇成为通用电气首席执行官。他采用了同样的方法。通用电气有400多个业务部门，他宣布每一项业务都应该"在你所在的行业里数一数二"，否则就会被"整顿、关闭或出售"。

他继承了一套复杂的多层次"战略规划"体系，并超越了这个体系错综复杂的逻辑，开始抛弃那些在市场上不够领先的业务。

成长-份额矩阵和韦尔奇的数一数二战略是一对双刃剑，许多公司在使用它们的时候却没有理解其根本逻辑——超越资本预算体系。所谓头脑清醒，就是要理解你使用的类比或框架。

"颠覆"理论

作为一个战略概念，"颠覆"理论直到最近才得到广泛应用。和成长-份额矩阵一样，如果不能小心使用，它会令人更加迷惑而非清醒。一旦过度使用，"颠覆"一词几乎可以指任何扰乱现有业务或事态的事情。但当年哈佛大学教授克莱顿·克里斯坦森和约瑟夫·鲍尔首次提出这个概念时，它的含义要精确得多。他们关注的是，当竞争对手采用新技术时，许多领先公司未能继续保持领先："固特异和凡士通进入子午线轮胎市场的时间相当晚；施乐让佳能开创了小型复印机市场；比塞洛斯让卡特彼勒和约翰迪尔接管了机械挖掘机市场；西尔斯百货让位于沃尔玛。"[3]

为什么早先成功的公司没能有效应对这些威胁？克里斯坦森和鲍尔的解释是，领先企业过于关注现有客户，尤其是最大、要求最高的客户。为了满足这些客户对体积更大、功能更强大或速度更快的产品的需求，企业忽视了效率较低但成本也较低的技术。颠覆的一个经典案例是，一家生产台式电脑硬盘的公司，其客户想要速度越来越快、容量越来越大的硬盘，结果就是，该公司忽略了新的更小的 2.5 英寸硬盘的研发生产，因为现有的客户对它们不感兴趣。但随着小尺寸硬盘功能的增强，它们被用到笔记本电脑上，比传统的台式机大尺寸硬盘性价比更高。在这个案例中，这家公司被"自下而上颠覆"。

克里斯坦森生动地描述了硬盘行业、挖掘机市场和小型炼钢厂被自下而上颠覆的案例，这些案例吓坏了一代高管。高管们担心，他们是否过于关注自家的成功产品和最佳客户。他们是否应该关注所有不如自家产品的竞品？这个框架对于理解竞争的驱动力有多大帮助？

克里斯坦森理论中的"颠覆"来自性能较差的低价产品，但也有明显相反的例子。iPhone 价格高昂，但显然对黑莓手机和诺基亚手机产生了颠覆效应。

RIM 公司（主要产品为黑莓手机）过去一直专注于企业和政府机构，2003 年，该公司由于为政府客户提供高安全性私有网络获得了政府认证。它的电子邮件网络绕过了拥挤的公共数据网络，为当时的客户节约了昂贵的电信网络数据费用。这些手机可以由企业IT部门控制，如果手机丢失或被盗，IT部门可以远程清除手机中的信息。

企业和机构都喜欢控制黑莓的生态系统。同样为500名用户推送电子邮件，黑莓企业服务器的成本约为3.7万美元，微软同类系统的成本则为10.7万美元。而且黑莓的私人电子邮件服务器提供两种强加密标准。2008年，也就是iPhone问世一年后，摩根士丹利认为RIM"在电信设备领域拥有最好的长期增长前景"。一众咨询顾问敦促黑莓继续专注于它已经锁定的企业市场，而不是进入竞争异常激烈的消费者手机业务。

用户喜欢由公司支付一切费用——公司把手机免费发给员工使用。2010年初，摩根·基根公司（Morgan Keegan & Co.）认为，黑莓在对价格敏感、以信息为中心的商务客户市场中表现更好，将来的表现会更好。

直接摧毁黑莓的是，2010年，许多公司出人意料地开始要求员工"自备手机"，这种做法迅速推广开来。电子邮件变得越来越便宜，人们也开始带着自己的个人智能手机上班。随着iPhone和安卓手机的普及，通信安全问题已不再是人们关注的重点。企业市场迅速消失，同时扼杀了黑莓。更确切地说，是控制员工手机的企业模式崩溃了，黑莓也随之走向没落。

黑莓的例子表明，企业受到的打击不仅有自下而上的打击，企业也可能被更好、更昂贵的产品打击。许多人已经研究过是否真的存在"自下而上"的大规模破坏。

- 历史学家吉尔·莱波雷在《纽约客》的一篇文章中再次审视了硬盘驱动器行业。她发现，在过去的20年里，"硬盘驱动器行业的胜利似乎属于那些擅长持续改进的制造商，无论它们是不是率先将这种颠覆性的新格式推向市场的厂商"。[4]

- 研究人员苏德和泰利斯研究了1879—2000年36项新技术的崛起。他们进行了详细的经济分析，却没有发现存在明显的低价格、低性能颠覆模式。
- 伊神满重新审视了克里斯坦森描述的硬盘行业的原始数据集。他发现，现有企业具有成本优势，但面对新进入者反应较为迟缓，因为它们"不愿破坏旧有的利润来源"。[5]
- 乔希·勒纳也重新分析了硬盘驱动器行业，发现随着时间的推移，做出最多创新的恰恰是追随者。[6]

总之，后续研究并不支持克里斯坦森的说法，即企业过于关注主要客户，却忽视了低性能、低价颠覆性产品的崛起。既然我们确实会看到一些强大的公司偶尔会被较小的竞争对手、新进入者或新技术排挤，那么到底发生了什么呢？通过观察一些真正具有颠覆性的戏剧性案例，我们可以获得一些深刻见解。

人们经常用柯达的衰落来警告那些忽视颠覆性力量发出的警示信号的企业，这就是它们的命运。但在柯达的案例中，当时并没有低成本、低性能的"产品"来颠覆柯达。如果当时你是柯达的"主人"，你会怎么做？当时柯达的胶卷业务毛利润率高达70%，其规模庞大的胶卷业务只是在缓慢下滑。柯达在近50年前，也就是1975年，明智地出售了自己在化学领域的知识产权，而且竟然造出了一台数码相机。柯达的高管们知道数码时代即将到来，但在他们的想象中，数码照片会被打印出来，被人们放进相册，或者自豪地挂在墙上。因此，他们在数码照片存储和精细印刷方面进行了更多投资。2000年，你或他们能预见到人们会用小屏幕手机分享低分辨率的自拍照吗？假设当时要你在数字领域投资数百万乃至数十亿美元，你会投资哪些设备、系统或产品？照相机？打印机？CD？个人电脑？屏幕？照片处理软件？手机？柯达被颠覆了，但不是被竞争对手颠覆的，而是被整个生态系统颠覆的。

柯达的衰落与《大英百科全书》的衰落十分相似，后者是被电脑和网络取代的。在几代人的记忆里，《大英百科全书》经常被挨家挨户地推销给家长，作为对孩子教育的投资。价格是数千美元，通常还会附赠一个漂亮的书架来放置32册书。该书出版已有200多年历史，由4000多名独立撰稿人撰写，约100名工作人员编辑完成。

数字时代到来后，它曾推出过光盘版本，但其销量不足以弥补精装书销量下降的损失。它也试着推出过在线订阅版本，但价格太高，订阅者寥寥。"颠覆"《大英百科全书》的不单纯是维基百科、微软百科全书（Encarta）、学术百科（Scholarpedia）、数字宇宙（Digital Universe），也不是平板电脑或手机，而是整个生态系统，包括个人电脑、电话、网络、谷歌、博客、谷歌图书等。和柯达一样，当时没有一种产品和它竞争，没有明确的竞争对手和它交锋，所以它们也没法通过收购竞争对手反败为胜。

如何应对颠覆

"颠覆"的真正挑战不是你看不到它的到来，而是：

A. 应对它需要付出的成本似乎比它本身的价值还要高；
B. 你的组织缺乏必要的技术能力、财务实力或组织能力来应对；
C. 它破坏了你赖以生存的整个生态系统。

如果你并未面临这三大尖锐挑战中的任何一个，那就说明你遇到的不是真正的颠覆性问题，而是一个相对标准的战略问题。例如，1980年，油价上涨损害了孟山都的大型重资产石油化工业务。尽管如此，它仍有技术和资源重新部署到农业遗传学领域，打造一项有利可图、不断增长的新业务。当然，这是一项长期战略，不会带来令全球"激进投资者"感兴趣的那种股价上涨。

在第一种情况下，当一项新技术可能对当前的利润池造成太大破坏，以致无法立即做出反应时，应该对静观其变这种做法的成本和收益进行评估。或许，让现有业务慢慢衰落才是最好的选择。要优雅地做到这一点，明智的做法是将其纳入公司多元化投资组合。如果你经营一家逐渐衰落中的上市公司，华尔街、形形色色的"激进分子"和基金会让你的生活苦不堪言。如果你的公司不搞多元化经营，那最好把这项业务卖给一家搞多元化经营的公司。

而让业务衰落一段时间，然后再采取行动，是在第一种情况下的另一个选择。早年，电话公司以每月 1500 美元的价格向企业出租 T-1 数据传输线路，后来当互联网威胁到要颠覆它们这项利润丰厚的业务时，大多数电话公司就是这么做的。它们先是等 DSL（数字用户线路）业务逐渐成熟，后来又等各地普及光纤，然后，2002 年世界通信公司破产后，它们终于开始提供廉价的高速数据服务。

在第二种情况下，如果你缺乏应对的技术能力，通常的做法是收购一家拥有这种能力的公司。

这是目前人们对技术上的颠覆式创新的标准反应。许多关于颠覆性导致崩溃的"典型"故事之所以发生，是因为没有公司可以收购。比如黑莓当年就没有像样的智能手机公司可以供其收购。对于柯达来说，要么挽救胶卷业务，要么进入竞争异常激烈的相机和智能手机行业，但要想做到二者中的任何一项都并非易事。在这两种情况下，最好的办法似乎是找到一个拥有相关技术的合作伙伴，把企业卖给能胜任这项任务的人，或者在利润不断下降的情况下耗尽时间。

更常见的情况是，公司缺乏应对颠覆的组织灵活性，因为公司的结构长期以来围绕着其他东西展开。或者，这家公司的中心有一团大而僵化的"混沌体"，专门负责委员会和 PPT，而非解决问题。在这两种情况下，收购可能是一种解决方案，但通常情况下，最好是将被收购的公司与作为核心的"混沌体"分开，毕竟之所以发起收购，就是因为后者缺乏灵活性。更多相关内容，请阅读第 13 章的"惯性和规模"一节。

在第三种情况下，整个生态系统崩溃，除非你有一个能预测未来的水晶球，可以在洪水来临之前逃离，否则你什么也做不了。不可否认，技术、品味和监管方面的重大变化可能颠覆甚至扼杀一项业务，没有什么管理技巧可以让企业成为常青树。

* * *

资本预算、成长-份额矩阵、颠覆理论等工具对态势分析很有帮助。此外，还有很多其他工具，比如价值链分析、支付意愿模型、竞争的多项 Logit 模型、麦肯锡的 7S 框架、蓝海战略画布、场景开发、基准测试、产品生命周期、根本原因分析等。每一种工具都将注意力集中在几个因素或问题上，甚至集中在一个因素或问题上。而且每一种工具都建立在假设的基础上。忽略这些假设，后果自负。

PART THREE

■ 第三部分

解决
症结性难题

本书第一部分介绍了基于挑战的战略的概念以及什么是症结性难题。第二部分描述了诊断挑战的方法，特别是那些竞争性的挑战。在本书第三部分，我将重点介绍如何在发现症结性问题后克服它。在这里，我们来看看企业的优势源自何处，在尝试创新时会产生哪些问题，以及在你自己的组织中，当出现功能障碍时，解决症结性问题面临哪些复杂局面。

第 11 章

寻找获胜之机

两个势均力敌的拳手在拳击场上相遇，那么，哪个人会胜出呢？在竞争中，我们寻求优势，而优势只能来自某种不对称。也许某个拳手胳膊更长，或耐力更久。我们在制定商业或军事战略的时候，一般都是围绕这些因素，优秀的战略家往往眼光更敏锐，知道哪些不对称可以转化为优势。

优势的基础

爱德华·马克是我一个朋友的朋友。他原本在一家照明设计精品店工作，40岁时，他在这里的工作到头了，需要寻找下一份职业。他找到我，让我帮忙研究一下他的商业计划。喝咖啡时，他递给我一份简短的文件，是一份健身房的商业计划。爱德华注意到，当时健身房风靡一时。他微笑着告诉我，他一直梦想能住在加州的猛犸镇，这是一个滑雪小镇，也是通往高山的入口。他的想法是跟家人借一些钱，在猛犸镇开一个有氧健身房。他觉得，这个镇上的人很爱好运动，对健身的需求会很大。而且，他认为，在那里也能招到工资较低的健身教练，因为那里有很多喜欢锻炼的人，而那些人总是在寻找工作。他在商业计划书中预测了未来五年的收入、成本和利润。这之前,他并没有有氧运动或服务行业的经验。

爱德华·马克的商业计划是一种假设——对可行方案的猜测。要想检验假设,其中一种方法是直接去尝试。就像自然界的竞争会淘汰适应性差的物种一样,市场的考验将揭示哪些是糟糕的商业想法,并选择出"可行的想法"。但是,每当你有了一个新想法,就迫不及待地冲向市场时,代价将是极其昂贵的。正如卡尔·波普尔曾雄辩地指出,最好让"我们的理论代替我们牺牲"。[1]

在商业竞争中,不具备某种优势,就不能指望盈利。我们应该在四个基本方面寻找优势:信息——知道别人不知道的东西;专有技术——拥有别人没有的技能或专利;地利——拥有声誉、品牌或现有的市场体系(如分销、供应链),其他人无法轻易模仿或将我们挤走;效率——无论是基于规模、技术、经验,还是其他人难以达到的其他因素所获得的效率;系统的管理能力——无论是弥合复杂性,还是移动速度和精度,都是其他人所不具备的。针对上述每一种情况,我们都要在你和竞争对手之间寻找重要的不对称,一个可以转化为优势的不对称。

在爱德华·马克提出的有氧健身房的案例中,没有明显的优势来源。对于一个立场中立的顾问来说,面对这个方案是应该反对的。爱德华没有什么特别的信息来源,他对这个商机的看法都是从公开信息和报纸报道中获得的。他本人也没有稀缺资源——他的技能,跟有氧运动或是服务零售业都毫无关系。由于缺乏专门的知识或资源,他所做的财务预测只是一厢情愿的想法。

然而,上述结论可能会让一些人感到受挫。他们说:"但这个计划可能行得通!"没错,它有可能行得通,在服务零售业,马克可能有尚未表现出来的潜能。另外,也有这种可能,那就是在他的健身房开张一个月后,猛犸镇议会不再允许在本地开设更多的健身房,如此一来,他的健身房就处于受保护的地位。

请大家注意，所谓的"优势"，是指你"期望"能获得利润。个别赌徒可能在拉斯维加斯赢上一笔，但我们不能期望在玩赌场设定的游戏的时候总能获胜。要想在激烈的竞争中让自己的业务成功，就必须拥有知识方面或资源方面的优势，或两者兼而有之。

那么对于爱德华·马克，我们应该给他什么建议呢？更重要的是，他愿意听什么忠告？我对他的创业精神表示赞许，但没有称赞他的商业计划。我说，要想创业并取得成功，诀窍在于"你需要了解这个行业的一些特殊窍门，要有一些特殊本领，能基于对形势的独到见解或基于特殊信息找到自己的方法。为了培养这种见解，你得学会判断哪一个方面才是更重要的：是健身房还是猛犸镇这个地理位置。然后，要沉浸在这个话题中，考虑清楚。去了解当地的风土人情、社会问题、场馆选址，以及政治势力等方面的信息。机会就像魔鬼，藏在细节里"。

在寻找某种力量或杠杆来解决挑战中的症结性问题时，要记住学会利用优势的基本要素。与马克不同的是，大多数运营公司确实拥有特殊的信息和资源。对于一家有相当历史传统的公司来说，它的经理比任何人都更了解公司的产品及其开发和生产系统。另外，他们应该更多地了解公司客户的情况，以及他们如何使用公司的产品和服务。我们要从这些不对称中着手，寻找绩效相关的概念，即随着时间的推移所获得的特殊技能和知识。

不要进行伯川德竞争

那些拥有成功历史和大量资产的公司很容易陷入残酷的价格战，而价格战永远不会有好结果。

1883年，法国数学家约瑟夫·伯川德提出了有关激烈的商业竞争逻辑的理论。他假设，当地有两家矿泉水公司，都是开采法国中部奥弗涅火山岩地区的矿泉水出售。顾客知道，两家公司的水质相同，因而，谁的便宜就买谁的。他指出，竞争的双方应该都清楚，降价可以增加销量。他特别指出，任何一家公司都会试图制定略低于另一家公司的价格，从而获得所有的顾客。一旦启动价格战，这个过程将无情地大幅削减矿泉水的价格，直至达到现金成本——就矿泉水而言，其现金成本几乎为零。在伯川德理论构想中，最重要的因素是竞争对手降价的意愿，而这又取决于顾客对较低价格的反应。

当市场能对降价做出迅速而果断的反应时，就会出现"伯川德竞争"的局面。这意味着，所有竞争方都有充足的产能，价格很容易传达给买家。此外，产品是标准化的，因此质量差异很小。在伯川德竞争中，价格会被一路压低到现金成本。

在这种竞争中，取胜的唯一方法是赶走竞争对手，垄断矿泉水的供应，或者经营成本明显低于竞争对手，而后一种情况非常罕见。例如，在线股票经纪的世界，越来越充斥着伯川德竞争的场景。对于这个领域来说，我们就不能建议人们投资于它的基础设施。

在现实世界中，大多数成功的战略都是建立在以下几种情况基础上的：提供比竞争对手更好的质量或性能，或比别人认为的更好的产品，或专注于一个你的技能与买家的需求和品位相匹配的细分市场，或是指望客户不关注、不在意价格因素。例如，抵押贷款行业就是受益于房屋所有者对其未偿贷款和新利率缺乏即时关注的特点。高盛的一位分析师曾跟我说："我们试图基于经济理论来给消费者的行为建模，但这并没有奏效。通常情况下，大多数抵押贷款借款人就像睡着了一样，每四年才会醒来一次，看看利率。如果他们一直醒着，这门生意的利润就会少得多。"

了解自己的优势

1982年初，我应邀前往英格兰的兰尼米德与壳牌国际的战略规划人员共度一周。在这一周内，集团规划部对国际石油工业几种可能的未来进行了生动而复杂的概括，包括政治、社会和经济问题。第四天傍晚，组织方请一些高管总结一下他们听到的内容。其中一位说："我们在上游取得了很高的回报率。但我们的下游业务正在亏损，尤其是在欧洲。显然，我们在上游比在下游做得更好。"他所说的上游是指勘探及开采石油，而下游指的是炼油行业，即将石油提炼成汽油、柴油和其他最终产品。

这位高管的快速总结其实是错误的。没错，壳牌在上游业务中赚的钱比下游业务多，但这种差异与他们是否"更擅长"其中一项无关。在上游，OPEC（石油输出国组织）在五年内将油价提高了一倍多，因而任何拥有石油资产的人都在赚钱。另外，油价上涨使欧洲的石油需求减少了19%，而欧洲炼油产能远远供大于求。炼油产能过剩意味着，炼油商之间的竞争已将利润率推至历史低点，炼油商开始快速亏损。这暂时符合伯川德竞争的特点。大量的炼油厂被关闭。壳牌计划陆续关闭位于荷兰和德国的两家大型炼油厂。德士古、海湾和英国石油公司也宣布了关闭炼油厂的计划。

事实上，如果预见到未来自己的商品不得不跟竞争对手打价格战，仍然进行投资，建设厂房设施，那么日后出现伯川德竞争的局面，就丝毫不令人惊讶了。这并不意味着你在这个行业中"不好"，也不意味着你具有优势。

在研究一个症结性问题的解决方案时，要记住，这种解决方案几乎从来不是更多的价格战，也不是更多地在伯川德市场进行投资。

紧密耦合

优势的一个最令人意想不到的来源，是活动的紧密耦合，尤其是一种新的创造性耦合。当面对一个强大的竞争对手时，应对措施的关键，往往是要想办法在主要市场上以一种新的更好的方式吸引不同类型的客户。这个新市场通常是通过将现有技术与其他技术相结合而进入的，而这些技术又是强劲的竞争对手难以立即模仿的。

大多数时候，现有的产品和服务就是由耦合的组件组成的。最开始，新的耦合通常被视为一种创新。在那之后，它就会被视为是事物自然而然应有的样子。通用电气的涡扇喷气发动机是工程、材料和结构紧密结合的产物。史蒂夫·乔布斯创造的苹果手机是硬件和软件紧密结合的产物，而且比其他任何厂家所做的结合都要深入。亚马逊的独特优势仍然是在线购物体验与高效的仓储和物流之间异常紧密的结合，在短时间内，似乎没有任何其他企业能把不同的技能结合得如此紧密。这些熟悉的耦合仍然很难复制，并且是持续优势的基础。

为了创造优势，我们必须把尚未结合起来的技能和想法结合起来，这通常意味着将具有不同知识基础或经验基础的活动结合起来。你能把古老的养蜂业与现代的农作物位置、农产品基因技术以及天气数据结合起来吗？

20世纪70年代末，西摩·克雷推动了高速计算的发展，赢得了"超级计算机之父"的称号。他的特殊技能综合了通常不相关联的三种基础知识。他懂得基本的计算机设计，知晓微分差分方程，也清楚控制电磁信号传播的麦克斯韦方程。他的机器结合了极高速的操作和矢量处理能力，提供了比标准IBM硬件40~400倍的改进。

对莱特兄弟来说，症结性的问题在于如何从滑翔转向动力飞行。当时，有的人有滑翔机，另外有些人有汽油发动机。但当时已有的汽油发动机都不够轻，无法为莱特兄弟制作的滑翔机提供动力。莱特兄弟研究了现有的发动机，然后设计了一个非常简单而又非常轻的四冲程四缸汽油发动机。这个发动机是他们在代顿的自家经营的自行车店里做出来的。如果没有这个引擎，1903年的第一次动力飞行就不可能实现。如果没有莱特兄弟在空气动力学方面的直觉、轻型机身制造技术，以及汽油发动机设计和制造方面的惊人结合，航空飞行就不可能发生得这么快。

如今，总部位于圣克拉拉的英伟达正在尝试的最雄心勃勃的战略合作之一是收购总部位于英国的 ARM。自从我在《好战略，坏战略》中写了关于英伟达的内容以来，该公司已经在不断增长的人工智能市场上占据了世界上最有利的位置。它之所以能走到这一步，是因为它的图形处理器（GPU）与大多数英特尔 x86 微处理器一样复杂，但工作原理不同。

标准的英特尔处理器是一种通用机器，能执行程序的任何请求。如今所谓的"核心"或"核"，过去被称为中央处理器（CPU）或处理器。今天，一个现代的英特尔核心包含 2 亿~5 亿个晶体管，而整个处理器有 4~12 个核心。最先进的应用程序可以同时让所有核心执行软件的任务，但如果所有核心被同时加载到满负荷，其产生的热量会使设备融化。因此，必须谨慎地平衡核心的算力。其实，大多数台式机和笔记本电脑的程序，只需 1 核就能运行得很好。

相比之下，英伟达的 GPU 的核心要简单得多。每个核心都只需做一些简单的乘法、除法和其他算术运算。一个 GPU 核心只有 1000 万个晶体管，但是英伟达最新的消费型 GPU 有多达 2176 个核心。正是这种能同时运行简单计算的能力，使英伟达基于 GPU 的芯片在人工智能模式训练中非常有用。英伟达最新的高端人工智能芯片 A100 拥有 540 亿个晶体管和 4.3 万个核心。

ARM 拥有大多数移动设备处理器的架构设计，并开始侵入英特尔的云处理领域。ARM 的架构比英特尔的要简单一些，消耗的电力也可能更少。ARM 并不设计处理器，但它有一套灵活的设计和标准，允许设计师在系统中添加触摸板界面或摄像头时进行大量混合搭配。

吸引英伟达的是 ARM 的整个生态系统。在首席执行官黄仁勋的领导下，英伟达在处理器的高速并行操作、高速内存访问架构以及驱动核心的免费可用语言（CUDA，即统一计算设备架构）方面开发建立了深厚的工程技术。这个战略的关键是使用 ARM 支持的设计，围绕英伟达的核心，服务于基于云的专业领域，如加密、图像分析和某种类型的机器学习。如果这种在处理和存储的紧密集成方面日益增长的能力让它超越英特尔的架构呢？就像任何商业战略一样，这是一个赌注。在这种情况下，如果它能带来回报，就一定会是非常巨大的回报。

* * *

最好的法国餐馆都设在乡村，依靠当地新鲜的农产品。在美国，这种结合则非常罕见。爱丽丝·沃特斯在伯克利的潘尼斯之家餐厅工作，她采用来自当地菜园的新鲜食材，将其作为一种新的美式美食的核心。沃特斯对从农场到餐盘的新鲜餐饮的热情，引发了一场对美食认识的革命。2009 年，由于她的贡献，她获得了法国荣誉军团勋章。

在许多消费产品中，挑战在于如何结合不同的客户群体，创造不同的模型或品牌。这些挑战的症结之处在于，获得对真实的客户行为、需要和需求的现实理解。

第一家认真对待客户调查的消费品公司是宝洁。在 20 世纪 20 年代末，该公司尝试进行品牌管理。例如，宝洁的想法是让 Camay 香皂与象牙香皂区分开，并为每种香皂配备一个品牌经理。在这种背景下，拥有经济学博士学位的保罗·斯梅泽开展了认真的市场调研，使宝洁成为了解客户的领导者。斯梅泽会用这样的问题来激励高管："在人们使用象牙香皂的时候，有多少比例是用来洗脸和洗手的？有多少比例是用来洗碗的？"[2] 没有人知道这些问题的答案，见此情景，他认为公司必须找出相应的答案，了解这些情况。

斯梅泽的研究部门里，最著名的创新是它创建了实地调查团队。这些员工大多是年轻女性，她们先要学习如何上门拜访消费者，了解消费者如何使用清洁产品。实地调研人员在调研的时候不能使用笔记或写字板，而是必须在拜访后，能很好地回忆并记下她们所了解到的东西。利用这些数据以及其他市场研究数据，宝洁公司成为世界上最伟大的消费品公司之一。

财捷（Intuit）成功的Quicken、QuickBooks和TurboTax产品在各自的类别中处于领先地位。和宝洁当初一样，财捷也有所谓的"跟我回家"的居家拜访政策。财捷的管理人员在进入用户家中后发现，原来那些使用Quicken支票簿财务程序的用户，实际上是把它用作小企业的会计工具。然而，其中的大多数人都不熟悉正式的会计术语。财捷随后构建了QuickBooks，最大程度简化了复式记账软件的外观。2008—2018年任财捷首席执行官的布拉德·史密斯说："你无法从数据流中学到我们从'跟我回家'中得到的东西。你必须看着某人的眼睛，感受他的情绪，才能了解他使用软件时的痛点。"[3]

当面对一个强大的竞争对手时，应对的关键往往是想办法在主要市场上以一种新的、更好的方式吸引不同类型的客户群体。这个新市场通常是通过将现有技术与其他技术相结合而进入的，而这些技术又是强劲的竞争对手难以立即模仿的。

金属粉末制造商Indego Materials就曾面临强劲的竞争威胁，公司的战略是专注于与关键客户搞好合作。

金属粉末可以用来制造各种各样的产品，从玩具到喷气发动机叶片等，用途十分广泛。Indego Materials专门生产钨、碳化钨、钛和钽等金属粉末。这些金属通常被称为难熔金属，其硬度使得它们难以用传统的切割或金属切削方法来塑型。首选的方法是将粉末金属放入模具中，然后通过高压或高温（烧结）制造出最终的形状。特别是碳化钨，这是一种非常坚硬的物质，通常用于切割其他金属。

从 2010 年开始，因其成功开发了一种独有的添加剂，Indego 在钨和钍市场上享有了竞争优势。有了这种添加剂，公司可以非常可靠地制造出最终形状更小、更精细的产品。而在没有添加剂的情况下，生产商就不得不限制烧结的最终产品的细节，使其不那么精细。该公司的金属粉末在全世界大约有 20 个主要客户。

但公司也存在竞争上的问题。其首席执行官罗恩·赫尔威斯在 2016 年曾解释说："我们正面临来自韩国的一家企业的竞争，该企业跟我们的业绩相当。这导致我们的利润率下降。我们面临的一个大问题是，我们并不确切地知道，那家公司在成型和烧结之前是否应用了其他处理方法。另外，我们也不完全确定，客户所需要的最终性能是什么。他们往往只是简单地询问报价和供货条款。"

Indego 的管理层决定尝试与一个关键客户合作，这个客户在此前一年，曾在几个问题上寻求过公司的帮助。在随后 4 个月的合作中，Indego 发现客户喜欢其钨粉末的硬度和其他一些小特性，但也对材料中的孔隙率感兴趣，其微观孔隙或通道可使轴承实现自润滑。Indego 的工程师们解决了这个问题，他们发现，添加少量钽粉末和另一种添加剂就能满足客户的需求。

基于这些经验，Indego 建立了一个小型试制工厂，在那里可以尝试其客户使用的一些制造方法。然后，Indego 创建了一个熟练的销售工程师团队，他们与关键客户合作，帮助客户改进产品，实现产品的差异化。通过将客户的问题带到试制工厂，Indego 能够帮助客户更有效地使用金属粉末。几年后，随着该公司的产品从一种商品转变为一种特殊材料，公司的利润率也有所提高。

解耦

紧密耦合是一种独立的创业行为。相比之下，解耦通常是一种行业现象，发生在合并或整合过的专业公司身上。在这种情况下，优势在于尽早接受一个新的专业定位，而把那些试图保留旧的集成系统的人抛在后面。

例如，在计算机发展的初期，IBM和一些规模小得多的竞争对手的经营目标，就是为工业企业和政府提供完全集成的计算机系统。他们会设计并建造存储器、处理器、卡片和磁带阅读器、打印机、终端等。微处理器的出现瓦解了这个系统。随着每一种设备变得越来越智能，而且拥有了自己的微处理器，于是乎，磁盘驱动器、键盘、主处理器、显示器、内存、软件等都出现了独立的供应商。在这种大规模的解耦过程中，以前设计整个系统的做法已经消失，而能带来巨大利润的做法包括：在线销售（如戴尔），英特尔微处理器和微软的Windows及办公套件的交叉耦合，分离出来的硬盘驱动器行业。

整合或分解

集成涉及"上游"阶段向"下游"阶段提供输入的活动，就像砍伐树木运到木材加工厂，然后变成木材、笔记本和纸巾。工业生产中存在一系列挑战，其中的关键症结都指向整合或分解的行动。

1909—1916年，福特汽车公司将T型车的售价从950美元降至360美元，从而极大地扩大了潜在客户的基础。这种成功并不像许多人认为的那样是因为该公司采用了流水线的生产方式。1909年，这种车每辆的人工成本不超过100美元。更大的节省来自福特将材料成本从每辆车550美元降到220美元。[4]这种节省源于工业工程的独特组合，这种组合向后整合到汽车零部件的制造中。当时，福特汽车的大多数座椅、窗户、车轮等的供应商都是小规模的夫妻店。福特的工业工程师设计了大批量、高质量、按时、低成本生产这些产品的办法，

第11章 寻找获胜之机　　195

这推动了T型车的成本大幅度降低。

如今，虽然整合的逻辑仍然适用，但找到这样的机会要难得多，而分解更有可能获得回报。与T型车的故事正好相反，零部件、服务和组件供应商在各自擅长的领域，往往比综合性的大公司做得更好。分解（"去整合"）是外包给"供应链"的巨大浪潮背后的力量。在这一力量的推动下，制造业、程序开发等基于知识的技能，都转移到海外成本更低的地方。一个重要的例子是，大多数半导体产品都被分解到专门的芯片制造商那里。最初，像仙童、德州仪器、IBM、摩托罗拉等公司都各自设计、生产自己的内存和处理器芯片。相比之下，如今只有英特尔和三星保持着强大的内部芯片生产设施。

根据产品线的不同，公司内部的整合和分解决策会有所不同。对于巴基斯坦制鞋公司 Bata 来说，停止自己生产凉鞋，外包给充满活力的当地制鞋业是有道理的。相比之下，公司更复杂的"运动鞋"继续在内部生产，因为它们需要专业的织物及橡胶的硫化技术。

GamaGee 是一家瑞士金融服务公司，擅长开发特殊类型的保险产品。该公司只负责金融工具的设计。实际的保险职能则由该领域的专家处理，营销被分包出去，分销则是通过财务顾问实现。在现代金融领域，整合往往仅限于需要共享难以获取的客户和市场信息的情形。

规模和经验

最容易想到的实现更大效率或市场控制的机制是规模经济。企业越大，成本越低。难道不是这样吗？

是，也不是。2019年，三星生产了2.95亿部智能手机，而排名第二的苹果生产了1.97亿部。由于三星在芯片和屏幕上的垂直整合程度更高，你可能会认为它更大的体量和集成能力将赋予它强大的

"规模"和集成优势。但三星同时销售 150 款不同型号的手机，而苹果只销售 3 款。三星所谓的规模，大部分都花在了为发展中国家生产低成本、低利润的手机上，因此，三星只占全球手机利润的 17%，而苹果占 66%。在这种情况下，似乎并不是越大越好。

许多活动都有明显的规模经济效应。此时，战略性的问题是较大的规模需要同时具有较高的效率。如果占有整个市场 10% 的规模，能获得良好的效率，那么整个市场就有空间容纳 10 个高效的企业。这就意味着，规模不会成为优势的来源。

运输成本和客户对差异化的需求则会抵消规模效应。例如，即使经营一家餐厅的成本随着座位数量和提供的餐食数量的减少而下降，建造一家有上千个座位的餐厅也没有什么合理性。顾客们来餐馆的目的不仅仅是吃饱。客机也存在规模经济效应，空客 A380 的每座英里成本最低。它的设计目的是取代波音 747，成为最优秀的客机机型。但只有在航空公司能保证每架飞机满座的情况下，它才能以这么低的成本运营。空客于 2019 年取消了该机型的生产。

同样，在全球汽车行业，生产也存在显著的纯成本规模经济。然而，在 2019 年 7500 万辆汽车的世界市场上，最大的生产商丰田只占据了 10% 的市场份额，其次是大众（占 7.5%），然后是福特（占 5.6%）。所以，对于汽车生产而言，还有别的原因在起作用。如果规模真的很重要，最大的汽车制造商将完全主导市场。

汽车生产的规模经济不是决定性的，因为不是每个人都想要同样的汽车。购买者对不同功能的渴望，或者仅仅是希望买到一款不同的车，这些因素都抵消了纯粹的生产上的经济规律。每个生产者面临的问题不仅仅是单位成本，还有买家在社会规范、品味和收入方面的差异。

在规模生产经济以及简单地拥有一个更大的组织之间，存在很大的逻辑鸿沟。事实上，更大的组织通常需要更多层次的管理者和结构来协调整体行为。由于这个原因，许多基于"规模经济"的合并失败了。在交易完成后，事实往往证明，参与方所期望的收益是虚幻的，因为合并伙伴的角色、技能、薪酬等级和任务差异太大，无法进行有效整合。最明显的案例就是灾难性的戴姆勒和克莱斯勒、阿尔卡特和朗讯，以及美国在线和时代华纳的合并。

规模问题仍在广告和研发中发挥作用，因为这些活动对竞争对手的支出更为敏感。这是一组非常复杂的问题，必须仔细分析。一般来说，要想跟一个更大的竞争对手展开竞争，首先要做的，就是找到对手可能会知难而退的那部分业务，从这方面下手。

经验

每个人都知道熟能生巧的道理。对于"边做边学"进行的经典研究，是战时波音公司第二工厂生产 B-17 轰炸机的案例。[5] 第一批这种型号的飞机于 1941 年组装完成，每架飞机大约需要 14 万工时才能组装好。一年后，组装同样的飞机，每架只需要 4.5 万工时。到 1945 年 B-17 停产时，组装每架飞机的时间减少到 1.5 万工时。

组装每架 B-17 的工时减少的原因，至今对我们仍然具有指导意义。通过仔细研究这个案例，人们发现，规模经济并不是其中的一个原因。工人们的技艺也没有变得"更好"，因为最初开始组装这些飞机的时候，都是熟练工人，但随着工厂的扩大，相对缺乏经验的工人也加入进来。发生显著变化的是生产的组织方式。返工的数量急剧减少，因为不良零件在组装前就被去除掉了。此外，还出现了向即时生产的转变，取消了中央仓库，转而采用本地库存，工人们还把单个零件组装为组件，然后再安装到机身上。

布鲁斯·亨德森领导的波士顿咨询集团将"边做边学"重新命名为"经验曲线"，并以此将波士顿咨询集团推上了战略咨询领域的领先地位。1976 年，我在亨德森的办公室看到我的第一条经验曲线。

波士顿咨询集团的分析师研究了德州仪器的半导体业务的成本数据。双对数坐标图显示，随着累计产量的上升，单位成本下降；累计产量每增加一倍，单位成本就下降20%左右。亨德森的论点是，经验效应意味着，一旦一家公司进入领先地位，它就可以保持领先。这似乎可以解释一些公司在竞争中持续成功的原因。

如今，以事后诸葛亮的眼光来看，这条曲线是半导体经济学的基础。在给定的生产条件下，单位成本会随着产量（良品率）的上升而下降。相应地，随着生产者识别并纠正缺陷的来源，良品率也会上升。更重要的是，随着时间的推移，生产商能够在每平方毫米的硅上封装越来越多的晶体管，这个过程现在被称为摩尔定律。但亨德森的演讲中遗漏了一个关键元素，那就是摩尔定律适用于整个行业，而不是单个竞争对手。德州仪器发现了这个残酷的事实：公司沿着手动计算器的经验曲线寻找一个受到保护的位置，结果发现的不是一罐金子，而是一大批成本与其相当的来自中国台湾的竞争对手。亨德森曲线上显示的大多数成本削减的办法都不是专有的，不可能是持续业绩差异的来源。

经验很重要。行为越稳定，工艺越复杂，持续操作越多，效率就越高。在飞机生产方面，至今人们仍然会做出这样的预测，即第二十架飞机的人工成本将比第一架飞机低得多。当然，经验并不局限于制造业。比如，有人认为，谷歌在改进其搜索结果方面经验越来越多，做得越来越好。

关于经验的战略性问题是：经验能在多大程度上推动对竞争对手的优势。就像简单的规模经济一样，超过一定程度后，经验以外的因素就会成为决定性因素。

网络效应

"网络效应"是巨大"优势"的一个技术化名称，它赋予了微软、谷歌、脸书、推特这样的科技巨头准垄断地位，在某种程度上，还包括苹果。如果你能借助网络效应，你就能在创纪录短的时间内将一款产品或一项业务从任何地方推广到全世界。而如果你无法抓住网络效应提供的机会，你就会被抛在身后，眼巴巴地望着竞争对手绝尘而去。

规模经济降低了单位成本，而网络效应则提升了产品的价值。要想产生网络效应，产品或服务的价值必须随着越来越多的人使用而上升。

1974年，年轻的比尔·盖茨在哈佛选修过一门经济学课程，内容包括电话系统中的网络效应。由于对新的微型计算机超级感兴趣，他从哈佛辍学，编写了一个名为 Microsoft Altair BASIC 的程序，该程序迅速走红，被业余爱好者广泛复制。他们用这种语言编写了大量游戏，比如斯科特·亚当斯的基于文本字符的冒险游戏。一开始，比尔·盖茨痛斥人们盗版他的产品，但很快他意识到，该产品的流行阻碍了人们购买竞争对手的更好版本的 Basic（例如 TDL Basic）。没错，他并没有因为人们复制他的这款 Basic 软件而获得报酬，但它成为那个时代 CP/M 系统的事实上的标准。再往后发生的故事大家都知道了，微软的 Windows 系统和 Office 办公套件的网络效应帮助比尔·盖茨成了世界上最富有的人之一。

如果你能创造一个具有潜在网络效应的新产品，它就有可能在很短的时间内成功（如 Zoom）。不过，当基础体系发生变化时，优势的强度可能会被削弱。例如，世界上最早的电子表格程序是 VisiCalc，曾在早期的苹果电脑上占据主导地位。然后，到个人电脑上，Lotus 1-2-3 取代了它，成为主导。再然后，微软的 Excel 在 Windows 系统上成了赢家。

互联网和网络效应的结合促使许多公司免费提供服务，但这可能是一个伯川德竞争陷阱。在这样的业务中，问题是"如何收费"。"商业模式"这一时髦术语的出现就是为了回答这个问题。从本质上讲，商业模式力图解释，当提供的服务免费时，经营者能从哪里获得收入。最基本的互联网商业模式是网页广告、基于用户信息的广告、免费使用和付费服务分层，以及纯粹的订阅。

谷歌、脸书、推特和其他基于万维网的平台所占据的强大位置是我们今天所看到的最强大的网络效应案例。这种优势来自能够为用户提供更有针对性的内容，为广告商提供目标受众，并对用户的反应提供即时反馈。脸书的社交网络现在拥有 25 亿活跃用户。如果没有技术或法律上的重大变革，就很难颠覆它们。

平台效应

最近新公司的爆炸式增长出现在"平台"上。所谓平台，就是具有双边网络效应的企业。基于网络的平台为买卖双方提供服务，成为一个市场。脸书可以首先建立用户基础，但是像爱彼迎这样的平台就跟脸书不一样：除非有租户，否则对客户没什么用处；除非有客户，否则对租户也没什么用处。

对于平台战略家来说，优势来自对双方都有网络效应，对买卖双方都有适度的"锁定"。早期的关键问题是决定先构建哪一方，然后再添加另一方。这一决定取决于具体情况和企业拥有者的独创性。爱彼迎通过首先建立公寓列表来解决这个问题。该公司搜罗了克雷格列表网站和报纸上的房源以及其他在线度假和租房通知。它们为这些早期房源支付了专业摄影费用。这不仅鼓励了房产所有者发布房源信息，而且使他们房源的图片看起来可以与高档酒店相媲美，而不是克雷格列表上的那种简单格式。随着时间的推移，租房者开始使用这个平台，爱彼迎不再需要为照片付费——房主自己雇人拍照，好让自己的照片能跟其他房源的照片媲美。

优步是一个将司机和他们的车与需要搭车的人联系起来的平台。

优步的拼车价格低到足以将这部分业务从出租车和黑车中抽离出来。现在，人们对于优步公司付给司机的薪酬仍存在争议。让车主为优步开车显然很容易，但是据报道，优步对车主的抽成是60%。该公司在营销、支付罚款和在世界各地进行政治捐款方面花费了大量资金。在撰写本书时，优步面临的最大问题是是否存在盈利"途径"。优步在2020年亏损67.7亿美元，较2019年的85亿美元亏损有所改善。该公司声称将在2021年实现盈亏平衡，不过这一声明之后附上了用很小的字排版的例外情形——计算盈亏平衡时不包括折旧费用、股票补偿费用、监管准备金、商誉减值、融资费用、COVID-19费用和其他剥离。最大的未知数是，该公司是一直在"投资于增长"，还是其定价结构从根本上来说就是不可持续的。

优步的一个重要方面是，它使司机能够以很少的调整准备费用和非常灵活的工作时间开始他们的"业务"。这种降低启动成本，又具有时间灵活性的趋势对许多人具有强大的吸引力。它是Etsy等平台的基础，后者为手工艺者提供了一个能轻松出售商品的平台。

Etsy是由纽约大学的毕业生罗伯特·卡林、克里斯·马圭尔和海姆·肖比克创立的，专门进行手工艺品或复古物品的经营。他们研究了getcrafty.com和Crafster.org的留言板。在这两个网站上，人们会分享关于他们的手工艺项目及制作方法等方面的信息。在这些论坛上发帖的许多人都有兴趣出售自己的商品，但他们却讨厌eBay（亿贝）。一开始，Etsy的两位创始人向留言板注册用户提供了Etsy上几个月的免费信息登录服务。这些人的第一笔交易通常是把自己制作的手工艺品卖给其他手工艺人。Etsy通过提供预制商店、编辑工具、信用卡设备、手册和见面机会来提高卖家的积极性。女权主义博主也乐于宣传这家网站，她们把手工制作视为拒绝大众商业文化的一种方式。Etsy买方的规模也迅速扩大。

Etsy在2005年的首次公开募股中筹集了2.87亿美元，这让它有了更大的空间，对未来的增长进行投资。华尔街一如既往地高度关注季度增长数据，而 Etsy 在规模扩大后，也遭遇了一个难以避免的后果：一些卖家被 Artfire 和亚马逊手工等替代平台抢走了。随着 Etsy 开始扩张，"手工"的定义被放宽，允许"手工设计"的产品被代工生产。增长也让一些买家抱怨它变得太大了。一位作者发出惊呼："在 Etsy 的婚纱类别中搜索'美人鱼'，会出现 1299 个结果，从时装真人秀节目《天桥骄子》(*Project Runway*)的价值 6882 美元的 Leanne Marshall 婚纱，到一件售价 65 美元的据称是手工制作的蕾丝连衣裙，都包括在内。"[6]

尽管出现这些负面的问题和评价，在 2020 年，Etsy 的估值为 60 亿美元，收益为 7600 万美元，其每年的商品交易收入增长超过 20%。这一收入，5% 是销售费用，3% 是支付处理费用，以及 4 个月的 20 美分展示费。

*　*　*

当我们考虑竞争优势时，我们倾向于考虑搜索成本，以及用户黏性或转换成本。也就是说，该平台在多大程度上满足了买家轻松搜索所需品类或商品的需求？买家或卖家切换到另一个平台有多容易？

有了优步，找车变得又快又简单，但如果时间很急，你可能会不得不支付三倍于正常价格的车费。有人担心优步的市场双方都缺乏黏性：它的很大一部分司机还为 Lyft（来福车）等竞争对手开车，它的叫车手机应用相当容易被复制。其中一些担忧也适用于爱彼迎。

在工艺品平台领域，买家和卖家都愿意转移到其他平台，但对卖家来说，这样做的成本有点高，这主要是由于网站底层代码具有烦琐的结构，以及链接商店的网页链接具有黏性所导致的。我预计，在五年内，将店铺经营从一个平台转移到另一个平台将变得容易得多，使平台市场的竞争加剧。对于手工艺品平台来说，另外一个复杂因素是质量控制。比如，Etsy 列出了 1200 万件不同的珠宝，有些是手工制作的，有些显然来自阿里巴巴。另外，商家拍摄的照片的质量也参差不齐。还有就是，Etsy 公司很难维持其"手工"规则。我们也看到，在 Artfire 上，照片的质量更是参差不齐。在这类平台上，仍有大量增加价值的创新空间。

第 12 章　CHAPTER 12

关注提供创新的机制

要成为技术问题的战略家,必须了解技术是如何进步的。当然,创造性的天才确实发挥了作用。例如,我们的整个专利体系,都是建立在独立发明人的理念之上的。然而,发明很少是突然出现的,它通常出现在近期大家所关注和谈论的新的见解与发现之中。德州仪器的杰克·基尔比和罗伯特·诺伊斯在几个月内相继发明了集成电路。以利沙·格雷和亚历山大·格雷厄姆·贝尔在同一天申请了电话专利。研究人员莱姆利在这个问题上的结论是:"与流行的被神话的传说相反,这个国家重大创新的历史是一部渐进的历史,通常是由许多不同的发明家在几乎同一时间做出的。"[1] 大多数发明都建立在已有的基础之上。因此,爱迪生的发明天才是人们理解了电之后迸发的;谷歌聪明的搜索算法是在网络和其他搜索引擎建立之后出现的;万维网是在美国国防部资助的阿帕网的架构上发展起来的,它的分组交换基础从 20 世纪 60 年代中期就开始得到研究了。

技术的进步是一波又一波的,每一层都建立在前一层的基础设施和知识之上。战略家们需要对"长波"(持续一个多世纪的趋势浪潮)和"短波"(通常是由提供特定新收益的成本降低所驱动的波浪)都有所了解。对于一家从基础技术中汲取力量的大公司来说,更应该意识到长波的重要性，尽管当前利润来自短波产品。对于较小或较新的公司，或大公司的产品部门，战略判定者往往更关注短波，因为它是揭示技术和创新好处的机制。

长波

对大多数人来说，服装面料制造和制衣业似乎已经走到尽头。例如，在工业革命（1760—1860 年）之前，按照现代标准，大多数人都很穷，衣服会被穿到破得不能再穿为止。1700 年以前，大多数普通的已婚妇女都从事缝纫、纺织和服装制作等劳动。那时单身女性也被称为"纺纱女"，因为她们主要靠纺线并卖给做衣服的人为生。伊芙·费舍尔计算了手工制作一件男士衬衫所需的时间："缝纫 7 小时，织造 72 小时，纺纱 500 小时，所以制作一件衬衫总共需要 579 小时。按照目前美国每小时 7.25 美元的最低工资标准，那件衬衫在今天的价格会高达 4197.25 美元。"[2] 当成衣衬衫进入市场时，成本的降低其实就是减去了在家中手工制作普通衬衫的隐性成本。如今，一件普通男士正装衬衫的价格不到 20 美元，比那时候省了 99.5% 的钱。1760—1900 年，钟表、餐具和其他日常生活用品也出现了类似的大幅降价。这就是革命。

尽管面料是最古老的产品之一，但创新仍在继续。如今，大多数服装都是由棉花或合成纤维纺织而成，或两者兼而有之。作为这一长波中新出现的一个例子，对生态的担忧正驱使客户要求使用不含农药的纤维和不起毛球的合成纤维。这种社会趋势与技术的结合促使人们开始采用 Pinatex（一种由菠萝废料制成的纤维）和 MycoTEX（一种由蘑菇菌丝的细胞和细丝生长而成的织物）制作服装面料。

过去两个世纪最重要的长波是电力的利用。1820 年，汉斯·奥斯特发现电流使指南针偏转，这是电流可以移动物体的第一个迹象。到1840年，人们已经开发出用于车床和其他工具的电动机。很快，电动机开始出现在工厂中，取代笨重的蒸汽机，因为使用蒸汽动力的工厂需要复杂的滑轮和皮带组成的系统运行。19世纪80年代是个变革的年代，第一批发电站出现在美国的纽约和其他城镇。90年代，电动缆车开始在美国的城市里取代马车，第一个开通电动缆车的是克利夫兰市。到20世纪初，家家户户都开始使用爱迪生发明的电灯泡，取代蜡烛和气灯。

20世纪20年代，正是由于家庭电力的广泛普及，各家公司才得以将新型电器——电动洗衣机、电冰箱和收音机——商业化。在接下来的20年里，IBM完善了电动制表机，研究人员制造了第一台原始计算机。1947年，美国电话电报公司的贝尔实验室展示了第一个晶体管，在不到10年的时间内，IBM就已经开始使用晶体管制造复杂的计算机。60年代，集成电路技术得到发展，半导体存储器和微处理器应运而生。第一台家用电脑出现在70年代末。

为了建立现代互联网，20世纪七八十年代发展起来的廉价的小型计算机和大容量光纤电缆，以及既有的有线电视信号分配系统融合在一起。移动电话利用了无线电、集成电路以及人们管理蜂窝网络技术的日益成熟。一层又一层，一个又一个分支，电气技术在新的科学基础上建立起来，更重要的是，在已经存在的基础设施上建立起来。故事还远未结束。

这些长波可以观察到，但很难对它们未来的趋势做出预测。我曾在1967年参加过一次预测"未来"的练习。著名的未来学家赫尔曼·卡恩指导了这个小组。在这个小组中有科学家、商界领袖和一小部分政府官员，他们要聚在一起，想象40年后（也就是2007年）的世界会是什么样子。该小组预测，除非发生核战争，否则到那时人类可以治愈癌症，在火星上建立殖民地，乘坐火箭用不了一小时就能从地球上的任何地方飞到任何其他地方，利用核聚变技术获得廉价的清洁能源，也许还能实现语言自动翻译。

未来学家所做的预测其实是一份愿望清单，好像科技是某种神奇的机器，能满足我们的各种想法。在这些预测中，只有语言自动翻译接近完成，但仍不完美。我们没有得到廉价的清洁能源，没有学会治愈癌症，也没有在火星上建立基地。但是，我们得到了该小组完全没有预料到的东西：无处不在的计算机，小到可以装在口袋里，并与全球网络连接；我们有能力快速搜索发现任何东西。

当互联网以万维网的形式首次出现在公众面前时，人们预测，信息共享和人类自由的新时代已经到来。而且，在很大程度上，这已经发生，改变了我们的工作和文化。不过，没有人预料到人们的注意力持续时间会下降，也没有人预料到这个网络会无限扩大覆盖范围，让最疯狂的猜测淹没整个世界。即使在10年前，也没有人预测到像推特这样的社交媒体会成为霸凌机制，恶意强制人们执行不断变化的社会规范。我们没有得到我们想要的。我们得到的是技术所带给我们的东西，完全罔顾我们的意愿。

其中的一个教训是，战略规划师需要知道所考虑的长波的性质。随着时间的推移，一些技术进步很大，而另一些，比如船舶推进似乎达到自然极限。一般来说，人们对未来展望得越远，科技就变得越不可预测。某种程度上，人们只能预测未来5~7年的技术。除此之外，战略规划师还必须从投资组合的角度出发，对各种可能性下注，其中一些可能会相互冲突或相互竞争。这种观点往往是大公司、政府和受资助的研究实验室的专利。

短波

在漫长的变革浪潮中，技术进步的步伐相对较短。当新产品的成本低到可以商业化时，这些步骤就会出现。例如，飞利浦和其他公司在20世纪60年代初就开发出了暗淡的LED（发光二极管）。然后，大约在1970年，第一个昏暗的商业LED灯泡出现在计算器显示器上。到21世纪第一个十年中期，LED灯泡已经变得足够亮、足够便宜，开始取代白炽灯泡。电气照明的下一个"短波"可能是激光二极管，这种照明在户外应用中具有潜在的巨大好处。

在成本会随着规模或经验下降的情况下，战略家通常会为产品的早期版本寻找对价格最不敏感的买家。这样做有双重收益。首先，该公司至少获得了一些销售额和一些客户的反馈。其次，由于最初的市场规模非常有限，其他公司的经理可能不愿意推动进入如此小的市场。当康宁公司在20世纪70年代首次开发光纤电缆时，信号损耗将有效传输距离限制在1英里以内。谁会买距离如此短的通信电缆？美国国防部就会。光纤电缆不受原子爆炸产生的电磁脉冲波的影响。1975年，科罗拉多州北美防空司令部地下的计算机网络就用早期的康宁光缆连接。当然，今天随着信号衰减问题的解决，光纤电缆成为全球互联网的基础。

大规模采用传真机最快的国家是日本，因为东京使用的地址系统很奇怪。在东京，建筑物是按照修建的先后顺序编号的，而不是它们在街道上的位置。在这种情况下，要想告诉别人如何参观你的办公室或商店，就非常困难。传真机为这个难题提供了一个很好的解决方案——邀请某人参加会议后，邀请者可以将显示公司位置的地图传真给被邀请者。今天，日本人仍然有这一习俗，只不过现在主要是通过电子邮件和地图的即时消息传输。

许多营销"专家"告诉我们，新技术的早期采用者往往是"有影响力的人"。也许吧，在某些情况下可能是这样的。在美国，最早使用手机的人往往是毒贩，他们用手机将街头小贩与附近建筑中隐藏的货品联系起来。因为他们的需求非常局限于本地，这巩固了美国的模拟高级移动电话系统，而欧洲则先行一步，开始发展数字移动电话技术。同理，第一代 Altair 个人电脑的早期使用者都是电脑爱好者，而不是有影响力的人。

在以下简短的例子中，我将详细介绍个人和公司如何看到成本节约或收益潜力，以及将这个想法商业化所采取的一些步骤。在每一种情况下，我会提示早期的症结性问题是什么，或者现在的症结性问题可能是什么。

直觉

加里·居塔尔十几岁时就在 NASA 艾姆斯研究中心找到一份工作，编写评估战斗机飞行性能的软件。在获得流体力学博士学位后，他在斯坦福研究所找到一份工作。他说，有一次他在斯坦福大学看篮球赛，一名研究人员问他是否认识精通某一类非线性方程的人。居塔尔说他懂，于是很快，他就应邀去外科机器人研究实验室工作。在那里，导师要求他缝合一只老鼠的股动脉，然后用一个临时搭建的机器人原型再试一次。他知道，在许多手术中，外科医生必须达到难以置信的精细尺度，一个比大多数人的眼睛和手能够可靠掌握的尺度还要小的尺度。他看到机械辅助设备所能带来的改变，并确信这种新技术可以挽救生命。

当风险投资家约翰·弗罗因德、外科医生罗杰·莫尔和科学家罗伯特·扬吉在 1995 年成立直觉外科公司（Intuitive Surgical）时，他们买下了 SRI（超声应变率成像）的知识产权，并把加里·居塔尔和他的软件技能带进公司。SRI 技术由国防部资助，希望未来战场上伤员的伤口可以通过远程连接由外科医生进行治疗。直觉外科技术则朝另一个方向继续发展，在手术室里，外科医生与病人一起工作。该公司的第一个原型机在手术机械手上增加了手腕动作，并在显示器上增加了 3D 视觉系统。早期的实验室实验表明，3D 显示极大地提高了操作者执行复杂手术任务的能力。

下一个原型机（Mona）增加了可换仪器，便于消毒。Mona 系统在比利时的首次人体实验中已经获得使用，切除了病人的胆囊。下一个型号达·芬奇则整合了多项改进，包括大大改进了三维成像和操纵器。2000年，美国食品药品监督管理局批准它可以进行普通外科手术。

在经历了几次坎坷之后，直觉外科公司如今已成为医生引导的医疗机器人手术领域的世界领导者。现在，世界各地的数千名外科医生已经接受直觉外科公司的达·芬奇机器人系统的训练，该系统产生了巨大的效益——主要是减少与手术相关的并发症。居塔尔和其他人的技能正是在正确的时间引发这一变革浪潮的正确之物。2010年，他成为直觉外科公司的首席执行官。

2021年，直觉外科公司面临许多挑战和机遇。居塔尔正在投资一项技术，用于肺深处的活组织检查和胃收缩手术。在竞争方面，巨头Alphabet公司和医疗设备制造商美敦力都宣布将推出手术机器人。一个更大的问题是，机器人手术仍然受到缺乏触觉反馈的限制。大多数外科医生依靠触觉来决定给刀片施加多大的压力或如何处理软组织，而机器人系统缺乏这种感觉。如果这个问题能够解决，市场将会扩大许多倍。如果该问题是由Alphabet公司解决的，那么直觉外科公司的利益就会受到严重损害。我认为这个问题是症结所在，如果我是居塔尔，我会寻求一个"足够好"的解决方案。也就是说，我敢打赌，Alphabet公司的人工智能研究人员会寻求一个全面的解决方案，而我则可以用一个能给出足够好的组织密度和结节位置信息的系统来获胜。当然，我会保守这一秘密。

Zoom

2016年，我在欧洲为一家跨国科技公司工作。一些高级官员聚集在一个会议室，与美国和亚洲的其他官员举行互联网会议。他们打开本地电脑上的思科WebEx，试图与国外的同行建立联系。电脑上有图像，但没有声音。他们打电话给技术支持人员（我们可是在一家高科技公司开会啊！），他捣鼓了一下，弄好了图像传输，但声音又没了。关闭和重新启动系统也没有解决问题。这并不是我唯一一次遭遇网络会议故障。总的来说，企业的安全系统和视频会议系统的效果似乎不太好。

思科在 2007 年以 30 多亿美元的价格收购了 WebEx。袁征是 WebEx 的一名员工，于 1997 年从中国来到美国，在那里学习数学和计算机科学。他曾是 WebEx 开发团队的一员。在思科的收购下，WebEx 的客户群不断扩大，袁征升任工程副总裁，领导 800 多名开发人员。

袁征面对的挑战是 WebEx 产品没有随着时间的推移而改进。这款产品最初充满创新，但是到 2010 年，它的软件基础没有升级，仍然需要复杂的多步骤安装程序。在采访客户时，袁征说："会议结束后，当我和 WebEx 的一个客户谈话时，我感到非常非常尴尬，因为我所有的客户都不满意。"[3] 曾在 WebEx 与袁征共事的韦尔查米·桑卡林加姆指出，在思科，"思维模式完全不同……思科只出售设备……如果一家公司的网络趴窝了，没有人会去责备思科"。[4]

2011 年，袁征带着一群工程师离开思科。新公司 Zoom 的基础是以视频为中心的会议工具，它比 WebEx 更容易安装、使用和维护。

技术和商业挑战的关键在于简化注册、开户、下载程序以及在手机上安装 WebEx、Skype、Microsoft Teams、Teamviewer 等应用程序的过程。此外，创建易于使用的高质量视频会议软件并不容易，软件工程师必须让它能在任何浏览器上运行，而无须考虑防火墙设置，而且视频必须单独压缩以供屏幕共享，并根据每个用户的电脑硬件规格进行调整。袁征的团队将顶尖工程师集中在所有摩擦点上，并坚持"让客户满意"，来解决这一症结性问题。

Zoom 在 40 分钟内对最多 100 名与会者是免费的。因为它免费且易于使用，而且因为它本来就是一个通信工具，它开始像野火一样迅速蔓延。随着COVID-19造成的封城措施，2020年5月Zoom的流量增加了300%。"Zoom"变成动词。学生们Zoom到校。后来，该产品的安全性受到批评，Zoom团队紧急进行了修复；然后公共卫生专家开始担心连续不断的Zoom会议会对频繁参加会议的人造成影响。

随着世界大部分地区陆续度过COVID-19的紧急情况，Zoom面临的明显挑战是视频会议的减少，以及来自谷歌、微软和其他公司由嫉妒而产生的竞争。毫无疑问，一些竞争对手也能解决将高质量、易用的功能组合起来的难题，也正是这些功能特性使Zoom一跃成为行业领导者。随着疫情封控逐渐消失，股市关注的是显而易见的视频会议使用频率的降低，但战略规划师应该着眼于下一个机会。一种方法是寻找像2011年的WebEx那样笨拙的应用程序，然后进行改进。当前，大多数"团队"协作工具都符合这个要求。

Dropbox

Dropbox（多宝箱）是一个将降低隐性成本与免费使用和网络外部性结合起来的软件。2015年初，我与Dropbox的首席执行官德鲁·休斯顿以及公司的两名创始人之一讨论了Dropbox的未来。他解释说，2006年有一次他出门旅行时忘记带U盘。当时，缺少有效的办法让笔记本电脑和家里的电脑文件保持同步。正是这件事引起了他的思考，创建了Dropbox文件同步软件。到2015年，Dropbox已经被人广泛使用。Dropbox精心设计的功能允许用户将桌面文件分配给Dropbox，该系统会不断扫描文件中的任何更改，然后根据需要备份文件的扇区（块）。如果一个用户有2台、3台或10台电脑，Dropbox会在所有电脑上同步他所选定的文件夹或文件。

Dropbox对使用空间不足2G的用户是免费的，对需要更多存储空间的用户有分级定价方案。Dropbox的快速增长得益于设定了免费这个层次，以及提供了让用户跟其他用户共享文件夹的服务。要想使用上述功能，只需免费注册Dropbox账户即可。这种网络效应不如谷歌的那么强大，但它同时造成了这样一个事实：一旦一个人的Dropbox上存储同步了很多文件，那么转移到另一个解决方案将变得比较昂贵（隐性成本）。

2015年，德鲁·休斯顿所担心的是来自谷歌、微软、Box等公司的竞争。德鲁告诉我："来自这些重量级公司的竞争令人担忧。"但他接着说，他仍然相信Dropbox会通过提供最简单、最易用、最无故障的文件同步服务而持续发展。

Dropbox于2018年上市，截至2021年撰写本书时，其市值已达100亿美元，拥有超过6亿用户。德鲁·休斯顿认为关键在于跨多个设备进行流畅的文件同步。当然存在存储空间的价格问题，但Dropbox的无缝工作方式意味着很少或根本无须用户维护，极大地减少了处理单个文件移动的隐性成本。竞争对手谷歌也提供网盘服务，可以同步文件，但它是一次一整个文件进行同步，而不是一次一个扇区。谷歌网盘的用户界面不明确，而且如果你改变一个大文件，并且有多个设备同步，就要上传和下载很多数据；此外，它的文件共享功能是围绕促使用户采用谷歌的再现文字处理、表格和演示程序来的。许多用户之所以选择Dropbox，是因为Dropbox不是科技巨头之一。

不过，如今跟2015年一样，科技巨头将云存储商品化的动力仍然"令人担忧"。就像奥弗涅的泉水一样，在线存储1兆字节越来越接近是一种"完美商品"，参与者是在玩一场破坏性的伯川德竞争：谁的价格低，谁就将赢得整个市场，而谁的价格高，谁就将失去整个市场。在我看来，Dropbox提供的服务是最好的，转换成本将使其用户基础不会迅速蒸发。不过，从长远来看，模仿竞争带来的挑战是巨大的。Dropbox面临的症结性问题，即关键挑战（从长远来看）是开发更多的专有产品。它最近收购并整合了DocuSign（一种电子签名工具）和 HelloSign，就是朝着这个方向迈出的一步。另一个步骤可能是创建一个虚拟的"交易室"，供投资专业人士用来存储和查看交易相关文件。律师事务所和诉讼的专门文件存储将更多地沿着这条线发展。易于使用的版本控制服务是另一个有前途的机会。

* * *

直觉外科公司、Zoom 和 Dropbox 的故事之间的共同点并非偶然。成功的创新通常会在竞争缓和、增长迅速的时候享受阳光雨露。不过，正是这种成功激起了更大、更老的公司的兴趣，它们都希望通过吸收年轻的新贵来保持自己的活力。对于年轻的创新者来说，关键的问题是如何利用自己的敏捷性和更少的官僚作风在竞争中取胜。

科技巨头

在强大的网络效应的作用下，成本的大幅降低或效益的大幅提高，造就了如今跨越世界的科技巨头。例如，在线搜索方便而简单，这种特性现在几乎被认为是理所当然的。

而谷歌、脸书、推特和苹果这些基于信息的科技巨头的出现是没有人预料到的。一开始，互联网被视为一条人人都能通行的信息高速公路。人们本应看到但却没有看到的是，消费者隐性成本的大幅降低是由具有巨大网络效应的系统实现的。也就是说，谷歌搜索极大地降低了查找信息的成本，使用谷歌搜索的人越多，谷歌搜索就越好，所以即使价格保持为零，它对消费者的价值也越来越高。

2003 年，哈佛大学二年级学生马克·扎克伯格为 Facemash 编写了一个软件，该软件可以把女生照片并排显示。游戏的目的是决定哪一个更"辣"。不久之后，他编写了一款名为 TheFacebook 的应用程序，允许哈佛大学的学生发布自己的照片和信息。到 2007 年，脸书已经从大学校园中脱颖而出，拥有数百万用户和 10 万个商业页面。

这一切，扎克伯格都没有预料到。脸书之所以大火，是因为网页底层标记语言很复杂，要想创建个人网页既困难又昂贵。而脸书提供了一种创建个人网页的简单方式，加上社交媒体的网络效应，帮助脸书成为今天的巨兽。尽管如此，在脸书之外建立自己的网页仍然很复杂，成本也更高（参见第 6 章莎伦·汤普森和威伯科的故事）。

谷歌、脸书和推特之所以面临巨大挑战，主要是因为公众和政府对垄断心存戒备，另外也担心它们左右言论的权力。科技巨头如此成功地绕过了大多数出版和娱乐行业都严格执行的版权规定，这一点仍然有些令人惊讶。

互补资产

在创新中，一个重要且往往十分关键的问题是是否存在戴维·蒂斯教授所说的互补资产。[5] 这些技能或资源是将新发明或新产品推向市场与提供其所需的任何辅助服务所必需的。例如，如果你的新发明是一种更好的血压测量装置，那么现有的医院和医生办公室的系统是对你的发明的补充。你可能不得不与现有的强大互补工具分享你的发明创造的许多好处。另外，如果你发明的是每个网络运营商都想支持的 iPhone，情况就完全不同了。

我一直觉得费罗·法恩斯沃斯的故事在知识产权和互补资源方面很有启发意义。1906 年，法恩斯沃斯出生在犹他州一个偏远地方的一间小木屋里，1918 年，他随家人搬到爱达荷州。那里的农场有一台发电机和一些电动机，法恩斯沃斯开始把它们拆开，弄清楚它们的工作原理。他阅读了所有他能找到的关于电的图书。高中时，他向自己的化学老师展示了他关于"图像分析器"的想法，即带有电子枪的真空管、偏转板和氧化铯屏组成的东西。老师记录了下来。7 年后，他在杨百翰大学上学的时候，申请了所谓的"电视系统"的专利。那时他22岁。

到1929年，法恩斯沃斯已经能展示传输过来的他妻子的照片。但问题出现了，因为引领无线电革命的美国无线电公司（RCA）在1923年获得了弗拉基米尔·兹沃里金为电视摄像机设计的"光电摄像管"的专利申请。专利局拒绝了这项申请，因为没有证据表明该设备能正常工作（当时尚不能）。美国无线电公司提出可以向法恩斯沃斯支付10万美元购买他的专利，法恩斯沃斯拒绝了。美国无线电公司在法庭上对法恩斯沃斯的专利提出了质疑。法恩斯沃斯先是输了两轮，但专利局授予他优先权后，他赢了官司（他的化学老师当年的笔记就是证据）。法恩斯沃斯与美国无线电公司的竞争对手Philco开始了合作。

当时，在美国无线电公司工作的兹沃里金已经改进他的设计，并为显像管申请了专利，这成为早期电视行业的标准。法恩斯沃斯想尝试自己制作一套完整的电视系统，但可能卖不了多少台。他继续发明，收集了300多项专利，其中包括一种桌面核聚变装置——法恩斯沃斯-米尔施融合器。他在64岁时死于肺炎，此前他最后一次商业冒险也失败了，并导致他破产。

法恩斯沃斯的故事告诉我们，你可能是第一个有新想法的人，但技术是一波一波往前推进的，在你脑海中点燃某个想法的火花也可能会在其他人的脑海中闪烁过。如果你真的是第一个，就要为你的想法建立强大的知识产权保护措施。但与此同时，要意识到其他人的想法也在发展和改进。在很多情况下，一个新产品或新想法能否成功取决于互补的资产。在上面的案例中，美国无线电公司拥有研发实验室、研发预算、广播技术和系统，还有战略上的耐心，能让电视机最终变为可用的产品。最初法恩斯沃斯和兹沃里金的概念都不是电视广播。为了让电视广播成为一门生意，美国无线电公司必须完善摄像机和电视机,并获得广播许可证。直到 1939 年,美国无线电公司才开始在帝国大厦的第一频道播放节目,将节目发送到以太世界,那时还没有人能收看。1945 年,美国大约有 1 万台电视机。1950 年,这个数字达到 600 万。到 90 年代,电视机变得无处不在。回顾发明电视机的这段历史,美国无线电公司的互补资产起到了决定性作用。事后想来,法恩斯沃斯当年也许应该和美国无线电公司合作,谈一个更好的交易,进入后者资金充足的研究实验室。

第 13 章

组织失能的挑战

有时候问题出在我们自己身上。导致问题的，与其说是竞争，或者技术的变化，不如说是一个组织应对能力的不足。要么是需要的技能不存在，要么是组织的领导、结构或过程出了问题，使这些技能无法被识别和应用。这些问题的症结总是在于领导者如何设计组织或者如何管理组织。

组织本身产生的最常见的问题源于其专业化的历史，而专业化通常是成功的。在某个时代，尤其是成长和成功的时代，曾经起作用的东西就变成"此处做事的方式"。阿诺德·汤因比将其称为"对短暂技术的偶像化"，认为这是文明崩溃的原因之一。像我这样的局外人，经常能从办公室的设计、内部报告的结构，以及人们谈论业务的方式等方面看到这种锚定效应。1985 年，我访问了通用汽车公司，当时我感觉有点像时光旅行回到 1956 年，那时候通用汽车像一个巨人，可以说是纵横全球无敌手。要是约上一些海军上尉去喝酒，你很可能会听到他们讲 1942 年中途岛战役的故事。贝纳通集团是 20 世纪 60 年代领先的时尚公司。其总部位于意大利威尼斯北部，设在一座富丽堂皇的 16 世纪建筑中，内部装饰一直以历史悠久的"统一颜色"和"全球"主题色为特色。十年来，该公司的收入一直在下降，公司如今生产的时尚产品似乎有些乏味和古板。

在通用汽车公司寻求支撑点

欧洲工商管理学院是一所位于枫丹白露的国际管理学院，距离巴黎约 50 公里。1993 年，我放弃加州大学洛杉矶分校的教职，在欧洲工商管理学院当了三年老师，这是我中年阶段给自己的一次刺激和调整。

我在欧洲工商管理学院的战略课程中有一节课讲到通用汽车公司，或者更笼统地说，讲到"卓越"这个话题。我并不是说通用汽车就一定是优秀的。其实，可悲的事实是，这家在 20 世纪 50 年代被彼得·德鲁克奉为卓越典范的公司已经奄奄一息，远远落后于后起之秀丰田和复兴的福特和克莱斯勒。不，在那次课上，我们更像是禅修，通过研究"卓越"的缺席，来寻找"卓越"。是什么阻碍了通用汽车，使其未能从跟丰田在弗里蒙特的合资企业中吸取教训，未能将"土星"型号汽车的重要经验扩展到其他部门，未能将其设计周期缩短到 4 年以下，甚至未能生产符合国际标准的汽车？

作为课堂讨论准备的一部分，学生们阅读了大量的报告、文章和公司历史。最重要的是，讨论课上就有一位来自通用汽车公司的高管。这位高管名叫艾伦，是欧洲工商管理学院一名学生的父亲，他在那周恰好到访枫丹白露和巴黎。

艾伦极其精确地描述了通用汽车公司的情况。就像病理学家指出绝症的迹象一样，他一一指出了一些项目：诚实的分析被捏造谎言取代，猖獗的野心家主义，令人难以忍受的官僚主义，缺乏信任，以及对每一个计划没完没了地反复检查。"有很多有才华的人，"他总结道，"但感觉他们所有的精力都用在了内耗上，与公司内部的人过招，而不是向外与市场打交道。"

艾伦带来了一本玛丽安·凯勒的《如梦初醒》(*Rude Awakening*)。"书中描述的是1982年左右的情况。"他说。然后他大声读道:"'员工们并没有感受到激励,要更有效率或更有创新精神。公司的结构和重视一致性而非创造性的企业文化阻止了这种情况的发生。奖励系统自动发挥作用。等上几年,支持领导的路线,你就不会受到伤害'。"[1] 他抬起眼睛望着全班同学,总结道:"十多年过去了,角色变了,但情节没有变。"

学生思考良久,迟迟未进行评论,因为他们不知道该如何处理这样的信息。最后,一位法国产品经理说:"关键是领导层,是高级管理人员的问题。每个经理都会从上级那里得到关于什么是可以接受的暗示。如果某家公司有一种不诚实的从众文化,那么它一定来自上层。"

在法国,高等学校的教育体系实际上保证了那些在学业上表现出色的人,尤其是数学方面表现出色的人,拥有领导地位。法国学生倾向于将组织视为领导者的延伸,德国学生倾向于注重技术能力,而美国学生经常强调激励的重要性。密歇根大学经济学专业的一名学生说:"有句老话说,'求B奖A,愚不可及'。如果你奖励从众,那么缺乏创造力就不足为奇了。在我看来,问题仅仅是激励机制的问题。人们会为所获得的奖励而做事。如果通用汽车需要员工更具创造力,就需要奖励冒险和大胆的新举措。"

其他评论集中在公司的官僚主义,以及缺乏一套明确的行为准则等问题上。一位英国金融专家表示:"通用汽车公司过于臃肿。那么大规模的组织是难以改变的,必须把它拆分成更小的碎片。"

我转向艾伦,询问他对此有何反应。他会不会对于大家所说的话都表示反对?他会同意哪些话呢?艾伦的回答出乎大家的意料。他在课堂上说:"大家所说的都没错,而且问题还不止这些。"

全班同学对这种肯定却显得有点失望。他们想要一个明确的决议——即使不是行动计划,至少也要有一个明确的诊断。通用汽车的问题不可能是"一切"都是它的问题。当然,有一种方法可以避免这个局面。他们看到了大量的问题,但没有找到症结所在,即一个关键的支撑点,当按下这个点,就能让拼图的碎片各就各位。

2009年,通用汽车终于迎来了一个转折点——有史以来最大的工业企业破产。那时它有820亿美元的资产和1730亿美元的负债。破产使通用汽车得以削减工资,摆脱一定的巨额负债,并获得美国政府约500亿美元的投资(后来偿还了)。

下一个杠杆点是2006—2014年发生的点火开关问题。雪佛兰的Cobalt和庞蒂克的G5s的点火开关设计出现了问题,最终导致124人丧生。安装了这个点火开关的汽车,经受震动、膝盖撞击或大的摇摆,钥匙会将点火开关从"运行"转到"辅助",这样就会切断安全气囊的供电。在美国前检察官安东·瓦卢卡斯的监督下,一项内部调查显示,工程师们知道开关存在问题:尽管一名州警察的事故报告已经将这两者联系起来,但通用汽车的工程师们并没有将已知的点火开关问题与已知的安全气囊部署问题联系起来。在瓦卢卡斯的报告中,他对通用汽车的工程师对于汽车作为一个系统的实际功能知之甚少这一点表示惊讶。

此外,瓦卢卡斯的报告还提到通用汽车的文化问题:一名经理曾表示,"如果一名员工在五年前试图提出安全问题,他会遭到反击"。

工程师们也没有重视这个问题。从2012年年中开始,有三位高层经理作为"杰出人才"被引公司——沃伊乔斯基、费德里科和肯特。之所以请他们来,就是为了帮助公司快点解决无法解释的安全气囊未打开的问题。但是这几个人并没有把这个问题提交给他们的上级。他们的共同点是召开更多的会议,并把这个问题提交给更多的小组或委员会。[2]

该报告还记录了公司内部所谓的"通用敬礼"和"通用点头"等社交行为。所谓的"敬礼"动作是抱着胳膊,手指指向别人,表示责任在别人身上。所谓的"点头"是委员会取得了一致意见,但没有真正的采取后续行动的意图。

首席执行官玛丽·巴拉主持了数百万辆通用汽车因点火开关问题而被召回的工作。通用汽车向美国政府支付了 9 亿美元的刑事罚款,原因是该公司未能迅速解决问题并提供解决方案,此外公司还拨出 6 亿美元用于赔偿受害者。

这一经历似乎推动了通用汽车的变革。玛丽·巴拉杀死了公司母体,把整个组织变得扁平化。她借此解雇了 15 个人。她组建了一个由高层管理人员组成的团队,让他们对解决问题的行为进行模拟和建模。通用汽车放弃了原有的一些品牌和与之相关的整个部门。它拥有的是新的电动汽车,并正在研究自动驾驶汽车。目前该公司已恢复盈利。

2009 年破产后,通用汽车放弃了四个著名的(北美)品牌:土星、悍马、庞蒂克和萨博。自点火开关危机以来,首席执行官巴拉带领公司走出了西欧、俄罗斯、南非和印度,也停止了在澳大利亚和印度尼西亚组装汽车。曾是全球最大汽车制造商的通用汽车,正逐渐重新思考规模经济的逻辑,而规模经济正是汽车业的主要动力。在所保留的传统品牌中,通用公司继续在全尺寸卡车、跨界 SUV 和凯迪拉克品牌上表现良好。它的新重点是全电动汽车,巴拉认为这是未来的增长市场。

惯性和规模

物体具有惯性。质量越大,改变其运行速度或方向所需的力就越大。通常,大型组织也面临组织惯性的问题。

面对大型组织，我们一开始都充满敬意。当大型组织取得成功的时候，那就意味着它解决了大规模治理的实质问题。随着规模的扩大，管理问题也随之增加。规模增加了协调大型专家团队的难度；大的规模使得将信息从其来源移动到最适合使用它的位置变得更加困难。规模也会稀释每个个体努力的效果，从而使激励变得更困难。规模将组织作为一个整体隔离和缓冲，能够应对孤立的和局部的挑战，然而这样一来，也使响应更加困难。规模增加了活动的跨度，即使是最熟练的高级经理也会进入不熟悉的领域，使企业明智地判断发展方向变得更加困难。因此，对一家成功的大公司来说，其管理者一定已经找到解决这些困难的结构和过程。并不是说，这些困难被解决或消除了，不存在了，而是说，成功的公司已经找到控制规模成本的管理方法。

诺基亚的组织和惰性

2007年，诺基亚在移动电话领域首屈一指，出货量占整个行业的一半以上。五年后，它的份额惊人地大跌至5%以下。对许多人来说，诺基亚失宠的原因很清楚。《纽约客》上一篇文章的总结简短而甜蜜："诺基亚的遭遇已经不是什么秘密——苹果和安卓碾轧了它。"[3]

这么说没错，但事情远不止如此简单。诺基亚引以为豪的工程技术发生了什么变化？在1996年就生产出行业内第一款智能手机的公司到底发生了什么变化？诺基亚固守过时的塞班操作系统加速了它的衰落，而这种惯性反过来是其组织和领导方式的结果。

诺基亚在手机领域的地位源自1991年的一项深度战略研究。这家芬兰电信设备公司决定利用当时新的GSM（全球移动通信系统）数字标准，并专注于移动通信。当时的时机选择非常好，诺基亚的GSM运营商设备和移动电话业务都在迅速增长，而且公司那时所推崇的企业文化是行动敏捷，敢作敢当。

它的 Communicator 成了世界上第一款智能手机。该产品于 1996 年推出，有一个水平折叠的外壳和一个小型的全键盘。1998 年，公司开发出了塞班系统，为自己和其他公司的智能手机提供了一个"开放"的操作系统。塞班被设计成一个高效的系统，是用标准 C++ 语言的一个特殊子集编写的，并在主机的微处理器上使用特定的指令集。随着需求的飙升，摩尔定律同时压低了数字电路的成本，诺基亚的业务蓬勃发展。到 2002 年初，诺基亚的产品占全球手机销量的 36%。

该公司的基本战略是通过在全球的巨大销量来降低手机的制造成本。它通过一个基金会以开源软件的形式发布了塞班，这样，世界上任何开发者都可以使用该系统，这巩固了塞班的地位，使其成为前智能手机时代的标准（但在智能手机世界，真正一统江湖的是谷歌的安卓系统）。

诺基亚首席执行官约玛·奥利拉曾经担心过，诺基亚的快速增长可能会以牺牲其灵活性为代价。2003 年，他开始将诺基亚重组为矩阵式结构。这个想法的一部分是将手机业务从"企业解决方案"和其他业务中分离出来。重组的另一个动机是防止手机业务在公司内部变得在企业政治中过于具有主导地位。塞班将成为所有产品的通用软件平台。

但是新手机企业的架构立即开始出现问题。主要的运营主管是负责特定类别手机的人，管理系统要求他们严格衡量利润和新机型的上市时间。因此，围绕各种资源，企业内出现了很多冲突，而企业的应对措施是通过企业政治和许多效率低下的委员会会议来解决。[4]

矩阵结构不仅降低了决策速度，还使得高管越来越脱离实际，而且把市场分割成越来越小的部分的政策导致产品型号的激增。到 2004 年，诺基亚已经向市场推出 36 种不同的手机，2006 年又推出了 49 种。这就带来了一个问题，因为塞班操作系统与主机处理器深度集成，所以它必须对每一个新的移动产品进行全新设计和调适。塞班操作系统不够模块化，因此改进调整变得非常困难。[5]让塞班专门化的研发工作开始加力，但是最高管理层却不切实际地将研发费用限制在营收的10%。

尽管苹果一直在保密，但诺基亚的工程师在2005年底就知道苹果的手指触摸设计计划。自2004年以来，诺基亚就开始生产触控笔操作的触屏设备，而且诺基亚的高管也把开发手指触摸技术作为一项优先任务。一位经理报告说，2006年，首席执行官"觉得这是下一个大事件……他尽一切可能在高管会议上提出这个问题……而且每一次会议都要跟进"。[6]然而直到2009年诺基亚也没造出这样的手机。

我们很容易得出这样的结论：诺基亚固守塞班系统、不断推出新型号产品的战略导致它的衰落。但更深层次的问题是：为什么没有人采取行动来解决这个问题？这种致命惯性的根源是什么？答案在于四个方面。

第一，该行业将卓越的核心从制造硬件转向编写与硬件集成的软件。

第二，领导层对软件开发知之甚少。尽管该公司的根基在于巧妙的工程设计，但随着时间的推移，高层管理人员开始以财务为导向。约玛·奥利拉曾在投资银行工作，他的继任者康培凯曾担任公司法律顾问。他们可以提出要求，让下属达成各种各样的结果，但他们对软件是什么，它是如何被创造出来的等问题，却知之甚少，甚至可以说是一无所知。高层管理人员设定了业绩目标，但却完全没有认识到公司面临的是结构问题和软件问题，他们没有认识到这些问题的症结所在。

第三，矩阵结构分散了管理者的责任，以至没有特定的人负责创造出一种新型的触摸屏手机——至少没有人拥有必要的人事权和财权来执行这项任务。一旦公司迅速扩大规模，工程开发就成了家常便饭，经理们都忙着实现财务和上市时间目标。公司内部任何一个有专业技术知识的人都没有权力像谷歌那样，放弃旧的塞班系统，去开发一个更好的操作系统。

第四，高层的领导风格在人际交往方面的表现不是平易近人，而是咄咄逼人。研究人员在采访了76名诺基亚经理后发现，中层管理人员和工程师觉得需要被迫做出乐观的承诺，尽管他们知道这些承诺是虚假的。一位高级经理承认，与竞争对手苹果不同，诺基亚的高级管理层"缺乏真正的软件能力"。也有一些经理报告说，高级经理只会发号施令，但不想听到坏消息。高层只管制定目标，而不考虑其可行性。任何人，只要干预质疑目标可行性，就会靠边站，最终被扫地出门。高层管理人员似乎相信，只要压力足够大，什么事情都能办成。一些人强调，奥利拉在1992—2006年担任董事长期间，经常"喜怒无常"，动辄"声嘶力竭地"对身边的人大喊大叫。[7]

组织变革

好消息是，像那些影响诺基亚和通用汽车的组织问题可以被成功解决，办法就是使用症结战略问题解决原则：诊断、简化到症结问题、性能概念和一致的行动。在许多新的基于互联网的数字公司中，由于缺乏工厂、固定资产、工会和传统公司的庞大管理结构，变化可以很快到来。这让改变变得更快，但对于那些被迫靠边站的人来说，痛苦并不会减少。

然而，对于许多组织来说，真正的变革似乎遥不可及。受过良好教育、心怀善意的经理坐在复杂组织的顶端。这些组织是数十年前由才华横溢的企业家创立的，随着时间的推移，它们变得像迷宫一样复杂，导致许多人对自己监管的技术或流程知之甚少。通过研究经营成果报告进行管理，只能创造出"战略"，而这些"战略"无非是对更好结果的要求。

对传统公司进行根本改革可能需要数年时间。当我在欧洲工商管理学院任教时，曾有一段时间负责企业复兴计划。我们详细追踪了大约10个"转型"案例，这些案例都是结构和功能发生了根本性变化的规模相当大的公司。它们的平均更新时间超过5年。大家要是看看它们的高级领导团队名单或是照片，前后对比一下，就会发现大多数人的名字和面孔都变了，所以，转型意味着高层领导的变化。

关于组织变革目前已经有大量的相关文献，在这里，我想强调一些我认为很重要的方面。

高层领导必须致力于改变，而不仅仅是口头上的改变。他们要改变对松散传统的扭曲带来的不适和极度的痛苦。不愿意承担责任的人不能成为团队的一员。不管公司规模多大，最高层的核心团队都是5~8人。他们管理和指导的是一个由20~40名经理组成的团队，负责变革过程。如果没有这么一个团队，在思想上跟上核心管理层，并在日常工作中带头冲锋，那么企业要想变革，除了墙上挂满口号之外，什么也不会发生。

在设计真正的变化之前，必须先精简复杂的组织。第一步是清除不必要的企业生产活动，将它们外包，分配给分包商，或干脆丢进垃圾箱。然后，要去除企业的多余管理层级，这个层级只能过滤信息，而不会给企业添加任何东西，以此来实现进一步简化。然后必须把大的单位拆成小的单位，这样会打破政治巨头的统治，并减少亏损企业在大集团内部得到补贴的舒适感。反过来，这么做又使更多的单位暴露在"大扫除"过程中。要想做到进一步简化，可以通过减少多样化、减少所制造的产品，以及减少所服务的利基市场来实现。

一旦进行简化，就更容易看到和理解企业的基本运行情况与规律，真正的更新就发生在此时。到这个阶段，最常见的方法是将中层管理人员分别组成团队，每个人都被分配到特定任务，解决公司面临的特定问题。这些问题通常不是组织本身的问题，而是业务性能问题，无疑需要团队寻求战略和组织架构方面的补救措施。能够做好这项工作的团队将形成新一代领导层的纽带。

IBM的新生

成立于1911年的IBM在制表机和计算机方面取得了巨大成功，这要归功于公司杰出的工程师，以及公司制造复杂机器的能力。到1963年，一个很明显的趋势是，为许多不同型号的计算机开发软件的成本开始与硬件成本持平。此时的症结性问题就是，IBM需要一个单一的操作系统，这个系统能在公司生产的一系列硬件上运行。解决办法是重新设计全系列的机器，使之与软件兼容。新的产品线—360系统—都将具有兼容的指令集。推动实现这一变革是那个时代最伟大的转型努力之一，而且这险些让公司破产。

1967年，我正在写一个关于IBM的案例，见到IBM总裁文森特·利尔森，他是360系统项目的推动者之一。他告诉我："我们知道我们赌的是整个公司的运气。"他想要开发出一系列兼容的计算机，这样客户无须购买全新的软件就可以升级。关于如何实现这一目标，在软件工程方面，公司内部有完全不同的想法。商业计算机部门工程师和高性能科学计算机工程师对兼容性的看法非常不同。"我的做法基本上就是让他们在笼子里斗，同时由非常有经验的裁判来进行评判。"他感叹道。一部分人提出，可以在商业计算机上添加微代码，这样系统就可以运行新的软件，同时又与旧的兼容。

1964年，该产品线的6台新电脑和44台新外部设备对外发布并展示。在接下来的一个月里，客户订购了近10万台新系统。IBM的增长速度加快了。

随着公司的快速发展，总部的员工也越来越多。1972年，此时已经担任首席执行官的利尔森抱怨道："我们的一位高级设施经理最近告诉我，在他所在的部门，如果没有人召集会议，并叫上至少30人出席，就不可能出现任何有影响的话题。"9年后，首席执行官约翰·欧普抱怨说："日益增长的官僚主义影响了我们的业务表现。"一项研究发现，IBM内的一个开发小组必须等待8周，集满31个签名，才能购买解决一个关键业务问题所需的一小部分设备。[8]

1980年IBM在开发个人电脑的过程中，就暴露了此类问题的早期迹象。负责PC项目的唐·埃斯特里奇在之前一个失败的项目中吸取了IBM软件开发的教训。那个项目被称为System 1，目标是开发一台更小的主计算机，而它也需要一个操作系统。数千个——真的是数千个——程序员出现了，他们首先辛苦地编写详细的规范，然后慢慢地编写代码。[9]正是因为有上一次的经历，所以当埃斯特里奇被委以开发个人电脑的任务时，他没有找IBM内部的团队，而是去找比尔·盖茨开发操作系统。

20世纪90年代初，三位研究人员撰写的报告称，该公司严重依赖"企业员工大军"，决策过程缓慢。[10]企业各个部门的头头都是强大的贵族，只需一个人表示"不同意"，就可以扼杀一个想法。利润在减少，恶性循环似乎势不可当。华尔街的建议是将这个庞然大物分拆，要么作为独立公司出售，要么卖给IT界的其他公司。

1993年初，IBM找到并聘请郭士纳担任新的首席执行官。在被选中领导IBM之前，他曾是麦肯锡的顾问，曾在美国运通工作，还曾担任纳贝斯克公司的首席执行官。在接下来的三年里，他在IBM所做的改变成了组织变革的经典案例之一。

郭士纳的关键见解是，IBM拥有极其广泛的技术，董事会与客户接触的渠道也极其广泛，这两点任何其他公司都无法与它匹敌。但是，将公司的整体组织划分为产品和地理领域的封地，阻碍了这些技能和资源被部署给客户。此外，IBM有一种抵制变革的强大文化。在一次非常有见地的采访中，郭士纳评论道：

> 改变一种文化是非常困难的，你不能将你的想法强加于人。改变文化的时候，你要处理的是人们的信念和承诺，所以这往往是一个多年的过程。你要经常谈论这个问题，关于为什么应该采取不同的行为，你要给他们一个理由。你要把它与企业的战略联系起来，与他们自己的个人利益联系起来。我们做到这一点，总共花了四五年的时间。[11]

郭士纳认为，从文化的角度来看，公司应该作为一个连贯的整体来行事。他投入了大量的时间和精力来记录与传播他的这一观点。为此，他提出了"一个IBM"的口号。尽管如此，在IBM中占主导地位的文化是由"不同意"程序确立的，这是一种官方制度，任何重要行动都可能被任何重要高管否决。郭士纳写道："这种独特的僵化和敌意经常会降临到我的家门口。我发现，我如果仅仅是指派某人去做某事，并不意味着任务就能完成。几天或几周后，当我发现这一点时，我问为什么。一位高管回答说，'你提出的似乎只是一个温和的要求'或者'我不同意你的意见'。"[12]

从一开始，郭士纳就开始了一项基准研究。他发现IBM的设备价格太高，其费用是竞争对手的四倍。他降低了主机的价格，然后不得不想办法削减大约70亿美元的开支。1993年，75000人被解雇。在精简的过程中，许多业务被出售或关闭。

对于这家IT行业的领军企业来说，最能说明问题的是，它有128位首席信息官，管理着全球125个不同的数据中心。而把IT部门和数据中心减少到3个，至少节省了20亿美元。[13]

在推动变革方面，郭士纳提出的最具创新性的方法是创建公司执行委员会（CEC），这个机构有十名成员，外加郭士纳。CEC的每个成员都被赋予了对特定变更计划的完全执行权：采购、销售、IT、产品开发、制造等。这些高管的全职工作就是做出改变。就像旧时代国王统治下的总督一样，他们拥有雇用、解雇、重新分配和重组的全权，以推动公司重组。

在IBM，企业文化的改变注定要慢一些，但通过强制变革和人员流动，最终它做到了这一点。有一次，在加州大学洛杉矶分校，我采访了一位年轻、富有创新精神的文化人类学者，他的目标是去商学院工作。他给我解释了不同文化之间在合作规范上的巨大差异。午餐时，我问他对组织中的惯性和变化有什么看法，这是我当时正在写的一个主题。他说："改变一个群体的规范的唯一方法就是改变首领。在所有人类群体中，首领定义了思考和行动的'正确'方式。改变首领，你就改变了行为。"重要的是，那个首领不一定是正式负责的人，而是每个人都尊重和想要效仿的人。在IBM，随着新的领导者的出现，公司文化逐渐发生变化。

2002年彭明盛接任郭士纳后，这位新任CEO非常强调公司的"价值观"。他掀起了"价值观大讨论"，让32万名IBM员工参与了为期几天的关于公司价值观的在线辩论和讨论，每个人都被搞得精疲力竭。除了明显地对创新进行赞扬嘉奖之外，IBM将让"客户成功"视为其首要任务的做法也变得越来越明显，这与该公司以产品为先的历史有很大不同。

如今，IBM已经是信息处理行业的主要参与者。然而，尽管IBM获得了新生，但它仍未恢复昔日的业界领导地位。它的软件业务的增长比整个企业和SaaS市场的增长要慢，它在IT外包方面的份额也被埃森哲和印孚瑟斯夺走。

郭士纳的转变拯救了IBM，把客户放在首位有助于重塑旧的基于产品的操作方法。然而，他和彭明盛也将其与大企业客户的"成功"捆绑在一起，因此IBM在抓住网络和云技术所赋予的大批小型新客户方面比其他公司迟缓。IBM的大型客户的嵌入式IT部门在将业务转移到云计算方面行动迟缓，因此IBM在云计算领域也落后于微软和亚马逊。它面临的战略挑战是传统的经典战略挑战。它的技能范围，加上它实际上"楔入"许多大公司和组织的情况，使它拥有无与伦比的资源地位。但这些客户并不是最灵活的，也不是推动信息技术前沿的那些公司。

* * *

成功导致富足，富足导致松懈。而警惕性的降低，会使旧的结构和做法在保质期之后仍然存在很长时间。出现问题后，才华横溢的高管可能会被招来改造和更新公司，采用新的系统，更新管理逻辑。然后，过了一段时间，情况再次发生变化，那些曾经新的结构和过程又变成问题……

要让一家大型、成功、盈利的公司同时专注于生产力和变革无疑是非常困难的。但是我们能做到二者兼顾吗？

组织和文化都属于战略问题，当它们支持企业的基本竞争地位时，它们就是优势的来源；当它们阻碍效率、变化和创新时，它们就会成为战略问题。"我们的愿景"和"增长战略"这样的豪言壮语，往往会让人忽视正在恶化的组织问题，其实这才是问题。优秀的战略性领导，应该拿出与推进外部目标同样的精力来应对内部问题。

PART FOUR

■ 第四部分

干扰和诱惑

现代公司和机构的领导者会受到许多干扰与诱惑。这些人被告知，他们的公司必须有一个"使命"，其他所有决策都必须从这个"使命"出发。在进行战略规划的时候，他们很容易从解释自己的目标开始，因为他们相信可以从目标倒推出战略计划。他们可能会像许多有影响力的领导者和演说家一样，把战略和管理混为一谈。其实这两者既有联系，又有区别。他们会因为追求季度业绩而分散注意力，但我们要告诉他们，战略不是对短期结果的追求。

第 14 章　　　　　　　　　　　　　　　　CHAPTER 14

不要从目标入手

人们普遍认为，战略就是实现某些目标的计划。但是谁确定了目标，另外，他们是如何做到这一点的呢？当一个领导者设定一个目标时，实际上就是决定什么是重要的，以及资源和能源将被分配到哪里。

但是，如果只是随意设定目标，缺乏对关键的挑战或机会进行分析或了解，那么这个目标就缺乏充分的支撑。相比之下，好的目标是针对某些行动的有效战略工作的结果，这些目标确定了应采取何种行动，推动组织向前发展。为了避免混淆，不妨将这种目标称为任务目标，以便将其与缺乏支撑的目标区分开来。缺乏支撑的目标，就像在未来 12 个月内达到特定的盈利目标一样，都是呆伯特①式的企业管理做法，因为这样的目标与现实情况是脱节的。

我对战略目标的思考，是许多年前在由柯蒂斯-莱特（Curtis-Wright）当时的首席执行官泰德·伯纳领导的战略会议上首次变得清晰起来的。因为我写了一本研究多元化的书，他联系到我。[1] 伯纳自 1960 年以来一直在引领这家公司，他希望有一个在多元化方面具有

---

① 呆伯特，即《呆伯特》漫画系列主人公。——编者注

专业知识的局外人来帮助塑造公司战略。他让我和一个小规模的高管团队合作。

该公司的联合创始人格伦·柯蒂斯是位传奇人物，他曾是一名汽车设计师、摩托车赛车手和试飞员。1907年，柯蒂斯的V-8动力摩托车达到每小时136英里的速度，一下子在全国出了名，让他获得了"活着的最快之人"的称号。他还是第一个驾驶飞机从海军舰艇上起飞的人（1910年）。在第一次世界大战期间，柯蒂斯向军方交付了数千架易于飞行的珍妮号和N-9水上飞机。

莱特航空公司是由著名的莱特兄弟创建的，后来成了一家发动机制造商。在从纽约到巴黎的首次穿越大西洋的无中断飞行中，林德伯格驾驶的圣路易斯精神号就是由莱特旋风引擎提供动力。两年后，也就是1929年，莱特家族和柯蒂斯家族将企业合并，成立了柯蒂斯-莱特。

柯蒂斯-莱特在第二次世界大战期间，以及在20世纪50年代，成为飞机发动机和螺旋桨的主要制造商。20世纪60年代喷气发动机兴起，螺旋桨发动机的业务几乎消失，柯蒂斯-莱特将业务多元化，转向其他飞机部件、核心控制设备，以及汽车和建筑设备行业的部件制造等业务。

柯蒂斯-莱特一直致力于将旋转活塞式发动机推向市场。1957年，德国的NSU Werke公司制造了世界上第一台旋转活塞式发动机，柯蒂斯-莱特获得了在美国的独家许可证，获准开发和生产这种发动机。在汽车工业中，人们对气缸旋转式发动机感到非常兴奋。这种发动机没有往复活塞，运行平滑。它只是发出嗡嗡声，而不是隆隆作响，能平稳地把动力输送到传动系统。首批使用旋转式发动机的量产汽车是1967年的马自达Cosmo，随后是广受欢迎的Rx-7。"美国汽车公司"负责产品的副总裁杰拉尔德·迈耶斯表示，汽车制造商可以"在1980年将50%的汽车转换为旋转式发动机车型，在1984年将100%的汽车转换为旋转式发动机车型"。[2] 华尔街很喜欢这个故事，1972 年柯蒂斯-莱特的股价飙升至 6 美元，每股收益 13 美分。

然而，旋转式发动机的燃料效率并不高，在石油价格大幅上涨之后，它所承诺的美好前景在 1973 年就烟消云散了。此外，美国政府开始收紧汽车的排放标准，而旋转式发动机存在排放问题。通用汽车取消开发旋转式发动机的计划，此外似乎也没有其他汽车制造商愿意与柯蒂斯-莱特签署合同。公司的股价在 1974 年跌到 5 美元。该公司继续生产军用核部件、核系统和装置、涡轮发电机以及各种飞机部件。该公司还在扩大为新型宽体客机生产零部件的能力。尽管股价暴跌，但公司相对没有什么债务，拥有良好的现金储备。

首席执行官泰德·伯纳在某个周五的战略会议开始时，要求整个集团弄清楚公司的目标。我记得他当时发出的指令是："我们应该首先就我们正在努力实现的目标达成一致。一旦弄清楚了目标，我们就可以深入研究如何实现这一目标。"

上午两个小时就目标展开的讨论非常痛苦。高管们提出了"增长"、"多样化"或"提高资本回报率"等宽泛的目标。提出这些目标不无道理，但除非能让它们变得更加具体，否则这些目标就没有太大的意义。然后，如果提出了更具体的说法，比如，公司应该寻求进入污染控制设备行业，这样的"目标"显然是一个非常有利的决定，指明了应该做什么。

当天剩下的时间专门用来对公司业务进行审核。中间休息的时候，伯纳告诉我，我们如果在第二天早上重新讨论目标，他要求我首先领着大家简要总结一下什么是"良好的战略目标"。

那天晚上我一宿没睡。我所准备的，是讨论各种多样化方法的利弊，而不是目标的问题。"企业应该努力实现什么目标"这个问题在逻辑上与"一个人在生活中应该努力做什么"这个问题没有多大区别。这个问题已经困扰哲学家 2500 年了。人们应该追求信仰、荣誉、真理、正义、权力、财富、平衡，还是仅仅追求幸福？还是像存在主义者所认为的那样，我们可以自由地定义自己的目标和价值观？而且，上述目标和第二天我们做什么有什么关系？我借了一台打字机，然后连夜做了一个简短的演示，而且我认为，我写下的那些东西经受住了时间的考验。46年后，我仍然认为当时的那些想法对思考卓有成效的战略工作是有帮助的。

什么是好的战略目标？很明显，一个企业应该努力生存下去，增加利润。然而，这些愿望不会自动转化为具体的行动。因此，我们才要开会，制定一项战略——回答"我们应该做什么"这个问题。如果能回答这个问题，就可以确定一个组织将致力于实现的目标。好的战略目标是战略的结果，而不是战略的输入。

当我们制定战略时，自然要去提醒自己，我们有着怎样广泛的野心和价值观，但雄心、欲望和价值观并不会告诉我们该怎么做。例如，自由和安全等价值观，几乎是所有美国人所共同拥有的，但它们并没有告诉我们，社会保障究竟是应该由实际的储蓄来支撑，还是仅仅用一种随用随支付的承诺来支撑。而且，没有人告诉我们，为了获得更多自由，我们需要愿意放弃多少安全感，反之亦然。

具体的目标，比如资本收入超过15%，或者将军事和飞机销售额降低到总销售额的50%以下，似乎更有用，因为它们是具体的。至关重要的是，宣布这样的具体目标，实际上就等于做出了决策。它们是关于将要做什么的明智选择。此类具体"目标"决定了高级管理人员的时间和精力将用于何处，以及企业资源将分配到何处。我们出发是为了寻求目标来指导我们的决策，最终的结果却是，我们做出了伪装成目标的决策。

商业公司就是要参与竞争的。公司要在营收、技能、声誉、认可度、资金等各个方面展开竞争。而一家公司的战略，就是关于如何、在哪里以及与谁竞争的决定。遗憾的是，没有神奇的计算器能将战略选择与财务或其他成功指标联系起来。因此，没有办法从一个宽泛的目标，通过倒推的办法确定公司的战略。而且，缩窄的目标只不过是战略在减去任何支持性的分析之后改头换面的东西。

战略应该基于通过检查变化、问题、技能、资源和机会而获得的判断。战略可以为企业的渴望服务，但要想弄清楚实际的战略是什么，需要对已经发生变化的内容，受保护的和特殊的技能与知识，其他代理人的技能和资源，以及可以调动的资源有所洞察。

今年（1974年），石油价格已经从每桶3美元涨到12美元。这将对许多行业产生重大影响。在开始确定我们的战略的时候，我们必须看到这些变化，以及柯蒂斯-莱特如何经受住这些变化，并利用它们来获得优势。

战略是一个经过深思熟虑才产生的关于该怎么做的判断。它无法同时满足我们所有的欲望。我们的战略要确定哪些广泛的利益是可以推动的，哪些在当前形势下是不可能的。在决定了前进的道路——战略——之后，我们就可以制定具体目标，来指导战略的执行。

第二天的会议开始时，我给大家传阅了我的简短笔记的复印件（那时候还没有PPT，人们阅读的都是成段的文本）。会场并没有爆发出雷鸣般的掌声。战略小组确实关注了我强调的一些问题。他们开始关注即将到来的石油危机所能产生的影响。他们开始表达这样的观点，即公司擅长高性能的设备设计和在困难环境下施工，但它不太擅长预测政府合同的变化。他们希望把自己的技能投入更稳定的业务。

在那两天的会议之后,我没有再和柯蒂斯-莱特公司一起合作。当时,公司的总价值约为100亿美元。³ 随后发生的事件表明,泰德·伯纳为公司设计的"战略"是增加体量——收购无关业务。不到一年,柯蒂斯-莱特开始购买Cenc的股票。Cenc是一家半集团性质的公司,生产污染控制设备和医疗设备,还经营养老院。两年后,泰德·伯纳发起了一场控制肯尼柯特(Kennecott,一个铜矿)的代理权争夺战。然后,企业集团Teledyne开始购买柯蒂斯-莱特的股票。该公司的总价值在三年内下降到29亿美元。在接下来的20年里,柯蒂斯-莱特逐渐回到它原来的核心业务,即为商用飞机和国防公司提供复杂的零部件与组件。如今,柯蒂斯-莱特是一家中型的多样化提供商,为航空航天、核能、石油和天然气行业提供流量与运动控制产品,并为航空航天、汽车和工业市场提供金属处理服务。它的总价值约为60亿美元。

目标即决策

在许多战略性务虚会和规划会议上,误解目标和战略之间的关系,就像在柯蒂斯-莱特的例子一样,是那种漫无目的,滑到哪儿算哪儿的挫折感的根源。与柯蒂斯-莱特一样,高管们希望制定战略,但首先要就公司的目标达成一致。这是制定战略时最常见的流行文化建议。

在战略撤退时,就宽泛的普遍价值观达成一致似乎很容易。公司应该获得更多的利润,应该变得更大,应该比竞争对手更好,应该尊重并善待员工。很少有人会不同意这样的价值观和愿望。但是,当一个价值观被表达为一个特定目标,尤其是一个指标时,它就意味着应该为之采取一系列行动。设置特定的度量标准就是确定轻重缓急。

如果一个目标或一项决定是基于对所面临的核心挑战中起作用的力量的理解而制定的，那么它可以有助于指导行动。但是，如果只是宣布一个目标，如果没有对起作用的各种力量进行分析和诊断，那么它本身就是一个关于什么是重要的决定，而且是一个缺乏良好的诊断基础的决定。相比之下，一个好的目标是从问题解决的过程中自然而然流淌出来的。一个好的目标往往在形式上表现为一个任务——在澳大利亚设立业务，与特定的客户合作解决产品质量问题，创建一个独立的团队，专注于开发更好的防水涂层，等等。从不受支撑的目标开始，比如获得市场份额，就会导致缺乏创业洞察力，并试图通过压榨系统来获得业绩。

泰德·伯纳问我："什么是好的战略目标？"答案是，好的战略目标是解决棘手的战略问题的结果，而不是先于战略而产生。当一个组织的领导者直面战略问题时，他们就是在架起一座桥梁，这座桥梁将一般的愿望和抱负，以及此时此刻的具体行动连接起来。如果他们能做好这件工作，就能确定良好的战略目标。

目标是重要的管理工具，它们是由领导者和管理者创建的指导行动的工具。一个好的目标：

- 可以解决模糊性，定义比最初的整体挑战更易解决的问题；
- 是指组织知道如何实现或者可以期望如何实现的；
- 代表一组清晰的选择、缩小的焦点、解决冲突，以及帮助确定应该做什么和不应该做什么；
- 并不总是每个人都同意的。

随意性强的目标

糟糕的战略目标会带来两个不良结果，第一个是在没有分析甚至没有认识到潜在问题的情况下设定一个缺乏支撑的目标。我记得 IBM 时任首席执行官约翰·阿克斯 1985 年的目标是，IBM 在未来十年内将收入从 460 亿美元提高到 1800 亿美元。就像当今智能手机领域的苹果一样，IBM 当时在电脑行业占据主导地位，几乎独占该行业 2/3 的利润。但是大型主机的时代，以及需要独立的 IT 部门运行操作这种计算机的时代就要落幕。阿克斯的目标是缺乏支撑的，导致 IBM 在员工方面的投资严重过度，随着其核心业务的崩溃，IBM 濒临死亡。阿克斯这样的目标就是逃避了领导者的责任，这就像一个教练只知道喊"赢得比赛"，却不能给出任何打比赛的建议那样。

大家还可以考虑一下 Sendia 公司的案例。它是美国 500 家最大的公司之一。这是一个在全球范围制定了无法支撑的大型目标的案例。该公司董事会表示，该公司的增长速度没有达到标准，希望"将公司提升到一个新的水平"。这位新任首席执行官采取了一项名为"下一代"（On to the Next）的战略。为了使这一口号具体化，他设定了一个目标，要在未来五年内将收入从 500 亿美元翻一番，达到 1000 亿美元。

最终，五年内收入翻番的目标没有得到支撑。尽管 Sendia 完全获得了市场主导地位，但该市场的增长速度并不是很快。首席执行官的意图是进入两个相邻的市场，第一个相邻市场的积极一面是正处于增长之中，但消极的因素是，Sendia 过去曾在这个市场上提供过产品，但是失败了，因为这个市场上有一个非常强大的成功竞争者。在第二个相邻的市场中，增长较少，在零散的产品中没有明确的产品赢家。

公司高层聚集在一间放置了一面墙的大屏幕会议室里，屏幕上显示的是为即将召开的董事会会议准备的 PPT。最关键的一张 PPT 是五年内收入从 500 亿美元到 1000 亿美元的财务预测，画面上是一个复杂的瀑布图。它传达的信息是，两个新的领域将增加 400 亿美元的收入。剩下的 100 亿美元将来自现有领域的增长。其他的 PPT 提供了有关公司产品和行业情况的数据，重点介绍了实现增长目标的两项关键计划。

有关第一个新计划的关键 PPT 显示，头几年会出现亏损，但随着交易量的增加，利润飙升。PPT 上还有个标注，指出目前的价值是正值。首席执行官问："这些预测对市场份额的影响是什么？我们不应该在 PPT 中包括这些内容吗？"

公司的首席财务官翻了翻她的笔记，并表示预计五年内将获得 85% 的份额。

"这似乎不合理，"首席执行官说，"毕竟，这个市场上有一个很厉害的竞争对手，而我们则是从零开始。"

此时，负责产品开发的高级副总裁发言道："我们擅长这项技术。一旦生产商意识到我们能提供的性能，他们就会转向我们的产品。"

但是说这话的时候，首席财务官明显露出了一丝不自信，可能是回想起了之前失败的尝试。

"如果我们计划获得 40% 的份额呢？这不是更合理吗？"首席执行官问道。

首席财务官回应说："那样的话，我们在五年内只能赚 740 亿美元，而不是 1000 亿美元。"

首席财务官的助理随后指出，较低的市场份额将使现值降至负值。首席执行官于是询问他保持当前价值正值的最低份额假设是多少。该分析师表示，这一比例约为 50%。

首席执行官叹了一口气："那咱们把预期份额定为 50% 吧，在第二个计划中更激进一些。等明天同一时间继续开会，完成这项工作。"

尽管拥有坚实的核心业务，但 Sendia 并没有战略。公司没有明

第 14 章　不要从目标入手

显的优势来源，甚至没有潜在的未来优势来支撑其在五年内实现收入翻番的雄心。

在上面所记述的会议之后的三年里，这两项新举措都失败了，首席执行官也丢掉了工作。

为什么这位首席执行官专注于操纵 PPT 上的数字，而不是对技术和竞争进行清晰的评估？这背后的一个推力来自董事会，十多年来，董事会一直在重塑，以实现独立和多样化的目标。每个外部董事会成员都是受人尊敬且称职的人选，但他们中只有一个人对公司所采用的复杂技术有那么一点点了解。这样一来，董事会外部成员的唯一共同语言就是财务会计。董事会每个季度都要求首席执行官做出增长预测。

在 Sendia，无法支撑的增长目标腐蚀了管理层。我相信，他们内心一定知道那些 PPT 一团糟，但是，"下一步"的压力让他们编造了无法兑现的数字和承诺。面对这些的时候，说明真相需要更多的勇气。然而现实却是，高管们每年收入高达数百万美元，却缺乏一般消防员的勇气，对此我总是感到非常惊讶。

流行心理学认为目标能够激励人。但是愚蠢的、任意的目标并不能激励人取得成功，而是会激发愤世嫉俗的态度和弄虚作假的行为。

用错目标

糟糕的目标带来的第二个不良结果是：它解决的是错误问题，这是因为缺乏分析诊断，或判断受到政治因素或短视作风的限制。在这种情况下，某个组织仍会进行问题陈述以及战略、操作和目标设置等行为，但这些目标把精力集中在错误的活动上，忽略了真正的问题。大多数时候，这些糟糕的目标是一系列无法解决关键的潜在问题的短期措施。Dean Foods 的效率目标就是一个例子。

Dean Foods 是 2001 年一家总部位于芝加哥的乳制品公司 Dean

与 Suiza Foods 合并而成的，这是一家快速扩张的地区奶制品公司。Dean Foods 成为美国乳制品行业的一家主要公司。合并后，美国超过 1/3 的液态奶是 Dean Foods 加工的，产量相当于另外三大竞争对手的总和。

构成 Dean Foods 的是 40~60 家小型牛奶加工厂。有些是家庭企业，有些则更大一些。加工者从奶农那里收集牛奶，进行巴氏杀菌、均质化，并进行不同程度的分离。大多数杂货店出售的新鲜牛奶离产奶的奶牛只有 24~36 个小时的路程。Dean Foods 推出了 60 多个不同品牌的牛奶和黄油，其中一些相当知名，另外一些则非常地方化，如 Alta Dena、Creamland、Foremost、Meadow Brooks 和 Swiss Dairy 等。

自 20 世纪 90 年代末以来，美国的液态奶消费量一直在逐渐下降，平均每年跌幅为 2%~3%，其间也有起伏。美国政府为奶农提供补贴（2018 年补贴额度为 220 亿美元），并管理了一个复杂的价格控制系统。奶农通常会生产过剩的牛奶，而这些牛奶往往只能被倒到地里。牛奶价格因需求、牛群数量和饲料价格而波动。奶酪、酸奶和蛋白粉的时尚拉动着牛奶的需求。

Dean Foods 面临的根本问题是，它实际上并不是一家全国性的公司，其面临的竞争都是地方性的。超市、沃尔玛、克罗格和开市客的买家会货比三家，只买价格最低的。在所有销售的液态奶中，大约 80% 是自有品牌产品，没有全国性的品牌。拥有一个全国性的名头并没有增加 Dean Foods 讨价还价的能力。Dean Foods 管理层长期以来一直在寻求建立一个强大的全国性牛奶品牌，但由于牛奶产品的基本商品属性、长途运输的困难以及缺乏足够的利润来资助 2 亿美元的广告宣传活动，这一想法受到了阻碍。

为了解决这一系列问题，该公司试图提高其运营效率。它关闭了一些加工厂，并调整了供应路线。它建立了一个关键绩效指标（KPI）系统，每周和每月衡量绩效和进展情况。KPI 涵盖了各地区的数量、收入、销售折扣、费用、成本要素和客户利润率。[4]

不幸的是，乳制品系统的大部分成本都与饲料价格和牛群数量有关。反过来，饲料价格随着油价的上涨而波动，因为油价又会推动对乙醇的需求，从而推动玉米价格的上涨。牛奶价格通常受到产量过剩的限制。想从现有体系中进一步榨取效率并不能解决这些根本性的挑战。

Dean Foods 确实有两个引人关注的品牌不是液态奶：Horizon 有机牛奶和 Alpro 豆浆，这两个都是 2002 年被收购的名为 WhiteWave 的公司的产品。在一个看似有先见之明的举动中，公司分拆了这两个品牌，并在 2012 年进行了首次公开募股，以 29 亿美元的价格出售了 WhiteWave 公司。另一方面，或许此举是一时冲动：五年之后，达能食品以 125 亿美元的价格收购了 WhiteWave。

从 2014 年开始，Dean Foods 面临三重问题。中国大幅削减了牛奶进口，欧盟则取消了牛奶生产配额，俄罗斯则禁止进口牛奶。国内消费者的需求也下降了，美国的剩余牛奶只能倒进水沟里。在此情形下，Dean Foods 在效率目标方面加倍努力。它寻求一些品牌产品，2016 年收购了 Friendly 的冰激凌品牌。首席运营官拉尔夫·斯科扎法瓦于 2017 年 1 月晋升为首席执行官，并实施了一项成本压力更大的战略，旨在成为一家自有品牌生产商。

在接下来的三年里，公司销售额下降了 5%，净收入从 6200 万美元下降到负 5 亿美元。尽管公司不断向公众宣称其成本日益合理化，但商品销售成本占销售额的比例从 72% 上升到 79%。在一年内股价下跌 87% 后，斯科扎法瓦于 2019 年年中被辞退。Dean Foods 于 2019 年 11 月宣布破产。新闻媒体将破产归咎于牛奶消费的下降，以及沃尔玛决定发展自己的乳制品供应。但是，即使是农场主怨声载道，但由于生产过剩，牛奶也只能被倒掉。

Dean Foods 能有什么不同的做法呢？它本可以留下 2007 年花在

巨额股息上的20亿美元,并利用这些资金购买或收购一些不断增长和未受监管的品牌。它本可以保留WhiteWave,并用它来获得更多的品牌和全国分销系统。或者它可以扩展到分销其他杂货产品。它应该认识到自身业务是地区化的,然后逐个地区地跟沃尔玛谈判,成为后者的加工商。它原本也可以让Friendly冰激凌成为一种高端产品,而不是走低价路线,卖给孩子一盒盒的冷冻泡沫。

强迫乳制品加工商提高效率无法解决生产过剩或需求下降的问题。它也没有神奇地把40~60个地区的加工商变成一个全国性的企业。Dean Foods的大量KPI无法对大量地区性的拼接业务进行根本性改进。衡量一些事情并不总是意味着它可以得到改进。

如果公司的产品是泡菜或玉米片,那么让生产商提高效率可能会起作用,但是对于难以品牌化、基于地区性加工、自有品牌的液态奶,用这个办法恐怕难以成功。

第 15 章

不要混淆战略和管理

那是1966年11月一个寒冷的冬日。美国国防部长罗伯特·麦克纳马拉来到哈佛商学院发表简短讲话。他是一个"神童",曾在商学院教书,二战期间在美国空军服役,后担任福特公司总裁,还被肯尼迪总统任命为国防部长。1966年他来哈佛商学院讲话,正处于越南战争升级的时候。我和一小群人站在贝克图书馆的礼堂外,听着扩音器传出的他的演讲声。我记得他的关键论点。他在别处也曾阐述过这一观点。[1] 他的观点很简单:"作为一项技术,管理在过去的30年里得到了快速发展。我们现在知道如何管理任何机构——福特汽车公司、天主教会或国防部。你需要把整体目标分解成可以测量的部分。对每一个部分,你都要找一个负责人,评估他们的进展,并让他们对结果负责。"

我从未忘记这样的说法:"我们现在知道如何管理任何机构。"麦克纳马拉提出的方案是目标管理的一种形式。首先,你要建立可评估的目标,并沿着这些维度跟踪进度。在1966年发表讲话时,麦克纳马拉正在支持威廉·威斯特摩兰将军,他的目标是消灭敌人的有生力量,让敌人找不到替代的兵员。

但结果却是,敌人补充兵员的速度比美军消灭他们的速度更快。单纯且不懈地追求消灭敌人，使美国公众站起来反对这场战争。30年之后，到1995年，麦克纳马拉写道："现在回想起来，我显然犯了一个错误，无论是在西贡还是在华盛顿，无论是在当时还是之后，我们都没有就自己在越南的军事战略基础上的比较随意的假设、未曾追根究底的问题，以及薄弱的分析进行彻底的、持久的辩论……恐怕我永远也无法完全理解当时为什么自己没有这么做。"[2]

如第4章所述，考虑到政治和价值因素的限制，对于越南很可能没有战略解决方案。通过评估进度来进行管理是行不通的。"进展"导致人们掉入了一个陷阱——消耗战和意志战。麦克纳马拉在越南的困境生动地说明了管理工作和战略工作是截然不同的。目标或指标的集合不是战略。战略是关于在某种情况下起作用的力量以及如何应对这些力量的一种理性论证。不要让指标掩盖了思想。

接替麦克纳马拉担任国防部长的克拉克·克利福德这样描述麦克纳马拉："在改革美国国防部的过程中，他展示了卓越的才华，但……越南不是一个管理问题，而是一场战争……这个人，虽然他可能是我们最伟大的国防部长，但他不太适合管理一场战争。然而管理好那场战争才正是当时的形势所需要的。"[3]

罗伯特·麦克纳马拉是一位非常有经验的经理人，但他在战略工作上的失败给我们的社会留下了伤疤，一直延续到今天。

推动的结果

几年前，我接到一个电话，让我想起了麦克纳马拉在哈佛的演讲。电话是一家大型金融服务公司的高管打来的。她问我是否愿意为一个新的高级管理人员项目设计并教授两期战略课程。当我问及这个项目的目标时，她说："我们已经培训完营销和财务部分。从战略课程中，我们希望让大家学会关注推动结果。"我拒绝了，建议由别人来做这件事。"推动结果"很重要,但这不是战略工作。麦克纳马拉努力在越南取得成果,但如前所述,他在做这件事的时候缺乏战略。

激励和衡量绩效是某个组织"保持列车准点"的关键。如果不衡量效率,就无法改善大多数事情的运行。为了改善客户体验,你需要知道正在发生什么。在客户的系统上安装我们的软件需要多长时间?具体的目标可以看作是一种强大的激励装置。比如,"每天锻炼"这种说法过于模糊,而"每天在跑步机上跑30分钟"则是具体的,更有可能得到遵循。

如果要实现伟大的目标,我们所需做的只是让人们实现他们各自的目标,那么这个世界可就简单了。领导者们会每年设定或协商设定更高的目标,并"推动结果"来得到他们想要的结果。在那个更简单的世界里,根本不需要战略。但正如麦克纳马拉后来发现的那样,"驱动结果"是管理工作,而不是战略工作。

战略工作确定了要寻求的目的和目标。好的战略工作始于认识到挑战,并理解克服这些挑战会遇到哪些困难。好的战略工作产生政策、行动、目标和目的。

管理工作,即完成给定的目标,通常被称为"执行"。如今有一种流行的说法,认为执行比战略重要得多。罗莎贝丝·莫斯·坎特写道:"比赛是在运动场上赢得的。如果一个战略看起来很出色,那是由它的执行质量所决定的。"[4] 她这话大谬不然。成功是好的战略和好的执行结果共同作用的结果,其中任何一个方面失败,都不会取得最终的成功。两者都很重要。问题不在于二者相对而言谁更重要,而在于二者完全是两回事。在缺乏明确战略的情况下"追求结果",是本末倒置的做法。

管理的方法

大约在 1840 年以前，大多数企业都是小型家族企业。经济形式主要是农业和贸易。商人们自己或在两三个人的帮助下进行运输和买卖。最早必须使用全职管理人员的是铁路公司。铁路公司创造了有史以来第一个组织结构图以及持续变化的工作计划和记录。19 世纪 70 年代以后，真正的管理部门和等级制度开始出现。[5]20 世纪初，大公司开始出现，新的经理结构被设计出来，开始有了总经理、部门经理等不同层级。

1954 年，彼得·德鲁克最早描述了这个经理人管理其他经理人的新世界。他在 1954 年出版的著作《管理的实践》颇具影响力，该书试图将拥有多层管理者的现代复杂组织的任务系统化。他避开了经理通过发号施令来指导工作的老模式。他指出，在管理者管理其他管理者的过程中，每个管理者的目标必须在知情的谈判中设定，要考虑到具体情况存在的限制以及提供的机会。他认为，人们应该理解为什么某些目标很重要。如今，我们把这个系统称为"目标管理"。

德鲁克的"目标管理"很快系统化，成为一种正式的目标设定过程。它本质上是关于预算和目标的谈判，以及自上而下的总体目标信息。这种管理制度现在广为使用，大多数现代组织都遵循着可量化目标的运行节奏。

目前实现这一目标的方法被称为平衡计分卡方法，这一系统由罗伯特·卡普兰和戴维·诺顿推而广之。[6]该系统将目标分为四类：财务目标、客户目标、内部流程目标和学习创新目标。平衡计分卡是对简单预算目标的重大改进，目前在许多大公司中得到应用。卡普兰和诺顿解释说："在年度战略规划会议上做出的任何改变都会转化为公司的战略地图和平衡计分卡。"[7]这清楚地表明，平衡计分卡是一种管理工作工具，旨在管理、实施或帮助执行一项战略。

管理和战略的区别

DelKha 公司很好地说明了管理和战略之间的区别。尽管管理得很好,但 DelKha 公司仍然面临自身管理体系无法应对的挑战。

2010 年,我接到费莉西亚·卡的电话,她想要我在"将战略与平衡计分卡绑定"方面提供帮助。她的母亲创办了一家贸易公司,业务连接了越南、新加坡和美国的部门。到 2010 年,经过不断扩展,公司开始为计算机(个人电脑、商业电脑以及服务器)提供许多机械和电子部件。该公司的股票在新加坡证券交易所上市交易。DelKha 远离主板等活跃的电子元件,而是专注于电源、机箱、连接器、线束和冷却元件,制造用于冷却电脑机箱、CPU 冷却和显卡的冷却风扇。其他大部分部件都是从亚洲的各个供应商那里采购的。

费莉西亚·卡在旧金山有一间可以俯瞰海湾的舒适办公室。在她办公室的墙上挂着一张印刷精美的平衡计分卡,如表 6 所示,但并没有绚丽的彩色插图,也没有数字目标。

表 6　DelKha 公司的平衡计分卡

任务	
成为世界上最成功的计算机组件公司,在我们服务的市场中提供最好的客户体验	
目标	关键绩效指标
财务:	
股价涨幅超过 STI 指数	净利润率—每个客户的营业收入
销售额每年增长 10%	股本回报率
毛利率在 35% 以上	销售增长率
客户:	
在两天内完成报价,为新产品和新版本做好准备	每个客户和产品类别的销售与销售增长

（续表）

目标	关键绩效指标
	客户保留 每次销售拜访的成本和收入 满意的分数
内部运营：	
每个项目至少有两个分包商	关键供应商关系人员的流动
保持快速反应	外部招聘比例
库存部件不能是风扇	满意度
	及时更改设计
创新和学习：	
与主要客户合作，及时了解新设计	采用新产品类型
向客户咨询设计选择	小时/销售人员产品培训
	小时/供应商人员产品培训

费莉西亚解释说，她喜欢计分卡这个办法。其关键是让她意识到，企业要有一组平衡的目标，而不仅仅是预算表。她说："我手下的人需要相信，只要他们好好工作，一切都会好起来。"她也面临一些困难，主要是价格下降、销量放缓。

更大的问题是，从总体上来说，个人电脑业务已经饱和。笔记本电脑的销量仍然相当不错，但大多数都是由集成制造商生产的，对于笔记本电脑的零部件，它们要么是直接制造，要么是采购。随着平板电脑和智能手机的蓬勃发展，个人电脑零部件交易商和制造商的前景并不乐观。费莉西亚担心公司无法在日益严峻的竞争中生存下来。

DelKha公司的平衡计分卡，加上更详细的运营信息和预算，使公司保持在正轨上。这是一个合理的管理体系，但在2010年，费莉西亚需要的是战略调整，只是明确公司任务和基本目标是没有用的。

我们组成了一个五人战略工作组，并开始定期开会，首先关注的是DelKha公司财富日益减少所带来的挑战。我们从她的客户方面的问题开始。个人电脑制造商面临什么样的挑战？费莉西亚回答说："这些公司是世界上最老练的买家。像戴尔和惠普这样的公司几乎没有库存，可以在不到一个小时的时间内按订单组装好一台电脑。"她接着说，索尼的显示器是直接发货给企业客户的。"除了低价和准时交货，它们不需要我们的任何东西。"她继续说。总的来说，它们的业务问题是需求放缓，此外利润率受到彼此竞争的挤压。

销售主管说，有专门制造游戏电脑的制造商。这些公司需要的是高质量的部件，尤其是大功率冷却系统。所有人都认为，即使DelKha公司能够找到进入游戏电脑市场的方法，这也只是一个利基业务。

在随后的一次会议上，一位高级经理表示，很多个人电脑业务以外的客户都存在供应链问题，它们还没有发展出戴尔、惠普等公司的复杂性。DelKha公司能帮助这类公司解决什么问题呢？对于成为一名非个人电脑公司的供应链顾问和经理，我们这个小组展开了一场很有价值的讨论。这个方向的障碍是，DelKha的技能和知识仅限于个人电脑组件。费莉西亚致力于利用她的越南裔美国商人网络来寻找潜在客户。另外两名高管也这样尝试联系他们认识的人。

一个月后，这些人际关系网络并没有显示出在供应链建议或管理方面有什么机会，因为有一些公司在这方面做得比DelKha更深入。但是，我们发现DelKha公司的无刷冷却风扇电机存在潜在客户。

潜在客户FlyKo想为飞行中的无人机配备大功率无刷风扇。法国公司Parrott刚刚发布了第一款基于Wi-Fi的消费级无人机，并大受欢迎。FlyKo出售了一系列无线电控制无人机，并希望制造一种更好的无线电控制无人机，可以超出Wi-Fi的范围飞行。

DelKha买了一架Parrott无人机，我们把风扇工程的负责人带进战略小组，讨论了这方面面临的挑战。他对这个想法很感兴趣，认为

DelKha 的产品的性能可以达到甚至超过 Parrott 上面的风扇。

在传统的电机中，电流通过碳"刷"，接触铜触点，再传递到中心旋转元件。在无刷电机中，没有碳刷的接触，取而代之的只是一个气隙。通过微处理器控制直流电源给线圈供电的时序，来控制磁场的时序和时间。

DelKha 公司组织了一个特别小组跟 FlyKo 合作开发。DelKha 的工程师交付了风扇，FlyKo 也制造了一架原型机。不幸的是，FlyKo 公司由于常规无人机大批积压，不得不申请破产保护。

DelKha 公司的战略团队喜欢这个基于公司无刷风扇的产品设计，他们认为肯定还有其他客户会遇到类似的问题，可以由 DelKha 来解决。费莉西亚决定以 10 万美元的白菜价买下 FlyKo 的无线电和电子产品资产。FlyKo 的一位关键工程师开始为 DelKha 担任顾问。

有了这个新的能力，高级执行官意识到他们的挑战已经改变。3 个月前，关键的挑战似乎是不断衰落的个人电脑行业。现在，公司已经在不断增长的无刷电机行业中占据一席之地。无刷电机被广泛用于机器人、医疗工具和无人机，我们希望，它未来还将用于无线电动工具。

DelKha 的第一款成功的消费级产品是与一家玩具公司合作生产的无线电控制模型汽车。操控这款玩具汽车比操控飞行装置简单多了。这款玩具车通过玩具商店销售。它跑起来很安静，但操控范围大，速度也很快。每周日，在许多地方的停车场里，都有这种玩具车的俱乐部，玩家互相比赛。

后来，通过专注于解决客户的问题，DelKha 公司为一家生产便携式真空吸尘器的公司制造了一台功率很大但很安静的风扇。这一次，通过使用电池，去掉线缆，并结合安静而有力的无刷电机，帮助客户的产品获得成功。

到 2014 年，DelKha 公司已成为高性能无刷电机行业的老牌厂商，公司的股票价值翻了五倍，员工数量翻了四倍。

DelKha公司的战略探索始于对日渐衰落的个人电脑零部件业务这一看似致命的挑战的关注。然后，我们与其一起开始研究公司拥有的技能和知识，以及与这些技能和知识有关的其他挑战。在供应链服务和空中无人机方面，公司一开始好像也运气不佳。然而，最终，一个基于无刷风扇功能的新业务出现了。

2019年，DelKha公司的平衡计分卡看起来已经与9年前非常不同了。现在公司更强调的是创新工程和电机性能参数。公司也更关注自己的分销和合作伙伴关系。对公司来说，平衡计分卡仍然是一个有效的管理工具，只不过，目标和关键绩效指标都已经变得非常不同。

不过大家需要注意，在DelKha公司的战略探索中，平衡计分卡其实并没有起到什么作用，它的用途是管理企业。当一家公司面临的挑战不是当前行动效率方面的问题时，平衡计分卡无法提供多大帮助。它无助于重新定义业务或建立新的业务。如果你有一种错觉，认为战略就是推动人们实现最高管理层的目标，那么坚持使用你的平衡计分卡吧。不过你要知道，好的战略工作跟管理工作完全不是一回事。两者都是必要的，但不要将它们混淆。

第 16 章　　　　　　　　　　　　　　　　CHAPTER 16

不要混淆当前的财务结果和战略

　　所谓的"90 天德比",就是一种季度财务评价,是各方对季度收益预期达成的共识、企业业绩指引,以及华尔街和许多上市公司领导层对这些数据的高度关注等。

　　这是从什么时候开始的呢？ 1976 年,机构经纪人预测系统(IB-ES)开始收集美国公司未来年度收益的估算值。随着时间的推移,这个估算演变成一种平均的,或说是获得了"共识"的估计,估计的范围从年度收益缩短到季度收益。为了应对这种动态形势,许多公司开始对未来几个季度的收益提供"指导"。

　　到 20 世纪 80 年代中期,一家公司是否达到或低于普遍预期成了一个重要的问题。随着这一指标越来越受欢迎,许多公司在实现盈利目标方面做得越来越好。一些观察家声称,在新的逻辑中,少赚很多比少赚一点要好:"在成长型股票的圈子里,'少赚一分钱'现在暗示着一家公司的愚蠢程度。也就是说,如果你连让华尔街满意的一分钱都找不到,那么你的公司一定有麻烦了,因为少赚一分钱就能让你的股票暴跌。与其如此,你不如暂时少赚一两毛钱,然后把富余下来的钱留到下个季度。"[1]

　　参与到"90 天德比"的首席执行官们会花费大量的时间和精力

准备指导意见,然后努力实现它。不可避免地,这种做法使得他们过度关注会计结果,并试图让短期收益变得可预测。

如果商业的目的是赚钱,那么尽可能保持高收益和持续增长有什么错呢?问题是多方面的。首先,当前的收益是过去投资和行动的收获,有时是过去几代人的投资和行动的收获。今天的利润不仅仅是今天的经理和员工努力工作的结果。它们来自过去的聪明才智、运气以及过去战略行动的结果。目前微软的收益之所以高,是因为它的软件产品已经成为标准,几乎每个人都必须使用这些软件来提高生产力,并与他人合作。同样,今天承担的成本很可能是未来丰收的关键。

当然,情况也可能反过来。曾经伟大的波音公司一直在与737 MAX 的设计缺陷、对国际外包的过度热情、过热的锂电池等问题做斗争。所有这些因素都降低了收入,但收入降低并不是因为今天的经理、工程师和员工工作多么努力或多么熟练。这几乎都是由于1997年波音与麦道公司合并带来的文化。麦道公司在财务和成本削减方面的做法压倒了波音公司传统的工程文化。麦道公司的总经理哈里·斯通西弗曾在通用电气接受过培训,他评论道:"人们说我改变了波音的文化,没错,我就是这么想的。所以,波音现在像一家企业那样运营,而不是一家伟大的工程公司。"[2] 在短期内降低成本令华尔街满意,但可能会损害波音几代人的利益。

第二个问题是,当前收益并不能决定一家公司的价值。一家公司的价值取决于它未来可能向股东支付的所有股息或其他款项,同时考虑到违约风险,以及被乐观的买家收购的可能性。价值是关于未来的——本季度的结果很难成为未来长期支付流的可靠指标。

为了更清楚地理解这一点,我们不妨以亚马逊这样的公司为例。自1997年首次公开募股以来,亚马逊从未分红,但股价却大幅上涨。因此,它的价值只是与未来预期有关。与其他股票一样,它的价格也会剧烈波动，因为未来股息的发放时间、潜在规模、通货膨胀和其他因素都存在很大的不确定性。

假设你是亚马逊的首席执行官，正在努力扩展公司的产品，加快配送速度，管理每天存储和移动数百万个包裹的庞大的物流工作，建立云服务业务，并开始扩大其国际业务。在 4 月初与华尔街分析公司的通话中，有人询问有关你们公司的新航运中心的事情："这不会影响第四季度的收益吗？"

思考一下这个问题。亚马逊的价值取决于它在未来 5 年、10 年、20 年甚至更长的时间里的盈利能力。由于未来的不确定性，其股价每小时都在波动。展望未来，第四季度的每股收益数字到底有多重要？亚马逊是否应该调整它的投资计划，使其更高一些？你是否应该不辞辛苦地预测第四季度每股收益，并且要知道，如果你预测错了，分析师和其他人会要求你进行说明？

这个问题究竟从何而来？为了看到这一点，我们可以考虑一下问问题的分析师。我认识一些人，并仔细观察过他们的工作。他们可能是在沃顿商学院、纽约大学或加州大学洛杉矶分校接受过教育，学会了对未来现金流进行折现，以及如何做个 Excel 电子表格来预测这些现金流。我曾见过一些分析师，他们能做出漂亮而复杂的长达 10 页的电子表格，根据 30~40 个关键增长因素、比率和行业参数来估计一家公司的价值。只要任何输入的数字发生了变化，未来现金流的模型以及最终股息都会随之发生变化，以不同的方式估计公司的价值。因此，如果第四季度的收益比模型预测的要低一些，他们的电子表格就会像任何典型的电子表格一样，一个季度接着一个季度地改变所有对未来的预测，直到永远。当然，这些预测也将改变模型对公司整体价值的预测，降低它对"正确"股价的估值。

为了进行这种分析，分析师使用的工具大多都要假定存在某些确定性。也正因如此，第四季度收益的短暂波动会影响未来。但这都是无稽之谈，是电子表格模型所具有的机械死板本质的产物。实际上，收益就像其他经济指标一样，包含一个非常强烈的随机元素。大家可以试着就每月在食品杂货上的支出记一下账。支出上升并不意味着你的财务状况失控，下降也不意味着家庭饥荒即将到来。其实，分析师要想在估计公司价值的时候稍微能多点正确的逻辑，至少需要高级贝叶斯统计建模方面的博士学位，仅仅使用电子表格是万万不行的。现在他们所做的电子表格其实是相当原始的估算工具，对某些因素的反应总是有些过度。

第三个问题是，一家公司的"真正"价值很难被推算出来。费希尔·布莱克是著名的 1973 年布莱克-舒尔斯期权定价公式的作者之一，他相信市场价格是对真实价值的公正估计。[3] 但是，一次在喝酒的时候，他也告诉我，一家公司的"真正"价值可能降至当前股价的一半，也可能多至两倍。虽然股价里不存在偏见，但它却是对真实价值非常不确定的估计。这一事实在有关"90 天德比"的大多数对话中都没有提及。

沃伦·巴菲特和杰米·戴蒙最近就这一普遍问题表达了强烈的观点。他们在《华尔街日报》上写道：

> 金融市场已经变得过于关注短期利益。季度每股收益指导是这一趋势的主要驱动因素，也从一定程度上助长了人们从长期投资转向短期。公司经常在技术支出、招聘和研发方面有所收敛，以满足可能受到公司不可控因素（如商品价格波动、股票市场波动甚至天气）影响的季度收益预期。[4]

第四个问题是，"德比"的压力导致一些首席执行官做出了浪费的决定。任何与上市公司高管有过密切合作的人，都不需要借助学术研究成果就能知道发生了什么。以下是我目睹的两个例子。

- Softways 软件产品占据了一个日益增长的市场的一部分，但是该公司缺乏其主要竞争对手推出的系统的一个关键组件。据估计，弥合这一差距将需要大约一年的程序开发工作，费用约为 2000 万美元。公司的 CEO 对此表示异议，他不愿投入这么多钱。他换了一个方案，以 1.75 亿美元的价格收购了一家拥有该技术的公司。收购所需的资金，一半来自新发行的债务，另一半则来自离岸私募股权投资者。这种做法所传达出的理由跟速度无关，完全是为了不报告较低的收益。通过收购获得的技术具有一定的能力，但不容易与 Softways 现有的软件对接。结果，整合这两种技术花费了近两年的时间，是内部开发所需时间的两倍。

- Zotich 是一家为五个关键客户提供特殊产品的化工公司。近年来，客户对性能的要求越来越高，Zotich 的战略就是针对客户的需求，在研发上精益求精。2017 年夏，行业对客户产品需求的低迷反弹打击了 Zotich 的收益，股价下跌。对此，首席执行官承诺公司收益会迅速上升。他通过大幅削减研发人员实现了这一目标。与此同时，竞争对手却在加大研发力度。Zotich 的做法在战略上是一个灾难性举动：在接下来的两年里，其股价下跌了 60%。

对于那些没有做出这种愚蠢选择的公司来说，"90 天德比"仍然会分散管理层的注意力，让他们无法关注那些实际上会影响公司价值的更具战略意义的问题。

股东价值与激励

股东价值作为企业宗旨的北极星，其地位的上升在 20 世纪 80 年代趋于成熟。哈佛大学教授迈克尔·詹森的公司代理理论特别推动了董事和经理应采取行动以实现股东价值最大化的观点。"公司经理是股东的代理人。"他写道,并强调股东经常会因为公司经理拒绝向股东支付现金,而是投资于糟糕的项目而导致利益受到损害。[5]

让股东价值与回报成为企业目标的北极星是经济学家新形成的代理理论的一种表达。这始于这样一个假设,即经理人(代理人)不会非常努力地工作(他们会"懈怠"),并会做出利己的决定,除非有专门的激励措施,使所有者和经理人的利益保持一致。

不幸的是,代理模型不能解决比动机更复杂的问题——信念问题、情况诊断问题和重要性判断问题。如果关键问题是明显的浪费和滥用,那么激励措施可以帮助提高效率,但激励措施的作用也仅限于此。爱因斯坦晚年试图创造一个"统一场论"。如果设立1亿美元的奖金会加快这项工作的完成吗?如果问题是要赢得在欧洲反对纳粹的战争,如果艾森豪威尔能提前取胜,就会获得1亿美元奖金,战争会不会进展得更快?美国海军陆战队会因为有奖金可以挣而朝着炮火奋勇前进而不是临阵脱逃吗?这个模型的问题就是,它假设激励机制是最重要的。

代理理论的激励方案并不能解决战略问题。战略能力不一定是诱导出来的,战略无能也不一定会因为按结果付费而变得迟钝。我们可以在私人控股公司看到这一点:在这种情况下,所有者和管理者的利益结合在一起。然而,战略问题——做什么和如何竞争——仍然存在。激励可以激发注意力和精力,但如何做的问题仍然存在。

在实践中,高层管理人员的"激励"是由合同奖金、直接授予股票和股票期权构成的。现代的趋势是将薪酬直接与股价(而非会计结果)挂钩。在20世纪80年代,期权成为高管薪酬的最大组成部分。在互联网泡沫破灭后,期权的作用被限制性股票授予取代。到2019年,基于业绩的股票奖励占到标准普尔500指数首席执行官薪酬的一半以上,以及罗素3000指数首席执行官薪酬的40%左右。[6]激励性薪酬的大幅增加与活跃的机构和个人投资者的增加是相伴而生的。正如基思·哈蒙德斯在《快公司》杂志上评论的那样：

> 不同的是，今天的首席执行官们所处的沙盒环境发生了变化。1993年，形势开始发生变化，那一年，职业经理人与投资者展开了较量，但最终以失败告终。在同一周，美国运通、IBM和西屋电气的首席执行官都在压力下辞职，主要是因为他们公司的财务业绩糟糕。在接下来的几年里，高管薪酬越来越多地与公司业绩挂钩——更多股票、更多期权。[7]

这些薪酬计划是由拿高薪的顾问设计的，他们坚持认为，这些激励措施对于使首席执行官的利益与股东的利益达成"一致"是必要的。他们不承认的一点是，这个目标其实是不可能实现的。这些薪酬的支付取决于某些事件能够发生。这使它们实际上成了期权。

期权是指允许持有者以固定价格获得或购买某物的合同，而不考虑其实际市场价格或价值。如今，苹果股价为每股130美元。你可以以20美元的价格购买一份期权合同，它保证你可以在一年后以每股130美元的价格购买一股苹果股票。如果股价不涨，或者下跌，你就损失了这20美元。但如果股价上涨，超过了每股150美元，你的期权合约就会给你带来利润。如果一年后苹果股价涨到170美元，你最初的20美元投资就会翻倍。随着不确定性的增加，股票往往会贬值。另一方面，期权价格的上涨往往伴随着更多的不确定性，因为下行空间有限。最重要的是，你不能让经理们面临与股东同样的处境。股东持有股票，而不是期权。

关于激励性薪酬和公司绩效的研究并没有显示出任何强有力的联系。当然，不管原因是什么，股价上涨都会导致高管获得更高薪酬，其中有许多复杂因素，很难一下子理清楚。如果一家管理相当良好的公司的首席执行官足够幸运，在总体积极的宏观经济中工作，甚至在一个令人兴奋的行业中工作，那么股价应该会上涨，他就能获得与高层行为无关的有价值的股息。在大多数时候，大约30%的个股价格变动可以用整体市场结果来解释。在景气时期，比如2019年上半年，60%的个股走势可以由整体市场来解释。因此，高级经理和董事会成员可能在表现未超过竞争对手的情况下获得财富的大幅增长。

股东价值目标的基本问题在于，高管们不知道如何实现它。花更多的时间待在办公室里对此不会有任何帮助。波音在与麦道合并后不明智地尝试削减成本，这对波音造成了长期的不利影响。行动与股票价值之间几乎没有可靠的联系。当然，我们相信，对未来收益的更高预期将推高股价。但是什么造成了这些更高的期望呢？沃尔玛应该扩大还是放缓在华投资？苹果是否应该推出自己的流媒体服务？通用电气应该继续经营其燃煤能源业务还是将其出售给别家？

1967年，当我还是一名博士生的时候，我的导师让我采访各个学科领域的教授，并写下他们的概念方案。市场营销有"4P"理论——产品（product）、价格（price）、渠道（place）、促销（promotion），金融领域有债务无关定理，等等。在会计学方面，戴维·霍金斯教授咧嘴笑着说："每个商业案例都有相同的解决方案，增加销售额，削减成本，让那些浑蛋好好干活。"跳过半个多世纪到2020年，我们来考虑一下维基百科上有关CIO（首席技术官）的说明给我们的指示："为了最大化股东价值，有三种主要战略来驱动公司的盈利能力：（1）收入增长；（2）营业利润率；（3）资本效率。"[8]

想知道这里发生了什么，想象一下你是洛杉矶公羊队的总经理。你有兴趣赢得更多的比赛，并聘请顾问。半年的研究过后，咨询师回来报告说："你的目标是最大化每个赛季的胜场数。我们的研究表明，获胜的次数是由赢得的净码数驱动的。而这是由增加的总码数减去减少的总码数所推动的。你需要设法增加码数，减少码数损失。"你的顾问的建议就像"增加销售并削减成本"一样毫无用处。他的问题、你的问题以及公司高管的问题是，在商业和橄榄球领域获胜需要微妙的技巧的组合，而不是按下按钮或转动曲柄。

我们能做些什么

让首席执行官的财务激励与投资者的财务激励保持一致的一个方法是，让他成为长期股东。这意味着，如果招聘规模足够大，首席执行官就会获得股票，从而成为他的一个关键财富来源。除了过失或犯罪造成的损失外，不能附加任何绩效条件。这些股票将由首席执行官及其继承人完全拥有，但在7年内公司保留回购权。

持有大量7年或更长时间的股票，首席执行官就能做出更合理的判断，判断哪些行动有利于公司价值，而不是那些旨在提高当前会计收益的行动。

朝这个方向发展的一个例子是埃克森美孚公司：

> 薪酬方案的设计有助于强化这些优先事项，并将多年来获得的大部分薪酬与埃克森美孚股票的业绩和由此产生的股东价值联系起来。要实现这一点，公司使用股票支付高管年度薪酬的很大一部分，并在一段时间内限制出售股票，而且限制条件远远超过所有行业的大多数其他公司所要求的限制。其目标是，以限制性股票的形式发放超过一半的年度薪酬，其中一半必须持有10年或直至退休（以较晚的股票为准）。另外一半必须持有5年。[9]

另一个减少"90天德比"的负面影响的方法是调整公司的客户。公司高级管理层的客户包括公司董事会、重要的养老金和共同基金投资者、跟踪公司的分析师，当然还有选择购买其股票的普通投资者。

这里面的投机者不计其数。他们与股价波动有很大关系，但他们感兴趣的是价格波动，而不是公司的价值。

你需要建立并吸引相信公司创造长期价值的承诺和能力的客户。如果养老基金经理需要12%的快速回报率来让他们资金不足的养老计划免于破产，就直接告诉他们，让他们去买另一种证券。不断提醒你的客户，经济是不确定的，会有起伏，股票价格是一种充满噪声、不确定的指标。告诉他们，要建立长期价值，必然会有失败的实验。告诉他们，你和你的团队正在为未来几十年创造价值，如果他们想快速获得成功，那就去其他地方看看，因为创造新价值不是一个平稳的过程。告诉他们，如果他们看到有的公司业绩非常平稳，那么有人要么是在数字上造假，要么是在套钱。

财经媒体把所有买卖股票的人称为"投资者"，但大多数股票交易是由投机者而不是投资者进行的。为了让"90天德比"平静下来，你需要的客户是投资者，而不是投机者。炒股既不违法，也不违反道德，但你不应将这些"所有者"与那些对公司价值而非股价波动感兴趣的人混淆。

在2001年的一项研究中，布莱恩·布希发现，在机构投资者中，他所称的"短暂"投资者与高估短期收益有关。[10] 他所说的"短暂"指的是具有高投资组合周转率的非常多样化的投资组合；持有更窄、更集中资产的机构似乎没有这种短期偏好。在另一项有趣的研究中，吉姆等人发现，当一家公司停止提供盈利指导时，其客户转向了长期投资者。

董事会可能是至关重要的。如果你想激发更长远的眼光，就不要让你的董事会充斥交易撮合者或投资银行家。试着建立一个足够了解业务的董事会，他们的眼光可以超越每个季度甚至每年的业绩。如果他们不懂业务，不懂技术，不知道这个行业是如何运作的，他们能做的就是看季度业绩。

电气工程师会区分"信号"和"噪声"。信号就是信息，而噪声就是使人难以听到或理解信息的有害的静电干扰和错误。重要的是，你的客户要接受证券价格的"噪声"观——内在价值的信息经常被随机噪声掩盖。沃伦·巴菲特和杰夫·贝佐斯等长期基金经理每年都会给投资者写信，强调这一事实。在1997年写给股东的第一封信中，贝佐斯有一句名言："当被迫在优化我们的公认会计准则和最大化未来现金流的现值之间做出选择时，我们会选择现金流。"在2009年世界金融危机期间的一封信中，他写道：

> 在动荡的全球经济中，我们的基本做法没有改变——埋头苦干，着眼长远，以客户为中心。长期思维可以撬动我们现有的能力，让我们去做我们原本无法思考的新事情。它支持发明所需要的失败和迭代，它解放了我们，使我们在未探索的领域中成为先驱。寻求即时的满足，或者是难以捉摸的承诺，你很有可能会发现在你前面早已有一群人了。长期导向与客户痴迷能很好地相互作用。如果我们能识别客户的需求，如果我们能进一步强化我们的信念，认为这种需求是有意义和持久的，我们的方法就允许我们耐心工作多年，再交付解决方案。

沃伦·巴菲特一直强调，他的投资眼光是非常长远的：他不会为了卖出而买入。他经常建议他的投资者和其他愿意倾听的人，投资者应该持有多样化的股票投资组合，并持有一段时间。他认为，对于这些投资者来说，"股价下跌并不重要。他们应该把重点放在于投资期内获得的购买力的显著提升上"。

如果投资者想和你一起经历起起落落，他们必须信任你这个人、你的战略和你的管理体系。信任很难获得，却很容易失去。如果你是波音公司的掌门人，那么多年来市场一直相信你会进行长期投资。

如果你为了满足西南航空的要求而批准737 MAX的设计,将前舷梯放在错误的位置,那么几十年建立起来的信任可能会在几个月内蒸发。

摆脱"90天德比"的一个激进方法是经营一个或一系列非常简单的企业。当会计结果是一幅准确的业绩图时,事情就变得容易了。如果你管理的是一家承接高中体育奖杯订单并生产奖杯的公司,那么对企业业绩和进步你就有明确的衡量标准。或者是制造空调系统的管道,而不是用于家庭自动化的高科技人工智能系统。

另一个摆脱"90天德比"聚光灯的方法是私有化。特斯拉的埃隆·马斯克是这样做的:

> 作为一家上市公司,我们的股价会受到剧烈波动的影响,这可能会让特斯拉的所有员工分心,因为他们都是特斯拉的股东。上市也让我们受制于季度收益周期,这给特斯拉带来了巨大的压力,迫使它做出可能对某个季度是正确的决定,但这个决定对长期发展不一定是正确的。最后,作为股票市场历史上被做空最多的股票,上市意味着有大量的人有动机攻击这家公司。
>
> 我从根本上相信,当每个人都专注于执行,当我们能够专注于我们的长期使命,当人们没有错误的动机试图损害我们共同努力实现的目标时,我们就处于最佳状态。[11]

许多大公司不需要从公开市场筹集资金。它们公开交易的股票被用作一种创造激励的方式,并使公司能在不支付现金的情况下收购其他公司。然而,对于大公司来说,私有化是一项复杂的财务操作,它要么需要非常富有的赞助人,要么需要杠杆收购,这将给短期现金流带来更大的压力。

许多非常成功的企业家不是为了财富而创业。是的,企业家们喜欢成功，而且有些人花钱大手大脚，但创业最重要的动机是主导和胜利，企业价值只是上面这个过程的一个结果而已。他们想要创造新的产品或新的商业模式，并在他们的领域被崇拜为领头人。当然，要想取得成功，企业家需要拥有家公司的控股权，此外，他还要有战略洞察力。

史蒂夫·乔布斯以不太担心苹果的股价而闻名。那么乔布斯是如何管理苹果公司的呢？他本人不是工程师，但他引导苹果成为伟大的工程公司之一，结果他成了真正意义上的"工程师"。竞争对手竞相抢先进入市场，或在自己的产品中加入最多的功能，但与苹果的产品相比，他们创造出的产品往往会显得"笨"。

许多人和公司都想效仿苹果，学习苹果的做法。

要想从史蒂夫·乔布斯的苹果公司那里学到一些东西，我们需要注意他"没有"做什么。在整理这个简短的清单时，我收集了一些管理者、商业作家和顾问常用的观点和短语。

- 他没有"通过无休止地关注业绩指标来推动业务成功"。苹果的成功靠的是成功的产品和战略，而不是追逐指标。
- 他没有"通过将激励机制与关键的战略成功因素建立联系来激发更高的绩效"。苹果确实曾通过迫使个人提供有针对性的会计结果，从而取得高绩效。
- 他没有制定一项"通过各级参与来达成共识，解决观点和价值观上的关键分歧"的战略。苹果公司的战略主要是由高层制定的。
- 他没有在"使命"、"愿景"、"目标"和"战略"这些词微妙的差别上浪费时间。
- 他没有利用收购来实现"战略增长目标"。增长是成功的产品开发和相应的商业战略的结果。

- 他并不寻求通过追逐铁锈带的"规模经济"概念来获得更高的利润率。他把这些举措留给了惠普。
- 他没有让任何一匹马参加"90天德比"。

模仿苹果并不容易，但也不是不可能。我们周围都是耗巨资开发出来的产品，它们所承诺的给予客户的东西远远超过它们所能提供的。还记得 Windows Vista 的例子吗？还记得黑莓的 Playbook 吗？它试图成为更好的 iPad，但却不支持黑莓的主要产品——黑莓电子邮件。工程师们告诉首席执行官巴尔斯利，出于安全考虑，他们不能把黑莓的电子邮件应用放在 Playbook 上。你认为史蒂夫·乔布斯会如何回应这些工程师？（提示：他的脾气可不怎么好。）

2017年谷歌推出了 Pixel 2 智能手机和 Pixel Buds。作为 Pixel 1 的用户，我观看了发布会活动，和其他许多人一样，我对主持人使用 Pixel 2 和 Pixel Buds 轻松地与瑞典语使用者伊莎贝尔交谈留下了深刻的印象。谈话很自然，令人印象深刻。观众们为此鼓掌、欢呼、喝彩。主持人说，这项新技术可以让你用40种语言进行自然对话。我经常出差，很快就订了新手机和 Pixel Buds。

结果 Pixel Buds 在使用上并不出众。戴着这种耳机耳朵不是很舒服，另外，他们设置的收费方案有点麻烦，而且他们津津乐道的语言翻译真的不行。任何背景噪声都会干扰系统的翻译功能。要想表达清楚一个意思，需要反复说好几遍，不断地纠正识别错误。该产品遇到的问题就是，自然语言翻译本身已经是极其困难了，再加上需要进行语音识别，使得整体的难度增加了三倍。正如科技产品评论员詹姆斯·坦伯顿在《连线》杂志上写的那样：

> 谷歌的 Pixel Buds 是一个设计糟糕的解决方案，试图解决一个根本不存在的问题。想要一副像样的无线耳机？继续努力吧。

想要一个智能语音助手塞在你的耳朵里？不。想要一款硅谷生产的虚拟的外星巴别鱼①，让它能在任何语言之间进行即时翻译吗？你还不如把一条孔雀鱼塞到耳朵里，然后祈祷会有更好的结果。或者干脆省去中间产品，直接使用手机上的谷歌翻译应用。[12]

要想模仿苹果公司，秘诀并不在于超越技术的极限。苹果提供的是真正优秀的设计，让人们愿意为之付费。苹果的产品不仅仅是漂亮的盒子，不仅仅是简洁的界面，而是一种产品或服务的整体感觉，让人觉得，就目前而言，就它所能做的而言，这已经是最好的。

* * *

杰夫·贝佐斯说："长期思维可以撬动我们现有的能力，让我们去做我们原本无法思考的新事情。它支持发明所需要的失败和迭代，它解放了我们，使我们在未探索的领域中成为先驱。"

---

① 这里指的是道格拉斯·亚当斯的科幻小说《银河系搭车客指南》中提到的巴别鱼，把鱼塞到耳朵里，它能对所有的外星语言进行互译。——译者注

第 17 章 CHAPTER 17

战略规划：命中和失误、使用和误用

作为一个概念和过程，"战略规划"源于美国在第二次世界大战中的活动。军方开始在其总体计划中使用了这一术语，许多受雇为战争行动进行规划，以及控制民用生产的分析人员也学会了用这个词。乔治·斯坦纳就是其中之一，他在战争期间规划金属和其他商品的生产和分销。[1] 后来，他成为公认的规划专家，并写了许多包括"长期"、"战略"和"最高管理"规划在内的有影响力的书。乔治是我在加州大学洛杉矶分校的一位同事，性格温和，退休时是一位画家。他于 2004 年去世，享年 102 岁。

他生前我们经常一起共进午餐，乔治跟我们讲述了工业中的"长期"和"战略规划"系统是如何在公用事业与基于资源的行业中诞生的。在美国电话电报公司，长期规划的流程是从对未来电话需求的预测开始的，然后会一直回到满足这一需求所需的基础设施。重要的是，因为没有竞争，规划主要涉及预测行为。在电力公司，同样的逻辑也适用。规划可以帮助避免破坏性的竞争。但是在石油公司，由于大家在寻找新的石油来源方面存在激烈的竞争，事情更加复杂一些。尽管如此，直到 1973 年的石油危机之前，规划一直以同样的方式进行：预测需求，预测份额，然后规划满足需求所需的设施。在放松管制之前,航空公司采取了同样的机械方式:预测需求,计算政府规定的机票价格,并利用预测下飞机订单。

当事件的时机以及规模不确定时,如果一个组织有勇气进行投资,那么长期规划就有可能非常有用。在许多组织中,眼前的需求会抢夺用于未来的资源。有时候它们缺乏应有的勇气。

新冠肺炎大流行

写下这段话时是2020年秋,我因为COVID-19大流行而被困在家里。在俄勒冈州,大流行初期,俄勒冈州卫生局局长帕特里克·艾伦告诉州议会:"如果没有联邦政府的非凡努力,我们一线医护人员所需的防护装备就不够用了。"地方卫生官员意识到,他们未能为不可避免的国家紧急情况做好计划,全国各地陆续都发出了类似的警报。

大流行病一方面不可预测,但同时又不可避免。就像地震、干旱、洪水和海啸一样,它们会在没有预警的情况下袭来,而且早晚都会发生。在过去的50年里,世界上暴发了埃博拉、SARS、猪流感、寨卡、马尔堡病毒、登革热、西尼罗、波瓦桑病毒和大量HxNy类流感病毒。[2]像COVID-19这样的病毒的暴发应该不会令人意外,只是它的暴发时机无法预测罢了。鉴于全球流动性的增强,我们可以预见,未来可能暴发更致命的疾病大流行。俄勒冈州为什么会缺少医疗设备?

其中一个答案是,太多的官员和公民认为,健康事务是联邦政府的责任。其实不然。美国联邦政府负责制定政策和建议,但在美国,某种疾病大流行前和大流行期间的实际施政是州和县的责任。例如联邦官员可以建议佩戴口罩,但是否强制佩戴,权力在于各州政府。许多人了解这一点之后感到非常惊讶。

更一般性的答案是战略规划的失败,以及实际上人们缺乏针对少数计划的实施所需要的勇气。《2005年美国大流行性流感国家战略》

及其随附的《实施计划》设想了一种类似流感的病毒在国际上传播的情形。该规划（错误地）认为，这种病毒对儿童的影响最为严重，并且（错误地）认为，这种流行病将在"受影响的社区"持续6~8周。它提议在全国范围内储备医疗和非医疗设备。该战略呼吁联邦政府"确保我们的国家库存和以州与社区为基础的库存得到适当配置"。

该计划没有提到病毒检测是一种有用的对策。为了应对2009年有限的猪流感疫情，国家已经建立库存，但那些库存很快就耗尽了，这表明库存量远远不够。用过的材料从未得到更新。涉及健康问题，第一线是各州的反应，而各州是否保持处于准备状态，这一点没有受到监督。如同许多战略计划一样，在各个层面上都缺乏实际推进这一战略计划的必要勇气。

除了计划外，一些非政府机构还对可能的大流行病进行了研究。就在两年前，战略与国际研究中心风险和远见小组发布了一个关于一种新型高传染性冠状病毒的场景描述。他们最后的结论既明智，又愚蠢，显示出他们是多么一厢情愿。他们得出结论认为"在危机发生之前，在国内和国际上建立政府、公司、工人和公民之间的信任和合作是重要的……应对大流行的一个关键因素是公共秩序和遵守防治预案、定量配给和可能需要的其他措施……国际合作也是关键"。

大多数"未来主义"和"情景"研究的一个问题是，研究结果是由深度感兴趣的各方决定的。大流行研究都会呼吁对病毒学进行更多研究，而国际大流行研究呼吁富裕国家为贫穷国家提供更多资金。尽管这个话题令人沮丧，但他们仍然保持着奇怪的乐观态度。请注意，上面引述的内容并没有说美国或俄勒冈州应该囤积我们一直从中国和其他外国供应商那里及时获得交付的口罩、手套或药品。如果对情景老老实实进行分析，我们就不会对全球协调充满信心，而是会预测边境封闭、旅行受到限制、供应链崩溃等情形。那样，规划就会不仅仅是提到"遵守预案"，而是规定好可能需要强迫服从的条件，以及何时何处能允许一点点个人自由。7岁以下人群的 COVID-19 死亡率显然不到 1%。可如果大流行真的很可怕，死亡率达到 10%，那又该怎样呢？能否有人预测到，媒体和政客会把这种疾病作为一种工具来吓唬他们的竞争对手？

美国在这一流行病方面取得的成效，不是因为有任何长期战略计划，而是有一个基于关键性问题的战略——"曲速行动"。在 COVID-19 之前，研发疫苗是一个漫长的过程。之前最快的疫苗研发是针对流行性腮腺炎的，花了四年时间。2020 年 3 月，33 岁的汤姆·卡希尔开始针对这个问题疯狂做调研，在网上查询。在成为风险投资家之前，卡希尔是一名医生，他组织了一个有影响力的团体，他称之为"阻止 COVID-19 的科学家"。[3]

药物开发的正常顺序是：研究、测试、报经美国食品药品监督管理局批准、制造，最后是分发。该小组的备忘录呼吁人们注意，科学的新发展已经允许我们快速生产疫苗。备忘录还建议在一个特别的联邦委员会的协调下，同时展开开发、生产和分发等步骤。《华尔街日报》将这一计划与曼哈顿项目相提并论。从本质上讲，该团队确定了问题的症结所在，即抛开了美国药物研发以利润为基础的、传统的、循序渐进的、谨慎的研发体系。该团队的联系人深入到行政部门，为该计划赢得了强劲的势头。国会同意为此提供资金。

摩洛哥科学家蒙塞夫·斯劳维曾有过开发疫苗的经验，他成为联邦协调员。美国食品药品监督管理局最初拒绝快速通过疫苗审批，最终通过直接行政权力克服了这一障碍。令许多科学家和大多数报纸、电视台感到意外的是，疫苗实际上比计划更早地研发了出来，并于 2020 年 12 月初开始分发。

为了看到这个一气呵成的战略有何价值，大家可以对比一下欧盟的成果。跟对待曼哈顿项目不同，处理这个问题的时候，欧盟像对待其他任何政府承包项目一样。欧盟委员会负责建立一个由代表国家组成的委员会,与潜在的生产者进行谈判,这是一个非常民主的架构,不可避免地减缓了行动速度,同时极大地促进了广泛的游说活动。德国研发的 BioNTech 疫苗,因为该公司不是主要参与者而被搁置一边,该公司的疫苗以"辉瑞疫苗"的身份来到美国。大型制药公司要求提供诉讼保护,欧盟对此表示反对。直到这些问题解决后才创建生产设施,而当时欧盟只有一个粗略的时间表。然后,欧盟选定的两个承包商各自都遇到了麻烦。法国制药公司赛诺菲无法掌握相应的科学知识,不得不将开发时间推迟到 2021 年底。英国阿斯利康公司的疫苗被认为有轻微的血栓风险,许多欧盟成员国已经停止使用。

供水战略计划

阿曼苏丹国的气候非常炎热、干旱,水是一种稀缺而宝贵的资源。两千年来,类似坎儿井的传统的阿夫拉贾灌溉渠道为村庄和小城镇供水。这种渠道是地下隧道和狭窄的渠道混合体,能将含水层较高的水井中的水输送到村庄。供水战略计划的主要内容是维护和翻修这些水道,以及建造补给水坝(收集水并将其引入地下通道以限制蒸发的水坝)。随着人口的增长,自 20 世纪 90 年代初以来,阿曼苏丹制订了一些战略计划,旨在水资源再生、淡化海水,并使农业土地免受过度盐碱的影响。建造海水淡化工厂这一重要的举措相当成功,这些工厂为马斯喀特市和其他城市供应饮用水。一个研究项目正在寻求成本较低的海水淡化技术。更困难的任务是控制农业用水,特别是控制低产田或地产农作物的过度用水。政府已经掌握了阿曼所有水的所有权,并实施了一个许可证制度,以控制和改变农民用水的方向,并为那些必须削减用水量的人提供补贴。总而言之,阿曼成功地制订了一项长期战略计划,以应对其艰巨的水资源挑战。

相比之下,美国加州缺乏战略性的供水计划。2015 年,加州已经连续第四年遭遇干旱。州长杰里·布朗表示："这是一种新常态，我们必须学会应对。"他的悲观情绪显然是出于这样一种信念，即干旱期是全球变暖的结果，尽管实际上，人们早就预测到了全球变暖，而且这一过程是非常渐进的，而不是突然发生。但他的预测却被证明错了，到2017年初，布朗已经宣布"新常态"干旱结束了。对中央山谷的居民而言，干旱结束是显而易见的，因为塞拉的积雪达到创纪录的深度，随着积雪融化，大坝被冲垮，许多果园被洪水淹没。由于缺乏适合人口规模的大型水库，这些额外的水白白流入了海洋。

对加利福尼亚州树木年轮的分析表明，"严重干旱"有可能持续长达50年的时间，距离当代最近的一次严重干旱结束于14世纪初。从那时起，气候就按照20~100年一个轮回的周期变化。最近的这个长周期是最潮湿的周期之一。因此，加利福尼亚州的人口激增发生在一个非常潮湿的周期内。

对短期变化的一个反应可能是储存更多的水。立法机关对此不感兴趣。唯一明智的长期战略要么是廉价的海水淡化，并像阿曼那样修建补给水坝，并修建地下隧道引水进入山区，要么是限制农业（耗费了80%的水）或该地区的人口。一旦涉及不可预测但又不可避免的循环，加州并不想未雨绸缪。

看来，只有当这个问题变得持续存在，并且对所有人来说都是显而易见的时候，才有可能进行较长期的战略规划。当问题的强度在不断发生变化，时强时弱时，比如对于流行病和加州的水问题，政府就不太可能制定更长期的战略。

使命声明和海龟

目前流行的一种产生"勇气"的方法是为企业或机构创造持久的有意义的目的。根据这一观点，领导者应该仔细制定业务的"愿景陈述"、"使命陈述"、"价值陈述"和"战略陈述",并制定出"目的和目标"的陈述。大家可以去网上深入了解一下这一点,大批想要成为顾问的人会很高兴地告诉你愿景、任务、价值观、战略、目的和目标之间的微妙差异。这些人会敦促你创建一份任务陈述,因为"如果你对自己的任务缺乏清晰的认识,你如何能够为完成任务制定一项战略"。

本节旨在让你相信,处理一系列关于愿景、任务、价值和战略的"陈述"是一项毫无意义的活动,缺乏逻辑支柱,而且没有证据表明这种做法能够持久。这种做法不能真的指导战略的生成。你对基本价值观的承诺将通过你的行动而不是墙上的陈述来阐明。

说起上述一连串"陈述",我想起了一个关于天文学家的逸事。天文学家在讲座中解释说,地球围绕太阳旋转,而太阳系围绕银河系中心旋转。之后一位年长的妇女走了过来。她对他的演讲表示赞赏,但却认为地球实际上是被一只巨型海龟驮在背上。这位天文学家扬起眉毛,相信他可以轻易地驳斥她的论点:"那么,夫人,那只海龟是站在什么地方呢?"她则信心满满地回答说:"它站在另一只海龟的背上。这样一个摞一个,都是海龟。"

这个笑话用无穷回归来尝试回答宇宙的原动力是否存在的问题。如果 A 站在 B 上,或者从 B 推导出来,那么 B 是从哪里来的呢?同样,如果一个人需要一个任务陈述来推导一个战略,那么任务陈述来自哪里?答案是,任务陈述来自"愿景陈述",该陈述可能来自"核心价值观陈述"。

维基百科认为:"组织机构通常不会随着时间的推移更改其任务陈述,因为这些陈述定义了其连续、持续的目的和重点。"[4]那么,任务陈述真的是持久的吗?以微软 1990 年的任务为例,该任务的目标是让每个家庭的每张桌子上都有一台电脑。这个陈述很好,也很清楚,但在应对互联网的崛起方面没有多大帮助。在世界发生变化之后,随着 iPad、智能手机和云计算的发展,微软 2013 年的任务陈述变成一堆让人读不懂的文字：为个人和企业创建一系列设备和服务，帮助全球各地的在家中、工作场所和旅途中的人，针对他们认为最有价值的活动赋能。到2021年，这段陈述已经被浓缩为每家公司的普遍使命：为地球上的每个人和每个组织赋能，使其能取得更大的成就。这种说法将是持久的，因为它并没有真正说明微软在做什么或希望做什么。

1999年，美国疾病控制与预防中心发表了以下任务陈述：通过预防和控制疾病、损伤和残疾，促进健康和生活质量。如今，疾病的概念已经扩展到包括安全、肥胖、枪支暴力等：美国疾病控制与预防中心全天候保护来自美国以及外国的健康和安全威胁。无论疾病是从国内还是国外开始，是慢性还是急性，可治愈或可预防，人为错误还是蓄意攻击，它都会与疾病做斗争，并支持社区和公民采取同样的行动。它的任务陈述每隔几年就会重写一次，以跟上其不断扩大的活动多样性。应该清楚的是，这种责任和目的的大杂烩对于制定任何战略都毫无用处。

早在2012年，脸书的使命就是"让世界更开放互联"。如今，它的使命是"赋予人们建设社区的力量，让世界更加紧密地团结在一起"。索尼表示，它的使命是"成为一家激发和满足你好奇心的公司"。与脸书一样，索尼的使命陈述表明，"贵族们"不在乎赚钱这种脏活。这两者似乎都无助于指导对COVID-19的应对战略，也无助于政府加强对反竞争行动的审查。

很多公司只是简单地说，它们的任务是最大限度地提高股东价值。例如，Dean Foods聚集了全国的乳制品加工商。2018年，其任务陈述如下：公司的主要目标是最大限度地提高长期股东价值，同时遵守其经营管辖区的法律，并始终遵守最高道德标准。这么说毫无作用。一年后，该公司破产，股价归零。

对于本书所支持的那种解决问题的战略来说，高调的全球目标陈述和以利润为导向的陈述都没有任何用处。如果你认为战略是解决问题的一种形式，是一次旅行，是对挑战的回应，那么任务说明对战略工作没有任何帮助。费心编制它们纯粹是浪费时间和精力。

你不需要任何愿景或任务陈述来领导企业。在设计和实施对变革与机遇的战略响应时，你可以决定并创建实际任务。你公开表达的任务更多的是起到广告和社交信号的作用，而不是指导经营，它将随着时尚和领导力的转变而改变。

我的建议是选择并遵守一条座右铭。这应该是一句能唤起情感和承诺感的格言。

- 保时捷：无可取代
- 美国海军陆战队：永远忠诚
- 奥运会：更快、更高、更强
- 救世军：血与火
- 戴比尔斯：钻石恒久远，一颗永流传
- 苹果：非同凡想
- 巴西圣保罗：我不被领导，我领导[5]
- River Roofing（俄勒冈州本德市）：我们为你提供保障
- 罗斯柴尔德家族：团结、诚信、勤奋
- 美国空军伞兵救援：有人可能还活着
- 斯佩茨纳兹警卫旅（俄罗斯）：任何使命，任何时间，任何地点
- 耐克：只管去做
- M&C Saatchi：大道至简

业务战略规划

自 18 世纪 70 年代以来，大多数企业都采用了"战略规划"这种话语。在产品或生产生命周期延续多年甚至几十年的情况下，这些战略规

划可能既有内容，也有很大的价值。国防承包商、矿业公司、石油公司和许多电力公司都制定了未来几年需求与生产将如何发展的路线图。

然而，对许多企业来说，战略规划的行为令人失望。大多数高级管理人员表示，他们所在的组织有一个制订战略规划的流程。然而，这些高管中的大多数人对过程和结果都不满意。麦肯锡 2006 年的一项调查发现，在接受调查的 800 名高管中，只有不到一半的人对战略规划过程感到满意。最近，贝恩公司合伙人詹姆斯·艾伦在 2014 年指出："在最近与几家大型全球公司的首席执行官举行的会议上……人们很清楚地发现，许多企业领导者已经厌倦了他们的战略规划流程……人们普遍认为，这些努力中有 97% 是浪费时间，并使一个组织丧失了基本的能量。"[6]

一个常见的抱怨是这些计划没有取得成功。2009 年，我与美泰首席执行官罗伯特·埃克特进行了一次对话。我问他美泰有什么战略。他笑着说："我们在战略规划方面做得好极了。问题在于实施。"埃克特的抱怨其实非常普遍。它表达了一个不可避免的事实，即计划无法预测竞争的结果。或者正如迈克·泰森如此雄辩地说："每个人都有一个计划，直到他们的嘴巴挨了重拳。"

大多数企业面临的根本问题是，它们所谓的战略规划流程没有产生战略。相反，所谓的做规划，实际上是在试图预测和控制财务结果。简单地说，它们是一种预算编制活动，没有解决关键挑战。这一过程一开始可能会考虑到更广泛的问题，但很快就会集中在财务目标上，随后再进行预算分配。

为了说明有多少商业战略规划行为起作用，可以考虑一下 Royalfield 的例子。这是一家《财富》世界 500 强公司，大约有 25 名高管聚集在酒店的舞厅里。第一位演讲者是首席财务官，他使用漫威雷神的图片来让他的财务报告显得更吸引人。

第二位演讲者是首席执行官，他使用几张 PPT 来展示他所谓的

"战略承诺"和"成功计分卡"。他提醒在座的人,"战略承诺"源于三年前的一次重要并购,并定义了新扩展的业务范围。它包括对所服务的市场的描述,并提醒公司的产品将"为客户提供满足其需求的最有效的解决方案"。它还旨在为其产品"提供高水平的服务"。

从公司层面,"成功计分卡"将指标细化到全公司每年收益增长和股本回报率均达到15%。这些目标比最近一期的财务记录要高一些。然后,他展示了四个业务部门中每个业务部门的(协商后的)"成功计分卡"。每个部门的"成功计分卡"都将销售增长、利润率、投资回报率和市场份额作为目标。他最后引用了凯蒂·莱德基的话(莱德基赢得了五枚奥运会游泳金牌):"当你设定目标时,要设定那些你认为不可能达到的目标。但是,只要你每天都为之努力,一切皆有可能。"[7]

休息时,会场播放激动人心的音乐,并分发带有公司标志的咖啡杯。午餐后,四位业务部门经理分别介绍了他们实现"成功计分卡"目标的战略。他们的发言提到了关键客户,也提到了某些产品的改进,但首席执行官已经预先设定了基本的话语:财务业绩。因此,他们的"战略"归结为承诺寻找新客户,以某种方式削减成本,并控制投资。

首席执行官以财务业绩为主要术语定义"成功计分卡"系统塑造了他们考虑的选项,并将战略思维从技术、产品、客户和竞争转移到旨在实现理想会计结果的战略上。这种战略没有认真考虑如何协调增加销售额和降低成本之间的矛盾。

理解Royalfield的一种方式是,首席执行官几乎每天的经验是向投资者、华尔街分析师、养老金和对冲基金,以及董事会和证券交易委员会提交报告,解释公司的财务业绩。他的酬劳奖励是根据会计结果和股票市场回报来制定的。因此,他的世界就变成这样:"成功计分卡"成了他个人的战略问题。

另一种理解Royalfield的方式是,公司领导层认为他们所阐述的模糊的"战略承诺",就等于制定了战略。大家的想法是,战略是一个亘古不变的静态的东西。有了"战略承诺",自然就等于解决了战略问题,该公司的"战略"撤退集中在他们所看到的"真正的工作",即设定财务业绩目标。

在对两位部门高管进行了访谈之后,我认为 Royalfield 面临一些显而易见的战略挑战。该公司仍然是按地区组织的,而该行业已经变得全球化。它过去发明并成功部署的技术,如今已经有了竞争对手,在某些地方,甚至被竞争对手超越。该公司的工程团队很有能力,但行动迟缓,他们依据自己的内在敏感性做出反应,而不是对竞争问题做出反应。其他一些不那么明显的问题使得很难区分重要的问题和不那么重要的问题,关键问题和外围问题。

晚餐前,我向首席执行官提出了一些问题,他伸出手,示意我不要再说了:"我不想听到有关团队的负面消息。我不希望他们从计分卡上分心。"

我没有再跟 Royalfield 合作。在那次活动之后的几年里,该公司的每个竞争对手都增长得更快,Royalfield 在其核心业务中的份额损失最大。这些损失显然是由于该公司没有跟上竞争对手技术革新的步伐。没错,Royalfield 降低了开支,使其净利润率有所提高。但它的增长速度落后于整个行业,市场份额下降了 30%,因为竞争对手通过瞄准关键客户群增加了销售额。

Royalfield 遇到了重大的战略问题,要想继续进步,它应该直面这些问题。它之所以遇到这些问题,并不仅仅因为公司领导者误解了战略本身的意义和目的。这种误解的一部分表现在领导层认为,通过对明确自己将在哪些领域进行竞争,并做出"战略承诺",他们已经解决大多数战略问题。误解的另一部分是他们要求每个部门制定一项"战略",以实现某些具有任意性的财务目标。由于公司没有针对更为根本性挑战的解决方案,其利润率的上升是以失去技术领先地位以及只剩下较低的市场份额为代价取得的。

PART FIVE

■ 第五部分

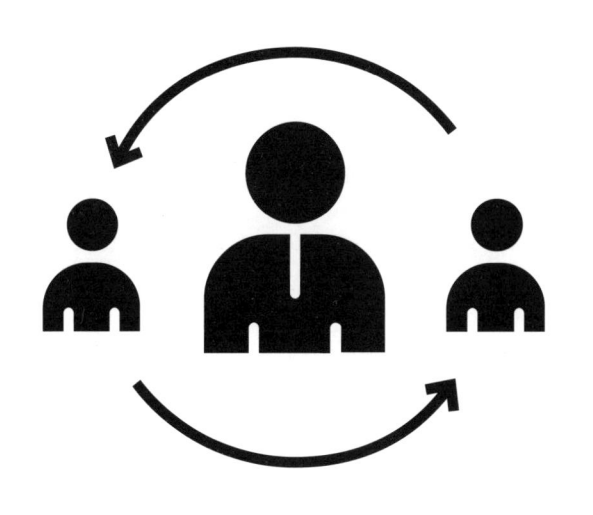

战略铸造

战略铸造是一个过程，通过这个过程，一小群高管可以基于挑战制定战略，发现症结所在，并创建一套连贯的行动来解决这些问题。战略铸造与战略规划或其他所谓的战略研讨会有很大不同，后者的结果本质上是制定出一个长期预算。

第 18 章

拉姆斯菲尔德的问题

刚开始自己的职业生涯那会儿,我试图运营一家迷你咨询公司——只有我,或者有时只有我自己和几个同事。我希望能跟一家公司合作制定一项战略。通常,这样的客户已经跟一家顶级咨询公司进行了接洽,但它希望获得某种不同的东西。

我想我跟这类客户之间一般都有许多令人满意的约定。我相信,我跟其中一些公司的合作为成功的战略行动做出了贡献。另外,也有一部分不太成功的案例。并不是说我所做的分析没有完成,也不是说我提供的建议被拒绝了。这些不太成功的案例跟成功的相比,更像是热身表演和重大演出之间的区别。对形势进行战略分析以及提出行动建议,可以算是热身活动,这些活动有趣,但很快就会被人遗忘。主要演出的节目相当于重大的年度"战略计划"。

关于后者,我有一个例子,就是"OKCo"的案例。2002 年,OKCo 是一家重要的家庭和企业办公室空调系统制造商。它的整个产品线有 14 种不同的型号。按照它的定义,其问题是低盈利能力和低增长。我跟公司的战略副总裁一起工作,他领导了一个小型分析师团队,并与首席执行官定期进行讨论。

我从至少 20 位经理、工程师和销售人员那里收集了他们对公司情况的看法。他们的反馈是，业务竞争日益激烈，而且复杂性日益增加。而从我这边所看到的是，该公司的产品线已经过时，而且已经陈旧。竞争对手纷纷推出与以太网或 Wi-Fi 相联系的系统。相比之下，OKCo 的系统必须通过在印制电路板上跳线来调整程序。针对 14 个型号的产品，共有 8 个不同的电路板。相比之下，一些竞争对手的系统已经能够开始在整面墙的大屏幕上，或是在笔记本电脑上显示多区域信息。设计 OKCo 的电路系统的工程师早已退休。为了弥补产品性能方面的弱势，管理层所做的只是不断降低价格，增加销售佣金。在我看来，不应该走这样的路。它就像是那些直到如今仍然坚持使用老旧的终端，看着屏幕上绿莹莹的数字的数据处理公司那样，直到互联网和先进的个人电脑让它不堪重负。

我和战略副总裁对公司的产品以及竞争对手的产品做了全面评估，并采访了大量客户。OKCo 这个品牌其实是广受认可的。大型空调系统买家喜欢竞争对手更新颖的设计，但同时也信任 OKCo，因为它已经积累了多年的经验。规模较小的买家和系统承包商是分开的，许多安装人员更喜欢旧的跳线系统，因为安装时间大约是原来的两倍，这意味着需要按两倍的时间收费。

除了这些产品和营销问题之外，公司还面临其他问题，典型的就是，尽管财务业绩缓慢下滑，但该公司管理层整体仍然懒散而自负。将零部件和组件制造外包给中国的制造商有助于降低成本。

战略副总裁和我共同提出了一个战略来帮助公司建立一个更美好的未来。关键是要投资开发一个基于微处理器的控制系统——我们称之为"平台"——它可以适用于所有 14 种型号的空调系统。我们借鉴了计算器行业的一个经验，提出可以开发一个统一的平台，然后只是把不太先进的产品的控制系统关闭某些功能，这样就可以实现所有操作。为了引导这项投入，企业必须有一些新鲜的血液，特别是在工程方面。随着产品开发成功，由培训、制造、营销组成的跨职能团队将致力于将其推向市场。这一次，我们再次从历史中获得了启发。这个案例是丰田开发雷克萨斯的过程。丰田使用"重量级"团队开发雷克萨斯，这个团队不仅负责设计汽车，而且还负责将其推向市场。显然，要想让这一创意发挥作用，需要解决组织和人事问题。

在向首席执行官展示了实地调研数据、我们的分析，以及战略构想之后，我等待着公司采取下一步行动。

到了那年初秋，首席执行官和首席财务官提出了公司的"战略计划"。尽管他们为这个战略计划进行了一定研究，但这一计划并没有解决我们提出的问题，甚至在制订计划时他们都没有看一眼我们提出的建议。相反，它预测了息税折旧摊销前利润的增长，并列出了8个优先事项：

- 客户满意度
- 无与伦比的品牌知名度
- 供应链的卓越性
- 提高工作效率并降低成本
- 偿还定期债务
- 通过与关键客户的积极合作伙伴关系建立销售能力
- 通过高级分析提高利润率
- 减少15%的温室气体排放

抛开显而易见的夸夸其谈的事项不谈，这项计划本质上是表示要偿还债务，并试图让关键客户感到舒适。当然，主要客户是那些需求跟公司现有产品概念最为匹配的客户。对于刚刚获得"商业分析"硕士学位的新任市场营销主管来说，所谓的什么"高级分析"只是一种安慰。他没有提到新技术的崛起。

OKCo和许多其他公司所面临的问题是，尽管关键的挑战已经显而易见，主要政策制定者却对其视而不见。对于自己看不见的挑战，就无所谓应对和克服。好的战略只能来自看到关键挑战是什么的高管。

三年后，我看到新闻说 OKCo 股价下跌，引发了收购要约。公司被出售后，三位高管带着高额的离职方案退休了，但是一半员工遭到了解雇，因为收购方最感兴趣的似乎是 OKCo 的品牌。

* * *

OKCo 和其他企业的经验开始让我相信，许多组织在面对明显的挑战时，往往采取回避的战略，因为面对挑战困难重重，可能会造成破坏，而且它们没有应对挑战的方法或系统。把这种任务交给战略副总裁，就弱化了它的重要性。当需要面对困难、面向观众时，太多的高管忍不住会表现出杰夫·伊梅尔特在通用电气公司上演的那种积极思考的"成功剧场"（见第 8 章）。

如果将战略规划的任务委托给战略副总裁或战略咨询公司不一定能奏效，那么该怎么办呢？人们自然而然地觉得，后果重大的问题应该由一小群知情的高管来考虑。当然，主要行动者在知情的情况下进行讨论，会比把任务分配给他人产生更好的结果。当然，分享信息并就某些事项的重要性及可行性进行辩论将是有益的。而且，一些最佳战略确实就是这样产生的。

尽管如此，这些年来，我观察到一些团体在试图这么做的时候遭受了一些困惑和障碍，而且遇到的困难还不是一点点。有很多聪明的高管和顾问只关注绩效数据和竞争，但是他们在突破一系列复杂问题方面，几乎完全缺乏重点，未能专注于能够获胜的那些方面。这么做肯定是有问题的。

关于这种现象，欧文·贾尼斯在论述其著名的群体思维概念时，提出一个比较受欢迎的解释。贾尼斯分析了历史上一些实际的高层决策案例，得出结论说，这些案例中，高管在做出选择时没有系统地收集或分析数据。决策小组的成员（在他的案例中通常是总裁及其亲密顾问）所做的就是努力保持乐观精神，而不是采取现实主义的态度，似乎他们的目标是最大限度地减少争议。他的结论是，在决策过程中，重要信息没有得到重视，替代的行动方案也被搁置，但是工作小组却希望迅速形成共识，如此行事不免南辕北辙。贾尼斯还指出，这些案例中，决策小组还非常重视成员之间的凝聚力和友情。小组成员在提出批评，甚至是提出自己的想法的时候，都措辞委婉。

1961年，肯尼迪总统在入侵古巴的猪湾事件中落得惨败。这一事件是贾尼斯所分析的集体思考的典型案例。显而易见的是，在猪湾事件前，总统的顾问们审查的替代办法不够。但是，这场失败还有另一个主要因素，贾尼斯的分析中没有强调这一点，那就是中央情报局内部存在双重博弈。二战期间著名特工艾伦·杜勒斯所领导的中央情报局希望能让古巴的菲德尔·卡斯特罗下台，他坚信除非美军参与，否则入侵不会奏效。肯尼迪总统不希望动用美国军队，因为那样会产生政治上的反弹。因此，实际上他们设计的行动计划是无效的。

尽管如此，中央情报局仍继续推进计划，因为杜勒斯认为，"当入侵真的发生了，总统最终会对任何能保证成功的事情进行授权，包括必要时公开进行军事干预，而不是让冒险失败"。[1] 在这场高风险的懦夫博弈中，肯尼迪没有让步，中央情报局也没有动摇。结果就是入侵古巴失败了，政治上产生了巨大的反弹。其中一个结果是，肯尼迪解雇了艾伦·杜勒斯，并指派国防部长，由其领导建立了国防情报局，作为一个替代情报机构。

总体而言，贾尼斯的理论是，政策小组的目的是做出理性的选择。但是，人们只能在已知的替代方案中，并且使用单一价值指标做出"理性的"选择。其实，实际生活中，大多数这样的团体都面对严峻的挑战，在这些挑战中，没有既定的替代行动方案，人们也缺乏竞争的雄心，拟议的行动与结果之间的联系非常薄弱。糟糕的是，在这种情况下人们所获得的一般性建议是，清楚地了解所期望的结果，即总体"目标"，然后选择最有可能实现这一目标的行动。这种思维方式将一厢情愿的想法（"期望的结果"）与莫名其妙地将严峻的挑战转化为已知的替代行动中的一个决定混为一谈。这个转变是问题的核心，切不可轻率。基于这种关于如何建立有效战略的误解而去努力行动，当具体的行动很早就出现趋同的结果时，大家应该不会感到惊讶。

根据我的经验，导致行动过早趋同的因素并不是集体进程本身，而是将战略视为设定总体目标，或是将战略视为在预先确定的替代行动中做出决策的思维定式所造成的。观察多项高层决策，从与政府高官的讨论来看，似乎大多数时候高层对预期的结果有固定的意见，而那个结果只与一两个可想而知的行动紧密相连。鉴于这一点，该小组的工作是对已经做出的选择进行微调，并设计向其他各方，特别是新闻界和公众解释这一选择的方式，并在小组成员之间建立信任和团结。之所以不可能有集体的反思，是这些预定的目的导致的，而不是群体过程中的缺陷。

一个提起来困难令某些人感到不舒服的例子是第二次海湾战争。之所以要打这一仗，根源在于美国政府试图制定一套新的外交政策。1997年，25位著名的保守派人士签署了《新美国世纪计划》。该计划拟议中的政策是在全球范围内建设民主，特别注意停止美国对独裁者的支持，而是积极反对"敌视我们利益和价值观的政权"。签署者包括未来的副总统迪克·切尼、未来的国家安全顾问埃利奥特·艾布拉姆斯、未来的国防部长唐纳德·拉姆斯菲尔德及其未来的副手保罗·沃尔福威茨，以及乔治·W.布什政府的其他几名未来成员。

对于这个团体来说，阿富汗战争转移了人们的注意力。在布什政府早期，人们的注意力集中在伊拉克的政权更迭上。倡导者认为，这样的行动将向世界表明，美国反对独裁者，可以解放人民走向民主，重要的是，表明谁是世界上的老大。2002 年，就在阿富汗早期迅速取得胜利之后，一名陆军上校告诉我："教训是……如果你反对我们，我们会把你像虫子一样压死。"

1991 年美国把伊拉克赶出科威特时，发现了隐藏得很好的核武器计划。在联合国的监督下，这些核武器计划的秘密被揭开后，中央情报局仍然感到尴尬。[2] 因此，1999 年，一名代号为"曲线球"的伊拉克线人声称萨达姆·侯赛因重启了开发核武器和生物武器的计划，这被当成了美国入侵伊拉克的理由。作为应对之策，比较温和的方法是秘密地把一支特种部队派到一个怀疑的地点，然后检查这些指控是不是真的。但是，美国政府预先确定的目标，是全面入侵伊拉克并实现政权更迭。

由保罗·沃尔福威茨和迪克·切尼领导的新保守派团体相信，中东可以发生变革。在 2002 年的一次演讲中，切尼清楚地表明了预期的结果：

> 伊拉克政权的改变将给该地区带来一些好处。当最严重的威胁被消除之后，该区域热爱自由的人民将有机会促进能够带来持久和平的价值观念。至于阿拉伯"街头"的反应，中东问题专家福阿德·阿贾米教授预测，解放后，巴士拉和巴格达的街头"肯定会像喀布尔的人群迎接美国人那样欢呼雀跃"。该地区的极端分子将不得不重新考虑他们的圣战战略。整个地区的温和派都会因此而振作起来。[3]

2004 年，我有机会采访了当时的美国国防部长唐纳德·拉姆斯菲尔德。那段时间，他正试图应对伊拉克不断上升的叛乱活动。原本，人们预期这次入侵的结果是民主获得普遍支持，而不是叛乱丛生。那次会面采访的主题是关于国防部如何管理支出的转变。访谈快结束的时候我想起来问他对制定战略或政策的看法。他的回答非常值得人深思。

拉姆斯菲尔德告诉我,作为国防部长,他几乎可以获得任何可以想象的专业知识。"您是否想了解各种部落历史、语言、习俗和异族通婚情况？我们有知道这些信息的人。"他说。他描述了关于伊拉克天气模式和国内政治的各种各样的专业知识。"你想知道是谁在土耳其阻止了我们进入北方的入侵,他们为什么这样做？我们有人就知道这一点……真正的问题是将所有这些专业知识汇集到一起,形成一个连贯的战略。每个专门知识点都附有议程。它来自一个人或一个群体,附带着视角,有自己的小九九,有预算要管理,有合同要续约,有事业要推进,等等。"然后他问我："教授,你们这些学者是否找到了解决这个问题的方法？"

我思考了一分钟才回答他的这个问题,其间还简要地回顾了有关政策进程的系统性知识。我不得不承认,我们处理这些问题的技术比起古代来并没有多大进步。我说："对于哪些方面会出问题,我们所知甚多,但对于如何解决却知之甚少。基本的做法仍然是把一小群聪明人关在一个房间里,看看他们能想出什么办法。"

认知偏差

拉姆斯菲尔德的问题阐明了两个现实。首先,当一项战略以固定的预先确定的结果（巴格达街头的欢腾）来描述和推动时,在处理与该结果不相符的信息和建议方面就会有很大的困难。其次,也是更深层次的一点,是他的问题加深了我的一个想法,即对于一个团队应该如何把实际信息综合起来并创建战略,我们知之甚少。这种缺乏是一种职业上的尴尬。

在过去的半个世纪里,用于分析商业战略、行业、经济、竞争和公司内部活动的技术都取得了长足的进步。但是，对成本和竞争的分析本身并不能创造出好的战略，就像对颜料颜色的分析无法创造出优秀的美术作品一样。关于过程的基本问题几乎完全没有得到研究和回答。

说几乎没有人知道制定良好战略的最佳过程，这是一个非常有才、全面的说法。但这么说会惹恼很多人。要想找到证据证明这一点，估计要另外写一本书。在本节中，我准备带大家快速地了解一下人们已经研究并理解的一些内容，并指出这些知识的局限性。

决策概念假设的问题是，如何选择最佳行动替代方案。决策理论是一个优雅的数学系统，无论是经济学还是行为科学的决策论，都是假设某人已经制定一套可供选择的替代行为。如果你试图决定是购买还是租用叉车，这个理论很好用，但如果你在旧金山面临无家可归的严峻挑战，这个理论则毫无用处。

人们越来越了解人类的认知存在哪些偏差，以及它们如何影响决策。丹尼尔·卡尼曼的著作《思考，快与慢》对这些问题进行了系统化分析和解释。[4] 对于高管来说，最重要的认知偏差似乎是乐观偏见、确认偏见和内部视角偏见。

乐观偏见意味着人们往往高估收益、低估计划或一系列行动的成本。这似乎是基本的"动物精神"的必然结果。我记得曾经问过未来学家赫尔曼·卡恩如何得到公正的预测。他建议说："雇用临床检查有抑郁症的预测员。"

确认偏见意味着我们倾向于选择那些能够证明我们已经持有的信念和观点的信息、新闻与声明。如果管理层相信，自己的公司在脊椎间盘置换方面拥有最好的技术，那么在听到某家小公司拥有更好方法的消息之后，他们就会倾向于对此消息不屑一顾。

之所以会出现内部视角偏见，是因为我们对专注于自己的体验有强烈的倾向。这种常见的模式往往忽略了两个问题：其他人试图做类似事情的一般经验,以及可能存在的竞争行动以及竞争力,特别是当我们正在进入新的竞争领域时。从逻辑上讲,这种偏见是"赢家诅咒"的近亲。所谓"赢家诅咒",指的是赢得拍卖的人几乎肯定高估了所购物品的真实价值("理性"的应对方法则出价太低,导致你极少能赢得拍卖)。

对于一个战略家来说,选择偏见的概念很重要,但它常常忽略了战略制定的神经中枢。由于忽略了对挑战的诊断,战略家在他们自己的思维和写作中会产生偏见。这种概念偏向所钟爱的是计算和选择,而不是问题的识别和理解。而且,对于在这种情况下应该实现哪些雄心和价值观的困难判断,这种偏见会让人规避这样的判断。

对解决问题的研究就更是于事无补了。大多数关于"问题解决"的研究都是由教育工作者完成的,他们给学生编制出烧脑的难题,而不是拿出实际生活中那种困难的、非结构化的问题。这是因为,对于后者,除非研究人员知道这些难题的解决方案,否则他们无法评估学生的表现。

对小组的研究更是一片混乱。社会心理学家长期以来一直认为,群体的表现应该优于个人。然而,几十年来的研究(主要针对学生)表明,有技能的个人在解决一个众所周知的问题时经常优于群体(这些研究几乎都没有涉及复杂的问题,即不同的人拥有不同的长期积累的专业知识)。[5]

因此,对拉姆斯菲尔德的问题有两个直接(否定的)答案:对于一个团队而言,没有一个已知的过程来制定良好的战略,特别是当某个特定的结果或行动是既定结果时;你不可能通过一个追求私利、政治立场明显或不忠诚的团队来制定合理的战略或政策。正如能源公司Transalta的首席执行官道恩·法雷尔告诉我的那样:

> 我必须努力建立一个有效的领导团队。该团队必须少一些

自我，多一些谦逊。新的规则不再是幼稚的行为。信息很明确：如果你在数据或事实上胡闹，我会在一分钟内解雇你。从一小批骨干开始，我们现在拥有了一个40人的高管团队，他们能够合作，并且确实一起做工作，确定需要做什么，然后互相帮助，把事情做好。

哪些是可做的

跟拉姆斯菲尔德的那次访谈，他的问题重新点燃了我对这个主题的兴趣。当时我是一名演讲者兼顾问，一直在与公司和一些机构就战略问题进行合作。随着时间的推移，我开始将自己的框架应用到我所看到的东西上。我的诊断是什么？也就是说，决策失效的根源是什么？是什么让决策行为难以补救？问题是在政治方面还是缺乏知识？是乐观偏见造成的吗？是政治内讧吗？还是简单的愚蠢？当然，所有这些因素，在某个时间、某个地点，都可能起作用。我看到的症结是，人们普遍认为，战略是为预定目标或政策目标服务的。

现在需要的是一种方法来打破将战略与实现具体绩效目标相结合的习惯，并赋予高级领导者权力，以便能切实制订应对关键问题的行动计划。此外，还需要一种方法来软化权力和地位在讨论中的影响，将决策推迟到分析之后，并帮助将人们的精力和行动集中到最有效的地方。这些是下一章的主题。我将在下一章解释被我称为"战略铸造"的过程。

第 19 章　　　　　　　　　　　　　　　　　　　CHAPTER 19

战略铸造演练

乔安娜·沃克第一次联系我是通过电子邮件。作为 FarmKor 的首席执行官，她兴致勃勃地想为她的年度策略发布会找一位场外发言人。她找了我，我也同意了。于是，在一个秋高气爽的日子里，我做了一场演讲，谈论了一下我在上一本书《好战略，坏战略》中提到的一些看法。在与首席财务官和运营负责人共进晚餐时，我们展开了进一步的讨论，并建议召开一次策略研讨会，一次我称之为"战略铸造"的密集会议。

首席运营官杰里米想知道这种会议是如何进行的，以及会议结束后会有什么样的"交付成果"（书面报告的商业用语）。我告诉他，我几年前就不做"交付成果"了。大多数组织在制定战略时遇到的问题并非缺乏幻灯片和报告，而是它们从一开始就没有制定策略。起初，大多数人的关注点都在社会模仿和金融市场的压力上，所以总是基于绩效目标，尤其是财务目标来制定策略。铸造策略的重点是打破这种框架和中心，而不是应对挑战。

我和乔安娜说，战略铸造基于挑战。在制定策略的过程中，重点是确定团队当前面临的主要挑战是什么。这与大量关于"决策"和"目标设定"的文献与建议不同。基于挑战制定策略，意味着该团队的任务是设计应对方案，而非从众多他人已制订的计划中挑选一个，也不是基于长期预算做填空题。

接着，乔安娜问我，应如何为战略铸造做准备，以及时间上如何安排。

我继续说，从我的经验来看，战略铸造需要一个1~10人的团队，其中高层领导最好不超过8个人，其中必须包括公司或各业务部门的负责人。而且，该团队必须保证，在制定策略时采用"基于挑战"的方法。战略铸造在场外效果最好，通常需要连续进行三天。于小公司而言，战略铸造的会议时长较短，但我们这次会议时长较长，所以分成两次召开，中间间隔了几周。

我和大家详细阐述了一下战略铸造前的准备工作，共有三步。第一，必须及时了解本公司，包括它面临的竞争形势以及过去的计划和绩效。第二，与每个战略制定的参与者或其他关键人物进行一次不少于90分钟的面谈。第三，为每个参与者准备书面问题，且每个人需要私下向我提供书面形式的回答。在研讨会上，我会拿出部分回答跟大家讨论，但不会告诉大家回答者是谁。

首席财务官保罗问我，时间上该如何安排。制定年度策略的会议通常在预算编制活动前一个月举行。我努力向他们解释道，时间问题很关键，但解决策略性的问题才是战略铸造的最终目的。在此过程中，我们将面临一系列重大挑战，基于这些挑战，我们制定出政策，并一步步推动实际行动。然而，战略铸造的目的并非简单实现财务或会计目标。另外，我们必须把战略铸造的过程与预算设定过程分开来看，这一点是非常重要的。

我能看出，整个团队对于战略铸造的想法很感兴趣，又有些担心。因此，我要求他们改变处理事情的方式。乔安娜认为，他们必须打破原有模式，不再像原来那样，将那些即将发生的各种比较酷的事情列出来，而是真正专注于关键问题。所以我们初步确定了时间安排，一步一步推动计划的实施。

面谈和问题

以下是面谈内容。

- 2015年，FarmKor生产并销售了一批应用于农业和食品加工初始阶段的硬件与软件。
- 公司的产品通过追踪天气得到的信息，结合地面化学的知识，试图为农作物提供适量的水分和营养。
- 公司最近推出的产品在坚果类产品的早期加工上就非常有用。
- 该公司研发的设备已经在十个国家运行，并在世界上其他四地分设了设备制造点。
- 其旗下的软件是在美国和丹麦联合开发的。
- 公司于1998年在欧洲上市，并于2001年收购了管理层的控股权。
- 它吸引了新的投资者，同时扩大了董事会的规模。2007年，该公司再次上市，却恰逢世界金融危机，并受到了冲击。
- 该公司的产品安装会因地点、作物和种植面积的不同而有所差异。
- 起初，它是为丹麦的花卉种植业服务的。
- 然后其业务范围扩展到法国、德国，再到美国。随着地域的不断扩展，它的技术也得到了发展。
- 举个例子，最初，这些设备只适用于一个种植面积为10英亩的果园。但是到2015年，该公司就已经能与一个拥有8000英亩蔬菜种植园的美国公司客户合作了。
- 公司生产的设备适用于树木、藤本水果、坚果、大豆、草本植物、豆类和各种蔬菜的种植园。

回顾了公司以往的业绩和策略计划后，我采访了此次战略铸造计划中的八名高管和其他五名重要管理者。通过这些采访，我获取了丰富的信息。令我感到非常惊讶的一点是,大多数参与者都很喜欢此次策略制定的过程,而且似乎很乐于表达自己对当前形势的看法。其中一个人在办公室痛哭,说他把自己的一生都奉献给了公司,结果却看到公司为了削减成本,将他研发出来的整个系统都淘汰了。

- 人力资源部的主管目前正热心地协调着不同区域间的政策。
- 但是,这个项目却惹得不同地区子公司的负责人很恼火,他们认为总部并不了解每家子公司的不同情况(该公司的总部设在加利福尼亚州)。
- 首席财务官也开诚布公表达了她的观点。她认为公司的市盈率太低,而且一些业绩和他们差不多的公司,由于其品牌得到了全球认可,市盈率更高,所以股价也更高。相比之下,FarmKor 在不同地区的不同品牌下工作,所以盈利情况和股价并不乐观。
- 首席执行官关心的主要问题似乎是,她自己与董事会以及与她新聘请的副总裁之间的关系。这位副总裁负责所有非美国和非欧盟业务("世界其他地区")。她解释说,该公司在国外的扩展速度是最快的,但到目前为止还没有哪家国外分公司实现盈利。她需要有人负责"世界其他地区"的日常事务,而不是仅仅上交每月报告和审查报告。

书面问答

面谈结束后,我通过电子邮件向每位战略铸造的参与者发送了一份问题清单,让他们直接给我回复。这些问题与我向其他情况复杂的公司提出的问题差不多。

- 从 FarmKor 的视角，回顾过去五年你所在行业的变化，该行业在技术、竞争、客户行为等方面都发生了哪些重要变化？这些变化对 FarmKor 造成了什么影响？
- 从 FarmKor 的视角，展望你所在的行业在未来三到五年的前景，你预计在技术、法规、竞争和买家行为方面会发生什么关键变化？对 FarmKor 而言，哪些是现存的问题？哪些是当下的机遇？
- 在你看来，FarmKor 在过去五年中承担的哪些计划或项目是成功的、值得骄傲的？完成这些计划或项目面临哪些困难？又是什么让 FarmKor 成功地克服了这些困难？
- 在你看来，FarmKor 在过去五年中开展了哪些成功的项目？又有哪些失败的案例？是什么阻碍了公司获得成功？开展这些项目的不同之处又是什么？
- 在你看来，FarmKor 需要优先解决的问题是什么？当前是否有针对这些问题的项目和计划？
- 构建成功策略的一个关键是诊断出阻碍进步的问题和困难。在你看来，FarmKor 面临的两个关键挑战是什么？请注意，关键挑战不在于资金或其他方面的短缺，而在于改进解决困难的方法。除了确定这两个挑战之外，请针对如何解决这些困难做出回答。
- 你是否发现公司结构或关键政策中出现了值得关注的问题与困难？这些问题是否严重到阻碍你应对问题 6 时提到的关键挑战？

第一天

第一天早上 8 点，战略铸造小组碰面了。不出所料，参加者对接下来会发生什么充满了好奇。

第一个讨论的主题是变化。这总是一个能让大家都放松的话题。过去五年发生了什么？未来又会发生什么？大家就这个话题展开了热烈的讨论。每个人都知道发生了什么变化，每个人也都对未来可能发生的变化有自己的看法。

总的来说，在过去五年中，竞争压力越来越大。农业自动化已经流行起来，开发所需软件也变得更加容易。另外，美国的"有机"运动让人们更加疑惑，到底什么样的营养成分才是可以接受的？人们对未来的看法从"大同小异"到"我们将发明一些新东西"等五花八门。

然后，我们转而研究哪些方法行之有效，哪些方法毫无作用。讨论的第一部分通常是令人振奋的，因为能让参会者回忆那些已经实现的目标和累累的硕果。最让我们引以为豪的项目是"阿尔法计划"，该项目能确定出服务业中的主要成本差异，并让跨学科的研究团队一起参与解决问题。我们拥有一位才华横溢的项目负责人，并获得了来自高层的大力支持，这极大地推动了项目的开展。

在前高级副总裁的助力下，一个尚未成立的项目组一直在努力创建一个能处理大客户账户的中心小组。据参会人员称，这个项目落实得并不好，还把客户关系弄得一团糟，搞砸了这层难以重建的关系。

茶歇后，我发了一份战略优先事项清单。我根据大家的讨论结果以及他们对问题 5 的答复列了这份清单。这份清单包括以下 20 个具体条目：

- 产品质量
- 优秀的客户服务
- 优秀的供应链
- 较低的制造成本

- 提升效率和灵活性
- 人才培养
- 组织的发展和能力的建设
- 新的产品、加工技术和功能
- 提升债务评级
- 有创意的文化、有效的风险承担和创业精神
- 更丰富的研发渠道
- 更好地协调各区域
- 制造技术：减少阻碍系统发展的品类
- 关注多样营养和经验证的化学成分
- 销售：提高营销能力和绩效
- 进入新市场：创造新产品
- 定位品牌形象
- 积极与关键客户建立合作伙伴关系，开发新功能
- 加强研究，了解竞争形式
- 在墨西哥、智利、巴西和阿根廷建立分公司或强化其存在感

小组成员读完这份名单后，会议桌上一片沉默。我问："列出清单就意味着我们的任务完成了吗？只是打印出来就行了吗？"

"这份清单太长了！"一位与会者说。

"这些'优先事项'太模糊了！"另一个人说。

"是的。"我赞同道，"本清单的标题故意误用了'优先事项'一词。'优先'一词意味着在等级或特权方面的优越性。在一个有停车标志的路口①，直行的汽车有优先权。在机场，交通管制员告诉飞行

---

① 美国的一种交通信号标志，一般出现在比较小的十字路口，行车时遇到该标志必须停车。——译者注

员哪架飞机优先飞行。当我们分配太多'优先事项'时,这个概念就失去了意义。如果高级领导者不能制定明确的优先事项,下级员工在实际执行过程中就会争辩到底哪件事是最优先的。"

"这份列表还介绍了FarmKor想要实现的目标。今天午饭后,我们将扭转这一局面,研究到底是什么让这一切变得困难。也就是说,究竟是哪些主要困难、挑战或障碍阻碍了我们完成这些任务。"

在这一点上,我们有必要确保整个团队了解策略制定在应对挑战中的价值,以及策略制定是从应对挑战开始的,而不是从制定目标开始的,这一点是非常重要的。而对于其他的,我们简短地讨论或阅读一下应该就足够了。

下午,会议的重点是确定FarmKor面临的挑战。每当确认一个挑战,我就会在一张5英寸×8英寸的卡片上写下关于这个"挑战"的简短描述,然后把它钉在白板上。讨论的时候,一些人提出的挑战被大家驳回,另一些人提出的挑战则被细分成两个或更多的挑战。当参会者讨论一个话题时,我都会深究其细节,并总是问"你为什么认为这一点很重要"和"是什么让这变得困难"。而且,我避免讨论像"我们能如何或者应该如何应对这些挑战"这样的问题。

那天结束时,我共收集了10张卡片。战略铸造团队的参与者之间经过讨论,最终确定了以下十大挑战。

1. **不断缩小的优势**。多年前,我们监测和调节农业系统的技术是独一无二的。如今,新的数字技术和无线系统出现,其他公司也能更容易开发出跟踪天气、土壤状况、植物生长和阳光的系统,也能对水分和养分进行适当的调整。我们在智能控制方面的优势正在不断缩小。每个人都在宣传自己的系统,但真正的收入和工作越来越多地来自机械设备、安装和客户服务。我们甚至看到我们的竞争对手横插一手,把它们的控制系统安装到我们的系统中。

2. **大型企业的研发**。有一些大型农业系统运营商专注于培养人类生存必需的超高产量作物：水稻、小麦和玉米。迪尔斯公司和巴斯夫集团就是这样做的。在过去五年左右的时间里，它们就已经意识到发展高科技农业是一个机遇，所以它们已经拥有全面的开发规模和完善的开发流程——从机器人苹果采摘到全自动化牛饲料生产。我们根本无法与这些公司的研发预算相匹敌。

3. 创始人。公司的创始人在董事会中仍有较强的影响力。随着年龄的增长，他们似乎越来越倾向于稳定、可预测的分红。然而，随着公司的发展，我们的利润不仅没有更加稳定，反而更加不稳定了。

4. 每英亩收入下降。公司在不断发展，但我们获得的利润却在逐渐减少。也就是说，我们的收入有所上升，但利润率有所下降。在过去的十年里，每英亩的收入下降了34%。在客户服务、安装和研发方面的相对支出已经逐渐减少。为了扩大生产空间，公司削减了在人才方面的投资。

5. 冗杂的产品种类。我们的设备种类太多了，有57种阀门、142种连接器等。随着公司的发展，应该形成某种规模经济，但日益增加的复杂性阻碍了这一点。

6. 精准农业。多年来，大型农业朝着更大规模、更专业化的机械化方向发展。因此，很多公司开发出了专业的巨型耕作机，而不是用拖拉机拉着耕作机。相比之下，我们公司是从小规模种植中发展起来，并逐渐将业务范围扩展到大型农场的，我们所做的大部分工作是给枢轴机器编程。[1]然而，最近，实际上是自2003年左右以来，已经出现了一种叫作"精准农业"的趋势。这正与"大型农业机械"的发展趋势相反。与"大型农业机械"不同的是，"精准农业"的目标是利用机器人和人工智能制造轻型机器和空中无人机，从而用这些机器和无人机对这些植物进行精准关注。

7. 销售区域各自为战。少数热爱技术研发和成长中事物的创业人士共同努力，使我们的公司发展成长起来。其中的每一个人都在他们开发的地区努力工作了多年，所以很难协调，因为每个地区都倾向于支持自己的销售协议和人力资源政策等。

8. **人才密度较低**。我们公司人才辈出。对于某个领域出现的任何问题，几乎都有一个人有能力去处理它。但是现在，我们的规模在扩大，所以我们对于谁拥有怎样的专有技术并不是很清楚。而且，就算能知道这一点，我们能让这少数人满世界跑吗？

9. **作物肥料替代品的存在**。我们有专业品牌的作物养料，而且我们从中获利丰厚。但不幸的是，许多当地经销商正在用一些廉价的作物肥料来代替我们的产品，且这已经超出我们的控制范围。

10. **高科技创业公司的出现**。现在，市面上全新的农业高科技创业公司层出不穷。而且，当前风险投资的趋势决定了任何与科技相关的公司都会获得投资。像一些所谓的垂直农业公司，比如普莱蒂公司（Plenty）和鲍威里公司（Bowery），甚至还有一家叫作城市作物公司（City-Crop）的公司，出售供城市居民种植作物的桌面农业设备（一种可以在桌面上种植作物的设备），用这种设备你可以在公寓里种植自己的"有机"莴苣。这对我们来说是机会还是威胁？我们就任其发展，不采取任何行动吗？

第二天

第一天过后，我们确定了当前面临的很多挑战。可以说我们在确定挑战是什么这方面一直兴趣盎然。但是，为什么到目前为止，我们对于这些挑战如此不敏感呢？

像软件、传感器和控制器这类技术性工具在农业领域的应用上，FarmKor 一直走在前列。但是，如今，以往 FarmKor 独具特色的农业技术风格已不再是个新鲜事。传感器和软件在农业领域应用得已相当普遍，许多供应商提供的解决方案也都大差不差。尽管如此，机遇还是存在的，比如一些大公司在发展机器人和精准农业的项目，一批新公司也逐渐开始发展垂直农业、水培和屋顶种植，它们也能提供完全可控的解决方案，这些都能证明机遇仍然存在。

会议开始时，我简要回顾了一下我们昨天取得的成就，并总结了昨天提到的 20 项挑战。

然后，我用 8 张幻灯片向大家讲解了我引用到的以及大家面谈中的一些内容。每个引用的内容都单独出现在幻灯片上，我们基于这些内容展开了讨论。讨论期间，我没有提到任何有关内容提供者的身份信息。以下是引用内容中的六个部分。

公司里大部分人并没有真正接受我们已经失去了技术和成本领先地位的这个事实，而且我们自己最擅长的能力也无法很快在需要的地方发挥出来。

我们在实验站投了一大笔钱。这里正在研究的是一项值得一提的新型农业技术，但这项技术消耗了我们大量的人力和资源。

我们似乎是一家不在新技术上投资的"科技"公司。

我们的文化并不冲突，这也造成了一种情况：即使已经做出了决定，每一种想法都仍然有效。也就是说，做出决定后，我们可以停止执行做出的决定，选择另一个不同的想法继续执行。

但是，我们依旧缺乏真正解决问题的方法。我们没有向客户提供解决方案；我们的任务是销售产品和系统。我们需要询问现有客户和潜在客户面临的问题，以及我们是否已经解决或能够解决这些问题。我不确定该如何进行这种过渡。

FarmKor 内部分化成三类人：第一类人既想保证全人类的基本生活，又想对阻止全球气候变化做出贡献；第二类人对技术保持着真正的热爱；第三类人真正热爱经营企业。

　　FarmKor 最好的成长机会在国外，然而，它没有一个协调一致的策略来抓住这个成长机会，好让它远离这个它最了解的地区。

　　这些新发现是关于内部分歧和行动脱节的。不是所有人都同意这些观点，但这些却是真正的机密信息，它们来自会议室的与会者和几个关键下属。一些与会者对领导小组中有人持有某种特殊意见感到非常惊讶，这些发现令人很不舒服，但真正的问题诊断才刚刚开始。是的，FarmKor 有一群非常有才华的人。但不知何故，拥有这些天赋和能力的人似乎并没有创造出相应的成就。这家公司的能力本可以更强的，但目前却没有达到那个水平。

　　中午休息后，负责销售和市场的高级副总裁首先发言。他说："问题在于缺乏重点。我们担心的问题有 20 多个，但没有取得任何进展。"

　　"是什么阻碍了我们取得进展？"我问。

　　"我不太确定。"他回答说。

　　我说："好吧，那我们来试着找找其中的原因。如果公司真的专注于我们这两天提出的 18 个问题，那么是否有哪个问题是不可能解决的？"

　　"在竞争激烈的大型平地农场业务中，我们似乎很难制造优势，解决内部矛盾也并不容易。"

　　"这些并非都不可能解决。"运营副总裁说。

　　我说："好的，那这 18 个问题中，哪一个最重要？"

　　"我们不断减弱的优势。"首席执行官说。

　　"地区分割。"人事部负责人说。

　　首席财务官表示："大型农场每英亩毛利润正在减少。"

我拿了代表这三项挑战的卡片，把它们放在白板中心，并收起其他卡片。"让我们抛开这三个挑战之外的所有其他挑战。假设在接下来的18个月里，我们必须在处理其中至少一个挑战上取得进展，应对这个挑战至关重要，如果不能成功应对，我们都会失去工作和其他选择。你会选择哪一个挑战？你的行动计划又是什么？"

我把参会者分成两组。每个小组都要针对这三个挑战中的一个挑战来制订行动计划。每个人都有90分钟的时间来制订计划，在茶歇后进行报告。

随后的陈述和讨论是本次特殊的战略铸造计划的核心。负责营销和销售的高级副总裁早些时候认为，缺乏重点是至关重要的，它导致了问题的出现。只专注于最重要的挑战，似乎可以让大家保持头脑清醒。以此为中心，有助于实现我所说的那个"大胆跨越"，也就是从棘手问题跨越到潜在行动。

我们的讨论围绕在困难和行动二者之间。三个主要行动的执行理念是将重点放在高价值的作物上，尤其是果园，可以选择将大型农场的部分业务销售给一家大公司；然后，重新将重点放在作物肥料的详细研究中，针对每种作物、依据不同种植地点、季节甚至每天的时间研发不同的液体肥料；另外，与一两个主要客户发展深厚的合作研发关系。没有任何团体选择直接处理区域分割的问题。

第二天结束时，战略铸造团队已经对他们为什么陷入低谷，以及如何应对这些挑战做出了合理的解释。他们曾是这一领域的先驱，当年开创的技术现在已广为人知，并且部署成本更低了。在向更大的农场和更多样化的作物的发展过程中，他们遇到了更大的竞争对手，这对低价值作物提出了更高的经济要求。应对挑战的关键在于，他们向低价值作物扩张的程度，以及与全球大型竞争对手的差异化程度降低了。

如果该公司能够重新关注价值更高的作物，尤其是果树和葡萄，并且研发定制的作物肥料，或许能够减少这种差异。种植高价值作物的农民将负担更多的实验费用，以及承担更多的专用传感器费用。

第三天

第三天，首席执行官突然宣布了一则消息。她说，一个月来，她一直在与董事会秘密商议出售其中一个部门。这个部门是最难与其他部门协调的部门之一。卖掉它，公司能筹集到资金，同时也能给其他地区发出警示信号。

此次战略铸造团队制定的关键政策是转向服务高价值的作物，比如油菜籽、蘑菇、藏红花、坚果树、苹果树、李子树和高档葡萄树这一类。团队的初步想法是，标准作物的枢轴灌溉大多是自动化的，而且这一领域的竞争已变得异常激烈。然而，高价值作物则需要一种更为细致的培养方法。

团队为落实这一新政策采取了具体行动。他们确定了两个特殊的客户，可能是开发果园和葡萄园新技术的主要合作伙伴。他们的负责人同意成立一个特别小组，研究如何使果农们在一年半内学会新的种植技术和方法。

除了制定新的指导政策和具体行动外，我还要求该小组明确他们的假设，这一点至关重要。我向他们解释说：

在设计这一新的方向和策略时，你们已经做出关键假设。这一点十分必要，创造力和想象力就是借此发挥作用的。例如，你可以假设自己能研发出适合不同土壤、不同作物、不同天气等因素的作物养料；或者你们已经在该领域取得一些进展，假设你们在研发方面也将继续取得成功。要把这些假设写下来，这是很重要的。当你再次进入战略铸造团队时，无论是5个月后，还是 11 个月后，你都需要看看这些假设是否正确。我称这个过程为"策略导航"。当假设没有得到实现时，重要的是能够及时修改行动计划。

有时候，公司在进行战略铸造时，有必要对开展的行动进行宣传，这似乎也不是什么大不了的事。如果这些新举措奏效，它们将改变公司的发展方向。但如果新举措没有奏效，向世界宣传它们也捞不着什么好处。

战略铸造计划的最后一步是"宣誓执行"。我解释道，有时经理们在选择新方向时犹豫不决。事实总是如此。但是，领导者团队在整体行动时必须有纪律，至少在下一个战略铸造计划之前都要保持纪律性。我让 8 个成员在房间中央大致围成一个圆圈。

我说，此次战略铸造计划已经确定具体的指导政策和行动，为取得成功，团队的每一位成员都将支持并采取行动来执行这些政策和决定。必要时，每个人会向其他人寻求援助，并且都会得到帮助。其间我们可能会意识到，这些选择并不是永远的——情况可能会发生变化。但在接下来一年半的时间里，团队都将支持此方案并按这个方案执行。大家是否同意？

第 20 章

CHAPTER 20

战略铸造的概念和相关工具

战略铸造是一种方法，它旨在帮助领导团队摆脱将战略作为目标设定的问题，确定组织面临的主要挑战，诊断挑战结构，找到症结所在，并制定解决问题的方法。战略铸造的结果能够使我们明确什么是重要的，并对处理这一问题的行动步骤做出概述。我们最后关注的是行动执行对公众造成的影响。

战略铸造成功的先决条件

对战略铸造计划而言，高级执行官和主要的高管应该致力于使用基于挑战的策略方法。如果他们对这种方式不感兴趣或者不愿意投资，战略铸造就起不了作用；如果团队知道缺席的高层会否定他们的想法，那它的作用也是有限的；如果领导者表现得好像知道所有重要问题的答案，那么战略铸造也行不通。

组成战略铸造的团队应该理解并同意一点，即战略铸造并非财务或会计练习，也不是练习制定类似于预算绩效目标的行为。

战略铸造与设定总体绩效目标无关。因此，战略铸造必须与任何预算编制过程分开进行，这一点极其重要。定期的战略铸造应该脱离年度预算周期。例如，可以每11个月发生一次，或者每31个月发生一次，或者间隔月数是其他一些不能被3、4或12个月整除的月数。目的是强化"策略制定不是财务预测或预算工作"这一理念。如果不遵循这一原则，战略铸造就会变成设定类似预算的绩效目标。

战略铸造最适合与少数高管人员合作。如果团队成员太多，就会出现等级制度将其取代，同时，可能还需要有其他与会者来进行记录。

战略铸造的计划最好在场外举行。每种情况的复杂程度不同，所以大多数情况下我进行的大部分工作都是持续两到五天。在一些比较简单的情况下，两天可能就足够了。有时，战略制定过程会分成两个会期，每个会期相隔几个星期。

我曾在许多战略铸造计划中担任过主持人，通过事先与每位参与者（以及其他挑选的人员）进行面谈来为战略制定会议做准备。我对这些获得的信息充满信心，并利用这些信息来指导会议讨论，这样我就可以把一些个人可能不愿公开陈述的观点表达出来。

如果实际情况中，遇到一些战略制定的讨论与某些政治活动或回扣有关，那么你可以在内部调解人的陪同下进行战略制定。然而，我的经验是，人们会更坦率地与一个值得信赖的局外人交谈。另外，局外人会更愿意说别人不会或无法表达的话，这也是作为局外人的好处之一。公司以外的主持人可以将老板视为另一个参与者，并强制执行一些纪律，而这些纪律可能会使内部人员感到难以执行。与之相反，公司内部的主持人可能更了解业务的技术细节。

主持人的另一个角色是指导小组完成挑战识别、诊断、生成替代方案和创建操作步骤这几项任务。第三个关键角色在战略制定阶段的下半部分变得尤为重要，即保持压力，这就要求他们专注于那些重要且可解决的挑战，并推动计划的进行。

战略铸造失败的原因

如果某位高管忍不住主导整场讨论,那么战略铸造的计划就会失败。同样,任何参会者如果把分歧变成彻头彻尾的敌意,那么也会破坏战略铸造的计划。

当参会者无法在需要的时间内在线时,战略铸造计划也无法很好地进行。有时候,高管们会忙于接听电话、发短信,所以要为各种紧急情况留出空间,这就无法实现持续讨论。在这种情况下,最好推迟战略铸造计划或者更改参会者名单。

参会者应该充分地了解企业或代理机构的基本运作流程。如果他们是一家复杂公司的高管,只负责管理财务目标和预算工作,那么战略铸造计划可能也不会起作用。我们若要确定挑战是什么,进而制定策略,则必须掌握有关产品、市场、竞争和技术的知识。

解决复杂多样化公司问题的一个办法是针对产品和市场专业知识所在的业务或部门制定战略。利用这个战术得到的结果往往喜忧参半。该部门可能急于制定一项良好的战略,结果却发现得不到公司的支持。在一些案例中,公司希望制订的计划与样板成本、收入和绩效预测有关,而不是制定战略。但如果这些计划偏离了公司的目标,那公司就不能采用它们。要想解决该问题,就得让企业的高管加入各部门的战略铸造计划,或者先在整个企业总部开展战略铸造计划,然后逐渐拓展到下属部门。

战略铸造的关键工具

延迟判断

延迟判断有助于避免过早地趋同于一个答案的问题,欧文·贾尼斯在分析群体思维时指出了这一点。我们可以有意识地将注意力集中在识别挑战和诊断其内在逻辑上,以此来延缓行动上的趋同。

这里的延迟判断有两层含义。第一层含义是:心理学家所认识到的,对好与坏、重要与不重要的延迟判断。第二层含义是:通过延迟判断来不断地积累事实和信息,而不是把它们搁置一旁不管不顾,这样有助于生成更多的信息。

延迟判断也意味着在确定出哪些是关键且可解决的挑战之前,不要开展行动。作为会议的主持人,我的关键作用是迅速制定出能使各方讨论力量相当的规范,以避免出现结果的过早趋同。

已知的信念、观点和判断

我组织的几次秘密访谈,有助于使我更快地了解企业的历史及其面临的问题。这些面谈还能让我了解公司过去在哪些地方做得不错,又在哪些地方表现不佳,以及对挑战及其潜在解决方案的一些深入看法,而这些问题可能是高管们不愿意在小组讨论中直言的。

每次面谈的内容都是保密的,但我会公开对于问题的见解。这些见解可以成为开辟新的讨论方向和推动辩论的有力工具。在会议讨论中加入一些情感强烈但非个性化的见解,对每个人来说都是一个强有力的制约,只是需要一个有影响力的人在场。

书面问答

我发现,与参会者和其他一些相关人士进行书面问答对话,产生的效果非常明显。我已将这个过程正式化,并向每个人发送 5~8 个问题的清单,要求其书面回复,最后通过电子邮件发送给我。尽管我有向其他参会人员展示一些回复的权利,但对于他们的回复内容,我还是保密的。

我经常问的一些标准化问题就是上一章中针对 FarmKor 展示的问题,包括近年来的变化和未来预期的变化。我向团队询问哪些项目和举措奏效了,哪些没有奏效,以及没奏效的原因是什么。我询问团队面临的挑战，是什么让应对挑战变得困难，以及可以采取哪些措施来应对这些挑战。除了这些标准问题之外，我还会根据不同行业、业务或组织情况定制问题。一些比较有用的问题是关于特定新技术或特定竞争对手行为造成了何种影响的，其他问题可能涉及一些内部问题。

当答复太短时，我会让其多回答一点。如果他们的答复缺少细节，我会再次要求其详细解释一下。

对历史的关注

历史就像一位伟大的老师，但前提是你要记住它，并从中得出结论。主持人的工作之一是：用面谈结果和小组讨论来突出强调之前行之有效的行动与项目。重要的是，该小组应努力阐明，在这些案例中，哪些条件或行动最终导致成功。然后，同样重要的是，要对尚未成功的项目和工作进行审查。同样，该小组必须努力找出导致这些失败的原因。

每个企业收获的历史经验教训是不同的。但共同的主题都是缺乏高层的支持，行动的范围太广，目标不可能实现，遭到强大内部利益集团的反对，资源不足，以及对实地行动机制了解太少，等等。在为已确定的关键挑战制订行动计划时，这些从自己公司以往的历史中收集到的问题清单是非常宝贵的资源。

始于挑战

战略铸造中最重要的一个要素是关注并识别企业面临的挑战。

从挑战出发，就能避免将最喜欢的项目和目标作为讨论的中心。从挑战出发，我们就能开始思考如何解决问题，而不是专注于实现绩效目标。

重新思考

反思性的思维测试之一就是："如果两台机器需要两分钟来制作

两个小零件，那么100台机器需要多长时间来制作100个小零件？"许多人给出的答案是100分钟，即使是麻省理工学院的学生也是这个答案。但你可能要"再想想"，才能想到100台机器会在两分钟内生产出100个小零件。所以，答案是两分钟。

解决这些陷阱的唯一办法就是"再想想"。也就是，通过用不同的方式来回答这个问题，或者通过反向计算你第一个冲动回答的数字来检查你的答案是否正确。

"再想想"可以成为一个强大的工具。在战略制定会议上，这通常意味着我们要用不同的话语重申挑战，以期看到观点的转变。或者意味着审查拟订的行动计划，并问问自己，是否存在其他更有效的行动方式。例如，当苹果公司推出苹果手机时，如前所述，乔布斯希望限制应用商店，他希望该商店只能提供下载苹果旗下的软件。看得出来，他是想一如既往地、尽可能多地控制用户体验。但也有人质疑这一计划，认为第三方应用程序之间的健康竞争能压低价格，从而使手机更具吸引力。

大多数管理人员在大多数情况下都能快速直观地了解到如何处理问题。他们有丰富的经验和聪明的智慧，而这些敏捷的直觉正是专业知识的精髓。正如加里·克莱因针对消防员的研究所发现的那样，指挥官们靠直觉做出了决定——"利用经验来识别情况，并知道如何处理这些情况的能力"。[1]如果没有这种能力，我们将难以生存。[2]与此同时，有些情况非常重要，但我们却对此几乎没有经验。在这样的情况下制定策略，靠直觉做出决定，消耗的成本可能会非常高。我们不希望核潜艇指挥官在危急时刻草率下结论。在战略铸造计划中，我们希望讨论和辩论跟着直觉走，但也鼓励成员间相互批评。在这种情况的推动下，团体可以比个人更善于"重新思考"。

时间观测器

在1999年法国防务公司Aérospatiale与Matra（一家工业集团）

的高科技部门合并之前，我曾与该公司合作过。我告诉该公司的 7 位高管，我很幸运地认识了一位研究时间观测器的科学家。前一天晚上，我们展望了一下 7 年后的未来，看到了一张《财富》杂志封面的图片。不幸的是，时间观测器随后内爆，所以我们无法获得任何其他信息。但我们确实得到了这张图片……然后我给他们看了那张稍微烧焦的《财富》杂志封面，日期是 2005 年，而故事的题目是《Aérospatiale：年度最佳公司》。

我问道："到底发生了什么才会有这样的封面故事？"高管们分成两个小组，每个人都提出了一个对其过程的推测。有趣的是，这两种叙述都与国防业务没多大关系，双方都希望将公司的资源和专业知识应用到全新的领域。

封面故事也可以应用于设想失败的方面。2018 年，《财富》杂志发表了杰夫·科尔文一篇题为《通用电气到底发生了什么？》的文章，而时间观测器可能会制作一个封面，并且对这篇文章进行改写。2007 年，加里·克莱因在他发表的一篇题为《执行预死亡项目》的文章中提到，这种对失败可能性的预测被称为"预死亡"（premortem）。[3]

时间观测器概念的另一个用处是回顾历史。我让高管们想象一下，假设 7 年前我们有办法向公司首席执行官的笔记本电脑发送一条信息，但只有一条消息，这条信息必须简短，不能包含任何关于未来的具体信息（"时间警察"会禁止我们发送这样的消息），你会发送什么呢？

做这种练习的诀窍在于，信息不可能预测未来。因此，它必须基于对 7 年前可用数据的分析。在通用动力公司，一些管理人员想发送一条关于炸弹在阿富汗炸毁汽车的信息，但"时间警察"并不允许这样做。在普华永道，给 2018 年的建议是鼓励重建咨询业务。慢慢地，团队发现了想要完成这件事是多么困难，因此他们对自己在战略铸造工作坊里想要做的事情有了新的认识。他们不禁想知道，7 年后，像这样的信息会是什么样子。

即时策略

有些时候，团队会过于深入地讨论一些小问题，所以很难将注意力集中到一些关键行动上。这种情况在非营利性组织中很常见，过去，人们将非营利性组织的策略视为一长串"待办事项"。在这种情况下，制定一轮"即时策略"，就可以"拨开云雾见月明"。为了进行这项练习，我要求每个参会者用一句话写下他们的行动建议。这种建议不是模糊的策略，也不是绩效目标，而是极有可能完成的确定的行动。我给他们两分钟的时间把自己的建议写在纸上，写完后把它折起来，扔进一个盒子（或者用传统的方式，把纸条放进一顶帽子）。

我在 XRSystems 公司使用了这个方法（在第 4 章，我讲述了 XRSystems 公司的故事）。前四个"即时策略"建议的研发重点仅放在无线、幻影股票计划、重组销售，以及增加对非客户的销售访问量上。但是，第五种是"汽车传感器"，这是一个不确定因素，它把公司带入一个新的盈利方向。即时策略可能只是重复那些明显的策略。如果没有明显的策略，就有机会重新定位一个有趣的新方向。

强制性的内部分析

高管在讨论战略时，自然是根据财务结果或竞争地位来定义挑战。这时，可能需要局外人来引导对话，以应对组织实际运作方式带来的挑战。

我与一家化工公司合作，督促战略铸造团队详细解释利润下降的原因。基本上答案都是竞争迫使价格下降，再加上工厂满负荷运转的目标。

"实际价格是如何确定的？"我问道。

回答是："通过我们在现场的销售代表，他们协商定价。"

"他们利用哪些工具？又如何接受培训？"我问道。

但我得到的回复几乎没什么实质性内容。销售代表应利用工具来说明不同的化学产品是如何影响每个客户产品的成本和性能的。如果没有这类信息，与客户的讨论就会变成纯粹的价格谈判。他们既没有利用工具，也没有接受很多关于销售的培训。讨论的话题从人们对竞争的抱怨转向公司的实际竞争方式，但是所涉及的问题不仅仅是价格，而且公司代表并没有准备好使用这些杠杆点。

在与公司进行战略合作时，我估计有 1/3 的情况都是这样，即真正的战略挑战在于组织的结构或流程。阐明这一点并不容易，但是很有意义。

这件事难在哪里

第 8 章提到 QuestKo 的案例以及我向首席执行官提出的问题："这件事难在哪里？"这一思路对评估和分析挑战非常有帮助。

高管们很容易就能确定挑战是什么，但是找出应对挑战的解决方案却很复杂。我经常会把这个问题分成很小的碎片来思考："这件事难在哪里？"也就是说，到底是什么阻碍了我们去应对这些挑战。

有时，就像 QuestKo 的情况一样，阻挡我们应对这些挑战的障碍已经难以言说。各部门之间缺乏协调，但公司内部人员却对其毫不知情，客户评级问题被搁置一旁，高层之间与会讨论的重点是怎么能成功而非解决问题。于是，大家的努力方向都错了。在其他一些案例中，阻碍也非常大，以至根本无法应对这些挑战。

但更常见的情况是，如果公司能集中精力应对挑战，就能扫清这些障碍。很多时候，管理层的目标都是直击指标，而不是清除这些阻挡问题解决的障碍。一旦能详细列出目标的优先顺序，清除阻碍就很容易了。

红队

"红队"是源自军队的一个术语。这个词源于 20 世纪 60 年代的美国军方，美国各军种组建红队概念组织，主要担负模拟对手和执行特定任务的职能，现在国际上一般以此来描述信息安全行业，即基于情报和目标导向来模拟攻击者对企业实施入侵的专门的安全团队。在美国和北约其他各成员国的战争游戏中,红队扮演的是敌人的角色。它们把才华横溢的人分配到红队,让他们制定战术和策略来战胜对方的蓝队。

近年来,微软等公司和国家安全局这些组织都在进行"网络红队演习"。因为它们都要应对网络和云服务器群所遭受的网络攻击。让同一批人设计保护方法,然后努力改进这些方法,就能更快取得进步。

有时,红队演习就像让小组中的某个特定成员扮演竞争对手或其他外部角色一样,并不困难。从演习的角度来看,公司的计划如何?这些举措会被误解吗?

在制定策略时,红队演习会迫使团队评估"框架风险",即他们对世界和竞争的看法是错误的,或者是严重不完整的。评估框架风险的诀窍是,框架并不能告诉我们它们错误与否,所以我们必须通过自己的判断来做到这一点。如果我们制定的框架明显错误,那就不能用它。要知道我们当前的"最佳"模型有什么问题,唯一的方法就是让一个小组改变观点,这就要求我们质疑这个观点,然后尝试说服他们改变观点。

红队是针对当前意想不到的突发事件进行调整的一种方式。其目的是发现"黑天鹅"事件、意想不到的弱点或故障模式。红队了解我们的运营模式的大致轮廓,并试图设计出胜过我们模式的新方式,甚至利用我们的优势对抗我们。

确定可解决的战略挑战

在战略制定的讨论中,经常用到两个词,即"重要事项"和"重点"。从定义来看,战略就是关于"重要事项"的。"重点"的作用就不那么明显了,因为在现存模式中,公司、人员和竞争都很少关注复杂性的成本。这并不是说,我们无法同时完成所有任务,而是说,各项举措相互排斥,以至多项举措的效果遭到削弱,最终这些举措的目的都无法实现。

在这种情况下，制定策略最强大的工具之一就是将整个大的挑战划分为几个可解决的策略挑战。问题的症结通常也出现在这儿。找出几个既重要又可以克服的有限挑战是战略铸造的核心。第 4 章介绍的英特尔练习中，我已经详述了一种方法，即针对众多挑战中每一项挑战的重要性和可解决性正式地做出评估。

另外一种方法是"精简已提出的挑战"。在一个政府机构，它的团队列出了 26 个"关键性"挑战。每个挑战都写在一张 5 英寸 ×8 英寸的索引卡上，然后摊在会议桌上。我告诉他们，我们必须挑选出 5 个写着"挑战"的卡片，然后一张张地将剩余的 21 张卡片从桌面上拿走。

没有人自告奋勇，想主动拿走"关键性"难题。我对主管说："你在这儿挣工资。所以，最重要的五项挑战由你选择。"

他确实选出了五项挑战，就当这是个练习。当我们花了一个小时，集中讨论了五个挑战中最重要的一个挑战后，我们竟从这个挑战中分化出来其他四个挑战，所以我们桌上又成了九个挑战。我再次强调，只能留下五个。

这种集中讨论得到的一个重要结果是：我们能更深入地探讨每一个挑战。讨论过后，大家会意识到每一个挑战都是那么复杂，同时还暴露出许多小问题。随着不断缩减数量，问题反而变得越来越复杂，这就要求我们再次关注关键且可行的部分。

关注一两个近期目标

在某种意义上，在制定战略时，我们几乎总是只关注某个重点。由于没有经历过危机，或缺一个非常有能力的战略领导者，大多数团队都逐渐偏离了重点。他们试图同时做 50 种不同的听起来不错的事情，但最后一件也没做好。战略铸造最重要的职能之一是集中精力和资源，以巧妙应对最重要的挑战。

实现这一目标的一个强大工具就是设定近期目标。我在这儿指的是一项任务，而不是一个绩效目标，而且这项任务有机会在短期内合理地完成。这项任务和目标差不多是一个意思，都是完全可以完成，而且可以很快完成的。

没有什么比获胜更能激励一支军队或一个连队了。领导层实现了一个关键目标并克服了困难，能够为下一场战斗奠定基础。因此，这就需要我们把战略看作是一系列近期的目标，而不是一个长期的愿景。

时间范围

设定一系列近似目标的第二个优点在于：它有助于推进行动的执行。只有集中关注那些在不久的将来能解决的问题，才能制定出好的战略。我通常建议大家设定一个18个月的周期。当然，如果解决当前的问题需要更长的时间，那么这个周期可能会更长。

另外，缩短指定周期也有助于战略的制定。由于每个挑战通常都与不同参会者喜爱的项目和计划相关联，所以大家都不太愿意把与己相关的挑战从桌上拿走。把与己相关的挑战从桌上拿走意味着该挑战无法解决了，或者至少不再有专门为此提供的资金和关注了。这也就是为什么这么多次战略制定演习，最终都变成所有参会者列出愿望清单的会议。在闭门造车的情况下，管理者们发表了像政治游说一样的演说，最终他们通过谈判和交易，获得了对项目的支持。

缩短战略制定的周期是解决这一普遍出现的问题的方法。例如，如果要采取的政策和行动是为了在未来18个月内取得成就，那么很快就会有另一个参会者把自己感兴趣的新项目摆到桌面上供大家讨论。一方面，将战略制定工作安排在一个节奏相当快的周期内，可以避免某个人首先将自己感兴趣的项目排在首位的问题。另一方面，若将战略制定工作安排在一个较长的周期内，优先事项的选择将变成一场生死攸关的斗争。所以，缩短周期有助于就优先事项达成协议，因为优先事项不是一成不变的。

确定参照群体

大家都认为自己的情况特殊，这是一种很常见的偏见。这类似于乐观偏见，或研究人员卡尼曼和洛瓦洛所说的"竞争忽略"。[4] 例如，因为"我是我，和别人又不一样"，所以我会认为关于车祸的统计数据并不适用于自己。问题是，每个人都认为自己不一样，而统计数据却来自我们所有人。

参照群体可以是一系列可比较的情况、不同的公司或不同的挑战。专业顾问的一个最佳作用就是他们能收集到有用的参考群体的信息，例如，进入中国消费品市场的公司、拥有非专利技术的公司等。麦肯锡读了由布拉德利、贺睦廷和斯密特共同撰写的《突破现实的困境》，该书在描述参照群体这方面做得很好。他们指出，大型文档通常是为制定战略而准备的："这些文档提供详细信息，但不提供能预测未来发展的参考数据。有趣的是，你掌握的信息越详细，你就越相信自己；你越相信自己，得出错误结论的风险就越高。"[5]

兰德公司针对40家新工艺化工厂进行了研究，它选用了能显示这种偏见的一个很有意思的例子。早期的成本估算（用于证明项目合理性的成本估算）平均数值为最终成本的49%。最初的估计范围（一个标准偏差）是最终成本的27%~72%。兰德总结之后得出结论：

> 通过浏览我们的数据库，针对以往12年左右的成本估算，我们没发现有任何改善的趋势，也没发现绩效预期有何变化。由于对成本的持续低估，以及对绩效过于乐观的态度，人们不禁疑惑，到底为什么业内多年来一直无法调整绩效预期？[6]

答案很简单，因为行业本身不会思考，能思考的是人。在几个战略铸造计划中，一个团队已经暂停讨论，以便在做出最后决定之前进一步开展一些工作。其中一些工作是收集其他人在面临类似情况时的做法，进而基于此建立一个参考系。

战略导航

在困难时期，能继续生存的关键是适应不断变化的环境。正如第 3 章所述，战略制定是一个持续的过程。为了将这一概念付诸实践，管理层的领导者应该花时间写下他们制定战略所依据的关键假设。做出假设，这是从困境走向行动的核心。不幸的是，其中一些假设可能是错误的。除非我们做出明确假设，并随着事情的发展不断检查其准确性，要不然是很难适应的。战略导航，就是先明确假设，然后在发展中不断对其进行检查的过程。

宣誓按计划执行

National Agency 是一个大型组织，其宗旨一直是为地方政府提供关键服务。战略铸造计划结束两个月之后，我再次去这家组织进行了访问。令我失望的是，该组织忽视了它当时制定的主要指导政策。一位负责人解释说，两名管理层领导在战略铸造计划结束没多久就"变脸"了，并开始说一些对之前会议上拟定的行动不利的话。虽然他们在战略制定的过程中已经同意这些想法，但事后他们却告诉他们的下属和同事一起抵制这些行动。

这类问题在公共机构中普遍存在，因为高层管理人员需要直接管理一些关键人物和部门，而且他们普遍任职时间不长，所以很难形成一个有凝聚力的团体。

根治这种马基雅维利式政治主义的办法就是不能任命那些说一套做一套的管理者。如果这些管理者对老板说一套，对下属又说另一套，那他们该被送到学校回炉重造。

对于这些人的此类行为，有一个办法可以帮助他们遵守一些基本的道德准则，那就是"宣誓按计划执行"。在合适的时间，我会让参会成员聚在房间的中央，围成一圈，然后我说：

> 作为一个团队，你们已经一起深入研究你们所面临的挑战，也已经为应对最重要的挑战拟定要执行的几项任务。为了集中精力完成这些任务，大家特意把一些不太重要的问题搁置一旁。在此，请你们向自己和彼此确认，这些选择是有约束力的。也就是说，你们接下来会坚定地执行这些任务。请大家再次声明，你不会向其他人贬低这些决定，你不会试图破坏这些决定，为完成这些任务，你们将相互提供帮助和支持。

参会的每个人都应该通过语言或举手表示赞同。有的时候，他们会伸出手围成一个大圆。

公共层面

几年前，我为一家大型国际制造公司主持战略铸造计划。这个战略铸造计划为期四天，这四天里，大家开展了激烈的斗争，直到第三天邀请了主要专家，我们才制定出基本的指导政策。最后做总结时，我在那个钉满计划安排的架子前描述了我们研究的三个关键任务。其中一位与会者接着问："但战略是什么呢？"

"您这是什么意思呢？"我问道。

"三年前，我们制定了一项战略，每个人都详细介绍了我们想要做的事情。"

"你是说这个？"我指着架子上的文件问道，那是三年前制定的"战略"。

"是的，就是那个。"他说。

我手里拿着红色记号笔，走到文件旁边，并大声朗读了这十行内容，我问大家是否实现了这一目标。

"您现在是否仍像第一行所说的那样,继续领导这个行业?"我问道。他否定了,因为该企业所占的市场份额已经不复存在。我在第一行内容后面打了个红色的叉号。

"您是否一直保持最高的安全标准?""是的。"我在后面打了个对号。

"您是否提高了盈利能力?""没有。"打叉。

"您的产品打入中国市场了吗?""没有。"打叉。

"您是否保持着较高的员工士气和信心?""嗯,15% 的裁员率,有趣。"打叉。

"您是否大幅降低了碳基能源的使用量?""没有,但是保持碳基能源的水平并不意味着减少碳基能源的使用。"打叉。

这十行字都读完后,有 8 个红色的叉号。

"所以你希望再次制定同样的战略吗?"我问道,"再次制定这样一份看似充满虔诚目标的文件,但在未来三年内几乎没什么目标能实现?"

有太多的高管"制定战略"完全是为了在公众面前不丢面子。也就是说,这仅仅是一份有关目标和优先事项的公开声明而已。员工和投资者已经开始期待"战略"的公布,期待一项描述了团队的基本活动、价值观和优先事项的战略。

为了应对这种需求,战略铸造计划团队应该把时间和精力花在政策和行动面向公众的那一方面。在塑造"战略"的公众形象时,最好避免谈目标和目的,而应该谈一些关键的优先事项(超过三个优先事项的话,也就无所谓优先不优先了)。战略文件不能面面俱到,提到所有的重要事项,列举出公司内部每个人都需要做的任务。这或许打破了我们传统的观点,但这种打破是很有必要的。一个好的战略需要关注重点,而非关注每个人要做的琐事。

致　谢

若非我妻子凯特日复一日地支持我，我不可能写出这本书。她曾经是一名专门研究企业战略的教授，她会倾听我遇到的每一个难题，并总是给我提出建议。每当我写完一章，她都会认真阅读，并提出修改建议，有时甚至让我完全放弃某一章的初稿。悉尼大学的教授丹·洛瓦洛也在我写书过程中阅读了许多章节的初稿，并给出了极为有益的建议。我也非常感谢史蒂芬·李普曼、皮特·卡明斯和诺曼·托伊，他们阅读了本书一些章节的早期版本，并给我提供了极深入的反馈。

同时要感谢桦榭图书集团公共事务部的约翰·马哈尼，他为本书所做的贡献，已经远远超过作为一名编辑的职责范围。他帮我提炼了本书的中心思想，并耐心地打磨，使之成形，并最终顺利付梓。

注　释

引言

1. 在枫丹白露的攀岩点中，这道短距离攀岩被评为7A级，20世纪50年代中期人类才首次征服这一难度。如今，这条路线的难度降到8C，世界上只有极少数的攀岩者声称自己能够攀登这种难度的巨石路线。

2. 很久以后，我问过阿西娅图1中的动作要领，这里的症结性难题是什么。她说："是的，对我来说，这里可能是症结，不过其他人可能会说下一步行动才是。"

第1章

1. Gary Hamel, "Killer Strategies That Make Shareholders Rich," *Fortune*, June 23, 1997, 70.

2. Jack Kavanagh, "Has the Netflix vs Disney Streaming War Already Been Won?," *Little White Lies: Truth and Movies*, March 17, 2018.

3. Garth Saloner, Andrea Shepard, and Joel Podolny, *Strategic Management* (New York: John Wiley & Sons, 2001), 20.

第2章

1. Kees Dorst, "The Core of 'Design Thinking' and Its Application," *Design Studies* 32, no. 6 (2011): 527.

2. 从此处开始，未使用真名的公司和个人名称第一次出现的时候将用单引号括起来①。

3. 迈克尔·波特绝对不会以这种方式制定真正的公司战略。他的分类是对整个策略集合的广泛描述，而不是策略本身。

4. Herbert A. Simon, *The Sciences of the Artificial* (Cambridge MA: MIT Press, 2019), 111.

5. 张量是一种多维数组，它根据每个维度或指标的不同规律进行变换。

6. 这种描述是从理查德·塞耶特、赫伯特·西蒙和唐纳德·特罗的《商业决策的观察》一文中对"非结构化问题"的最初描述演变而来的，《商业期刊》第29卷，4（1956）：237-248页。

7. 出处同上，第88页。

8. Michael C. Lens, "Subsidized Housing and Crime: Theory, Mechanisms, and Evidence" (UCLA Luskin School of Public Affairs, 2013), https:// luskin.ucla.edu/sites/default/files/Lens%204%20JPL.pdf.

9. John Kounios and Mark Beeman, "The Cognitive Neuroscience of Insight," *Annual Review of Psychology* 65 (2014): 80.

10. Charles Darwin, *The Autobiography of Charles Darwin* (Amherst, NY: Prometheus Books, 2010), 42.

11. John Dewey, *How We Think* (Lexington, MA: D. C. Heath, 1910), chap. 3.

12. 通常情况下，最好是按原路返回，即使这意味着个别地方要往上爬一点。若要过夜，考虑好保暖和饮水。不要浪费精力寻找食物。除非你受伤或者冻僵了，否则你有几天的时间来解决问题。

13. Merim Bilalić, Peter McLeod, and Fernand Gobet, "Inflexibility of Experts—Reality or Myth? Quantifying the Einstellung Effect in Chess Masters," *Cognitive Psychology* 56, no. 2 (2008): 73-102.

14. 2002年，Overture对谷歌提起专利侵权诉讼，2003年以谷歌支付其价值3.5亿美元的股份和解。Overture的基本主张是"一种生成搜索结果列

---

① 中文译稿未加。——译者注

表的方法……及将已识别的搜索列表按各出价金额的高低排列成搜索结果列表"。由于谷歌没有使用竞价来排序其搜索结果，Overture 的专利可能与谷歌有关，也可能与谷歌无关。

15. 随着移动搜索的兴起，谷歌将付费广告移到搜索结果的顶端，这在一定程度上掩盖了这个问题。到 2021 年，谷歌通过格式调整，使用户更难区分广告和搜索结果，进一步模糊了自然搜索结果和付费广告之间的界限。

第 3 章

1. "Mid-market CRM Total Cost of Ownership" (Yankee Group, July 2001).

2. Marc R. Benioff and Carlye Adler, *Behind the Cloud: The Untold Story of How Salesforce.com Went from Idea to Billion-Dollar Company-and Revolutionized an Industry* (San Francisco: Jossey-Bass, 2009), 134.

3. Ben McCarthy, "A Brief History of Salesforce.Com, 1999-2020," November 14, 2016, www.salesforceben.com/brief-history-salesforce-com.

4. 2009 年 11 月 18 日，马克·贝尼奥夫在 Dreamforce 7 上发表的评论。

5. "Telegraph Travel," *Telegraph*, September 28, 2016.

6. "Telegraph Travel"; Michael Hogan, "Michael O'Leary's 33 Daftest Quotes," *Guardian*, November 8, 2013.

7. Siddharth Vikram Philip, Matthew Miller, and Charlotte Ryan, "Ryanair Cuts 3,000 Jobs, Challenges $33 Billion in State Aid," *Bloomberg*, April 30, 2020.

第 4 章

1. Louis Morton, "Germany First: The Basic Allied Concept of Strategy in World War II" (US Army Center of Military History, 1990); emphasis in the original.

2. Joseph A. Califano, *The Triumph and Tragedy of Lyndon Johnson: The White House Years* (New York: Simon and Schuster, 2015), 326.

3. Bethany McLean, "The Empire Reboots," *Vanity Fair*, November 14, 2014.

4. John F. Crowell, "Business Strategy in National and International Policy,"

Scientific Monthly 18, no. 6 (1924): 596-604.

5. 所有的资料都是从公共来源获取的，没有采访或咨询英特尔员工或高管。

6. Shawn Knight, "Intel Internal Memo Reveals That Even Intel Is Impressed by AMD's Progress," Techspot, June 26, 2019, www.techspot.com/news.

7. Leo Sun, "Intel's Chip Issues Are Hurting These 3 Tech Giants," *Motley Fool*, April 8, 2019.

8. Charlie Demerjian, "Why Did Intel Kill Off Their Modem Program?," *SemiAccurate* (blog), April 18, 2019, www.semiaccurate.com/2019/04/18/why-did-intel-kill-of-their-modem-program.

9. Don Clark, "Intel's Culture Needed Fixing. Its C.E.O. Is Shaking Things Up," *New York Times*, March 1, 2020.

第5章

1. 标准普尔1500指数是由标准普尔编制的一组公司组成的，约占美国股票总价值的90%。

2. Jon Peddie Research是一家技术导向的营销和管理咨询公司，专注于图形和多媒体。

3. Frederick Kempe, "Davos Special Edition: China Seizing AI Lead?," Atlantic Council, January 26, 2019, www.atlanticcouncil.org/content-series/inflection-points/davos-special-edition-china-seizing-ai-lead.

4. David Trainer, "Perverse Incentives Produce Deals That Shred Shareholder Value," *Forbes*, May 2, 2016, www.forbes.com/sites/greatspeculations/2016/05/02/perverse-incentives-produce-deals-that-shred-shareholder-value.

5. F. Homberg, K. Rost, and M. Osterloh, "Do Synergies Exist in Related Acquisitions? A Meta-analysis of Acquisition Studies," *Review of Managerial Science* 3, no. 2 (2009): 100.

6. Colin Camerer and Dan Lovallo, "Overconfidence and Excess Entry: An Experimental Approach," *American Economic Review* 89, no. 1 (1999): 306-318.

7. D. Fisher, "Accounting Tricks Catch Up with GE," *Forbes*, November 22, 2019.

8. J. R. Graham, C. R. Harvey, and S. Rajgopal, "The Economic Implications of Corporate Financial Reporting," *Journal of Accounting and Economics* 40 (2005): 3-73.

9. Ilia Dichev et al., "The Misrepresentation of Earnings," *Financial Analysts Journal* 72, no. 1 (2016): 22-35.

10. Justin Fox, "Learn to Play the Earnings Game (and Wall Street Will Love You)," CNN Money, March 31, 1997.

11. Changling Chen, Jeong-Bon Kim, and Li Yao, "Earnings Smoothing: Does It Exacerbate or Constrain Stock Price Crash Risk?," *Journal of Corporate Finance* 42 (2017): 36-54. "崩盘"的衡量标准是股价下跌三个标准差的季度数减去上涨三个标准差的季度数。

12. John McInnis, "Earnings Smoothness, Average Returns, and Implied Cost of Equity Capital," *Accounting Review* 85, no. 1 (2010): 315-341.

第7章

1. Nancy Bouchard, "Matter of Gravity, Petzl Turns the Vertical Environment into Bold Opportunity," SGB Media, August 1, 2008.

2. A. G. Lafley and Roger L. Martin, *Playing to Win: How Strategy Really Works* (Boston: Harvard Business Review Press, 2013).

3. "Cost-Benefit Analysis Used in Support of the Space Shuttle Program," National Aeronautics and Space Administration, June 2, 1972, http://archive.gao.gov/f0302/096542.pdf.

4. 航天飞机的想法起源于美国空军从1957年到1963年的"动力翱翔"计划。尼尔·阿姆斯特朗最初是作为飞行员加入这个项目的。这个概念是开发一种有人驾驶的航天器，可以在短时间内携带武器到世界任何地方，并像飞机一样着陆。它的前身是1942年的"纳粹美国轰炸机"项目，该项目研究的是从欧洲起飞轰炸美洲的多种选择。

5. 航天飞机共有135次发射，其中两次失败，失败率为1.5%。挑战者号上的 O 型密封圈故障间接地归因于两个固体燃料火箭的耦合困难。哥伦比亚号上的隔热罩失效是由于固体燃料箱的一块碎片脱落并损坏了一块隔热瓦。

6. Jean Edward Smith, *Eisenhower: In War and Peace* (New York: Random House, 2012), 278.

7. Maurice Matloff and Edwin Marion Snell, *Strategic Planning for Coalition Warfare, 1941-1942 [—1943-1944]* (Office of the Chief of Military History, Department of the Army, 1953), 3:219.

8. "President Bush Talk to Troops in Afghanistan at Bagram Air Base," White House press release, https://georgewbush-whitehouse.archives.gov /news/releases/2008/12/20081215-1.html.

9. Craig Whitlock, "At War with the Truth," *Washington Post*, December 9, 2019.

第 8 章

1. Thomas Gryta, Joann S. Lublin, and David Benoit, "How Jeffrey Im- melt's 'Success Theater' Masked the Rot at GE," *Wall Street Journal*, February 21, 2018.

2. Brian Merchant, "The Secret Origin Story of the iPhone," *Verge*, June 13,2017.

3. Walter Isaacson, *Steve Jobs* (New York: Simon & Schuster, 2011), 246.

4. David Lieberman, "Microsoft's Ballmer Having a 'Great Time,'" *USA Today*, April 29, 2007.

5. John C. Dvorak, "Apple Should Pull the Plug on the iPhone," March 28, 2007, republished on *MarketWatch*, www.marketwatch.com/story/guid /3289e5e2-e67c-4395-8a8e-b94c1b480d4a.

6. 翻译自 www.handelsblatt.com/unternehmen/industrie produktentwicklung -nokia-uebt-sich-in-selbstkritik;2490362.

7. *New York Times*, June 19, 1986.

8. "Assessment of Weapons and Tactics Used in the October 1973 Mideast War," *Weapons System Analysis Report 249*, Department of Defense, October

1974, www.cia.gov/library/readingroom/docs/LOC-HAK-480-3-1-4.pdf.

9. NATO Force Structure (declassified), www.nato.int/cps/fr/natohq/declassified_13 8256.htm.

10. "Sensitive New Information on Soviet War Planning and Warsaw Pact Force Strengths," CIA Plans Division, August 10, 1973, 7, www.cia.gov/library/readingroom/docs/1973-08-10.pdf.See also "Warsaw Pact War Plan for Central Region of Europe," CIA Directorate of Intelligence, June 1968, www.cia.gov/library/readingroom/docs/1968-06-01.pdf.

11. Romie L. Brownlee and William J. Mullen III, "Changing an Army:An Oral History of General William E. DePuy, U.S.A. Retired," United States Center of Military History, n.d., 43, https://history.army.mil/html/books/070/70-23/CMH_Pub_70-23.pdf.

12. Alexander Haig to William DePuy, September 10, 1976, as quoted in Major Paul Herbert, *Deciding What Has to Be Done:General William E. DePuy and the 1976 Edition of FM-100-5, Operations* (Leavenworth Papers, no. 16, 1988), 96.

第9章

1. Brian Rosenthal, "The Most Expensive Mile of Subway Track on Earth," *New York Times*, December 28, 2017.

2. Greg Knowler, "Maersk CEO Charts Course Toward Integrated Offering," March 7, 2019, www.joc.com/maritime-news/container-lines/maersk-line/maersk-ceo-charts-course-toward-integrated-offering_20190307.html.

3. Richard P. Rumelt, "How Much Does Industry Matter?," *Strategic Management Journal* 12 (1991): 167-185.

第10章

1. 从技术上讲，布拉德利面临的是一种类似于看涨期权的凸收益。因此，他受益于风险的增加，而不是减少。

2. 艾伦·扎孔对四象限的最初定义是对金融工具的类比：储蓄、债券、抵押贷款和问题。沃马克创造了"牛"这个标签，后来当这个标签公开时，他有点恼火。

3. Joseph L. Bower and Clayton M. Christensen, "Disruptive Technologies: Catching the Wave," *Harvard Business Review* (January-February 1995): 43.

4. Jill Lepore, "What the Gospel of Innovation Gets Wrong," *New Yorker*, June 16, 2014, www.newyorker.com/magazine/2014/06/23/the-disruption -machine.

5. Mitsuru Igami, "Estimating the Innovator's Dilemma: Structural Analysis of Creative Destruction in the Hard Disk Drive Industry, 19811998," *Journal of Political Economy* 125, no. 3 (2017): 48.

6. Josh Lerner, "An Empirical Exploration of a Technology Race," *Rand Journal of Economics* (1997): 228-247.

第 11 章

1. 卡尔·波普尔,《自然选择和思维的出现》, 1977 年 11 月 8 日在达尔文学院的演讲。

2. Thomas McCraw, *American Business, 1920-2000: How It Worked.* (Wheeling, IL: Harlan Davidson, 2000), XX.

3. "How Intuit Reinvents Itself," part of "The Futures 50," *Fortune.com*, November 1, 2017, 81.

4. Karel Williams et al., "The Myth of the Line: Ford's Production of the Model T at Highland Park, 1909-16," *Business History* 35, no. 3 (1993): 66-87.

5. Armen Alchain, "Reliability of Progress Curves in Airframe Production," *Econometrica* 31 (1963): 679-694.

6. Grace Dobush, "How Etsy Alienated Its Crafters and Lost Its Soul," *Wired*, February 19, 2015, www.wired.com/2015/02/etsy-not-good-for-crafters/.

第 12 章

1. Mark A. Lemley, "The Myth of the Sole Inventor," *Michigan Law Review* (2012): 709-760.

2. www.sleuthsayers.org/2013/06/the-3500-shirt-history-lesson-in.html.

3. Bernardo Montes de Oca, Zoom Company Story, slidebean.com, April 9, 2020.

4. Jon Sarlin, "Everyone You Know Uses Zoom.That Wasn't the Plan," CNN Business, November 29, 2020.

5. David J. Teece, "Profiting from Technological Innovation: Implications for Integration, Collaboration, Licensing and Public Policy," *Research Policy* 15, no. 6 (1986): 285-305.

第13章

1. Maryann Keller, *Rude Awakening: The Rise, Fall, and Struggle for Recovery of General Motors* (New York: HarperPerennial, 1990), 107.

2. Anton R. Valukas, "Report to Board of Directors of General Motors Company Regarding Ignition Switch Recalls," Jenner & Block, May 29, 2014, 252, 253.

3. James Surowiecki, "Where Nokia Went Wrong," *New Yorker*.September 3, 2013, www.newyorker.com/business/currency/where-nokia-went-wrong.

4. Yves Doz and Keeley Wilson, *Ringtone: Exploring the Rise and Fall of Nokia in Mobile Phones* (Oxford: Oxford University Press, 2017).

5. Juha-Antti Lamberg et al., "The Curse of Agility: Nokia Corporation and the Loss of Market Dominance, 2003-2013," Industry Studies Conference, 2016.

6. Timo O. Vuori and Quy N. Huy, "Distributed Attention and Shared Emotions in the Innovation Process: How Nokia Lost the Smartphone Battle," *Administrative Science Quarterly* 61, no. 1 (2016): 22.

7. Vuori and Huy, "Distributed Attention and Shared Emotions," xx.

8. Daniel Quinn Mills and G. Bruce Friesen, *Broken Promises: An Unconventional View of What Went Wrong at IBM* (New York: McGraw-Hill, 1996), 43, 45.

9. Paul Carroll, *Big Blues: The Unmaking of IBM* (New York: Crown, 1994), 24.

10. Lynda M. Applegate, Robert Austin, and Elizabeth Collins, "IBM's

Decade of Transformation: Turnaround to Growth" (Harvard Business School Case 9-805-130, 2009).

11. Lour Gerstner, "The Customer Drives Everything," M*aclean's*, December 16, 2002, https://archive.macleans.ca/article/2002/12/16/the-customer-drives-everything.

12. Louis V. Gerstner, *Who Says Elephants Can't Dance? Inside IBM's Historic Turnaround* (New York: HarperInformation, 2002), 187.

13. Applegate, Austin, and Collins, "IBM's Decade of Transformation," 6.

第 14 章

1. Richard P. Rumelt, *Strategy, Structure, and Economic Performance* (Cambridge, MA: Harvard Business School Press, 1974).

2. John B. Hege, *The Wankel Rotary Engine: A History* (Jefferson, NC: McFarland, 2006), 115.

3. 总价值是所有股票的价值加上所有债务的价值，以及股东和债务持有者的收益的总和。

4. Dean Foods Company Overview, PowerPoint slides, 2015.

第 15 章

1. 显然，这是他的标准声明之一。小亚瑟·施莱辛格在1964年发表了一份非常类似的声明。Papers of Robert S. McNamara, Library of Congress, Part L, folder 110, interview with Arthur M. Schlesinger Jr., April 4, 1964, 16.

2. Robert McNamara, *In Retrospect: The Tragedy and Lessons of Vietnam* (New York: Times Books, 1995).

3. Clark Clifford with Richard Holbrooke, *Counsel to the President: A Memoir* (New York, Random House, 1991), 460.

4. Rosabeth Moss Kanter, "Smart Leaders Focus on Execution First and Strategy Second," *Harvard Business Review* (November 6, 2017).

5. Alfred D. Chandler, *Strategy and Structure: Chapters in the History of the Industrial Enterprise* (Cambridge, MA: MIT Press, 1961), 22.

6. Robert S. Kaplan and D. P. Norton, *The Balanced Scorecard: Translating Strategy into Action* (Cambridge, MA: Harvard Business School Press, 1996).

7. Robert S. Kaplan and David P. Norton, "Focus Your Organization on Strategy—with the Balanced Scorecard," *Harvard Business Review* (2005):1-74.

第 16 章

1. Justin Fox and Rajiv Rao, "Learn to Play the Earnings Game," *Fortune*, March 31, 1997.

2. Jerry Useem, "The Long-Forgotten Flight That Sent Boeing Off Course," *Atlantic*, November 20, 1999.

3. Fischer Black and Myron Scholes, "The Pricing of Options and Corporate Liabilities," *Journal of Political Economy* 81, no. 3 (1973): 637-654. 费舍尔·布莱克于1995年去世，年仅57岁。如果他还活着，他会和默顿和斯科尔斯一起获得1997年的诺贝尔奖。

4. Warren E. Buffett and Jamie Dimon, "Short-Termism Is Harming the Economy," *Wall Street Journal*, June 7, 2018.

5. M. C. Jensen, "Agency Costs of Free Cash Flow, Corporate Finance, and Takeovers," *American Economic Review* 76, no. 2 (1986):323-329.

6. "CEO and Executive Compensation Practices: 2019 Edition," Conference Board, 17, https://corpgov.law.harvard.edu/2019/11/22/ceo-and-executive-compensation-practices-2019-edition/.

7. K. H. Hammonds, "The Secret Life of the CEO: Do They Even Know Right from Wrong?," *Fast Company*, September 30, 2002, www.fastcompany.com/45400/secret-life-ceo-do-they-even-know-right-wrong.

8. https://cio-wiki.org/wiki/Shareholder_Value.

9. ExxonMobil, "Notice of 2011 Annual Meeting and Proxy Statement," April 13, 2011.

10. Brian J. Bushee, "Do Institutional Investors Prefer Near-Term Earnings over Long-Run Value?," *Contemporary Accounting Research* 18, no. 2 (2001): 207-246.

11. Lucinda Shen, "The Most Shorted Stock in the History of the Stock Market," *Fortune*, August 7, 2018 (emphasis added).

12. James Temperton, "Google's Pixel Buds Aren't Just Bad, They're Utterly Pointless," *Wired*, December 7, 2017.

第 17 章

1. George Albert Steiner, *Top Management Planning* (New York: Macmillan, 1969).

2. 从 N1 到 N9 有 9 种神经氨酸酶，从 H1 到 H17 有 17 种血凝素。1918 年的流感是 H1N1，而 COVID-19 是 H7N9。

3. https://s.wsj.net/public/resources/documents/Scientists_to_Stop_COVID19_2020_04_23_FINAL.pdf.

4. https://en.wikipedia.org/wiki/Mission_statement.

5. "Not led, I lead."

6. James Allen, "Why 98% of Strategic Planning Is a Waste of Time," *Bain & Company Founder's Mentality* (blog), 2014, www.bain.com/insights/why-97-percent-of-strategic-planning-is-a-waste-of-time-fm-blog/.

7. www.brainyquote.com/quotes/katie_ledecky_770988.

第 18 章

1. Lucien S. Vandenbroucke, "Anatomy of a Failure:The Decision to Land at the Bay of Pigs," *Political Science Quarterly* 99, no. 3 (1984): 479. 他们的参考资料是中央情报局局长艾伦·杜勒斯的手写笔记：Box 244, Allen W. Dulles Papers, Seeley Mudd Manuscript Library, Princeton University, Princeton, NJ。

2. 据《纽约时报》1991 年 10 月 20 日报道："联合国核查人员揭露的伊拉克核武器计划让美国情报机构既兴奋又尴尬——兴奋是因为它们提供了大量有关该国野心勃勃寻求核弹的可靠数据，尴尬是因为这些信息表明美国对该计划知之甚少。在联合国小组开始搜索和销毁伊拉克大规模杀伤性武器的几个月里，他们发现了一个比华盛顿怀疑的范围更大、设计更复杂、发展更远的核计划。"

3. 2002年8月，副总统迪克·切尼在海外战争退伍军人全国代表大会上的讲话。切尼并不一直是这样想的。20世纪90年代初，老布什把伊拉克人赶出科威特，但拒绝进军巴格达，当时，切尼说："如果你能推翻伊拉克的中央政府，你就能轻易地看到伊拉克的碎片飞出来。其中一部分结果是叙利亚人希望得到的。伊朗人想要吞并伊拉克东部的部分地区，两国此前打过八年的战争。伊拉克北方有库尔德人，如果库尔德人脱离伊拉克，并跟土耳其境内的库尔德人合并，那么土耳其的领土完整就会受到威胁。如果你走得太远，试图接管伊拉克，那将是一个泥潭。" *ABC News* interview, 1994, youtu.be/YENbElb5-xY.

4. Daniel Kahneman, *Thinking, Fast and Slow* (New York: Macmillan, 2011).

5. 希尔详尽地回顾了小组表现的实验结果，总结道："对于简单的任务，表现通常是由一个称职的成员决定的。"在更复杂的任务中，"团队的生产力似乎是由最有能力的团队成员决定的，加上'组合奖金效应'，减去错误的团队流程造成的损失"。这是一个不受欢迎的结论，已被对群体成员多样性益处的研究取代。G. W. Hill, "Group Versus Individual Performance: Are N+ 1 Heads Better than One?," *Psychological Bulletin* 91, no. 3 (1982): 535.

第19章

1. 枢轴机是一种围绕中心枢轴旋转的浇水系统。这个术语也用来指在种植面积上水平滚动的浇水机。

第20章

1. Gary A. Klein, *Sources of Power: How People Make Decisions* (Cambridge, MA: MIT Press, 2017), 58.

2. 这是丹尼尔·卡尼曼在《思考，快与慢》一书中提出的核心论点。*Thinking, Fast and Slow* (New York: Macmillan, 2011).

3. Gary Klein, "Performing a Project Premortem," *Harvard Business Review* 85, no. 9 (2007): 18-19.

4. D. Kahneman and D. Lovallo, "Timid Choices and Bold Forecasts:

A Cognitive Perspective on Risk Taking," *Management Science* 39, no. 1 (1993):17-31.

5. Chris Bradley, Martin Hirt, and Sven Smit, *Strategy Beyond the Hockey Stick: People, Probabilities, and Big Moves to Beat the Odds* (Hoboken, NJ: John Wiley & Sons, 2018), 6.

6. Edward W. Merrow, Kenneth Phillips, and Christopher W. Myers, *Understanding Cost Growth and Performance Shortfalls in Pioneer Process Plants* (Santa Monica, CA: Rand Corporation, 1981), 88.